C H I N E S E

语韵群采　人文化成

北京市东城区史家教育集团　编著

中国发展出版社
CHINA DEVELOPMENT PRESS

图书在版编目（CIP）数据

语韵群采　人文化成/北京市东城区史家教育集团编著.
北京：中国发展出版社，2018.8
ISBN 978 - 7 - 5177 - 0894 - 0

Ⅰ.①语⋯　Ⅱ.①北⋯　Ⅲ.①小学语文课—教学经验
Ⅳ.①G623.202

中国版本图书馆 CIP 数据核字（2018）第 190537 号

书　　　名：语韵群采　人文化成
著作责任者：北京市东城区史家教育集团
出 版 发 行：中国发展出版社
　　　　　　（北京市西城区百万庄大街 16 号 8 层　100037）
标 准 书 号：ISBN 978 - 7 - 5177 - 0894 - 0
经 销 者：各地新华书店
印 刷 者：三河市东方印刷有限公司
开　　　本：710mm×1000mm　1/16
印　　　张：18.75
字　　　数：260 千字
版　　　次：2018 年 8 月第 1 版
印　　　次：2018 年 8 月第 1 次印刷
定　　　价：45.00 元

联 系 电 话：(010) 68990642　68990692
购 书 热 线：(010) 68990682　68990686
网 络 订 购：http://zgfzcbs.tmall.com//
网 购 电 话：(010) 68990639　88333349
本 社 网 址：http://www.develpress.com.cn
电 子 邮 件：fazhanreader@ 163.com

本书编委会

编委会主任：

王 欢 洪 伟

编委会副主任：

范汝梅 金 强 南春山 陈凤伟 王 伟 金少良

主编：

陈 燕 王秀鲜 闫 欣

编委：（按姓氏笔画排序）

丁笑迎	于 佳	马 岩	王 宁	王 华	王 静
王 瑾	王建云	车 雨	化国辉	孔宪梅	孔继英
史亚楠	史宇佩	边晔迪	乔 红	乔 浙	刘 丹
刘 迎	刘 岩	刘 欣	刘 蕊	刘玲玲	刘洪洋
刘梦媛	齐丽嘉	闫仕豪	祁 冰	许爱华	孙 莹
孙 鸿	孙宇鹤	杜建萍	杨 丽	杨晓雅	李 洋
李 娟	李 静	李梦裙	吴金彦	谷思艺	沙焱琦
宋宁宁	迟 佳	张 伟	张 怡	张 颖	张 滢
张 聪	张 璐	张书娟	张牧梓	张京利	张婉霞
张斌轩	陈 璐	陈玉梅	陈亚虹	范晓丽	罗 曦
周 婷	赵 苹	祖学军	徐艳丽	高江丽	高李英
高金芳	郭 红	海 琳	陶淑磊	曹艳昕	彭 霏
温 程	鲍 虹	满文莉	蔡 琳	翟玉红	潘 璇
霍维东	魏晓梅				

前　言

　　北京市东城区史家教育集团撰写的《语韵群采　人文化成》，是史家小学、史家实验学校、史家七条小学近几年开展语文学科教育科研、课程建设的阶段性成果。这些成果从某种意义上说，不是写出来的，而是做出来的。文集从课程·求索、课堂·设计、叙事·反思三方面，涉及识字与写字、阅读、习作、口语交际及综合性学习近百节课堂教学的内容，多个课程建设方面的实践研究经验，撰文的教师至少有 79 位之多，可谓广积滴水穿石之功。我们知道语文课程是一门"学习语言文字运用"的课程。要学会语言文字运用，就需要教师引领学生掌握一定量的字词，掌握一定量的语言运用范例，通过这些范例来熟悉语言文字及其"作品"的构成方式，掌握语言文字运用的规律，从而学会从书面语言文字中获取有意义的信息，学会表达，获得基本的语文素养。文集体现了史家教育集团的基于以上认识的语文课程主张，那就是以国家课程为根基，以传统文化为载体，以培养学生的语言文字运用能力为着力点，把"家国情怀""培根养心"作为课程构建的核心理念，关注学生精神、心灵的成长，关注学生实际获得。

　　近几年，史家教育集团的全体语文教师结合多年来史家人所秉承的"学思知行"的优良学风，进行"在阅读中表达，在实践中运用，在文化中浸润"两级三层课程建设，进行"表达无边界""书院无边界"等课程的开发与实践研究，将阅读、表达、实践、文化传承与理解整体推进。教学中倡导以教学内容上的整合促高效。依托不同文章的作用，尝

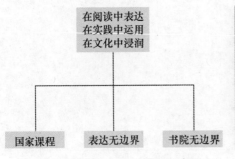

语文部"两级三层"课程示意图

构建师生间真诚互动的课堂

试"组合阅读""绘本阅读",探索整本书的阅读;挖掘教材中篇章与篇章、单元与单元、年级与年级之间的联系,进行整合与取舍;实现学生阅读方法的迁移,阅读视野的拓展,思维品质的持续培养。感受中华文化的无穷魅力。教学中还倡导以"学习共同体"的构建促高效。力求继承中国传统书院自由开放的学习模式,激发学生的内驱力,为学生提供更多自修、讨论、表达、践行的机会,强调学生在学习中的主体地位,倡导生生之间、师生之间平等对话,互相启发、互相学习、质疑释疑,提高学生"感知、思考、交流"的愿望和能力。力求构建师生间真诚互动的课堂,相互"感应"的课堂,实现课堂上师生情志的共同生发。让课堂成为学生习得方法、内化语言、发展思维、外化表达的过程。

这些变化正是在那平凡的一节课一节课中发生着,正是在那普通的一个活动一个活动中进行着,汇总起来再进行反思研究,却蔚为大观!倡导"批判反思型教师"的学者认为,总结和反思,可以"让我们知道所做的一切在改变着世界",诚哉斯言!那么史家教育集团语文课程、课堂到底发生了哪些有价值的变化?这些变化又带给我们哪些思考呢?我们期望此书会带给教育同仁们一点启发,一分收获。

目　录

第1部分　课程·求索

第1章　课程：从学科走向文化 / 2

■ 传统滋养学习　文化浸润课堂 / 2

■ 在近身实践中，触摸传统文化 / 6

第2章　课程：从课内走向课外 / 13

■ 小学语文低年级综合性学习研究初探 / 13

■ 拓宽学习场域　变革学习方式　培育语文素养 / 18

■ "阅读金字塔"课程体系的建构与实施 / 23

■ 建设"收放一体"的课程群　构建学校特色的"语文观" / 28

第3章　课程：从平面走向立体 / 33

■ "戏"润童年"剧"伴成长 / 33

■ "童心传媒"看世界 / 38

第2部分　课堂·设计

第4章　课堂：发现汉字奥秘，感受识字乐趣 / 44

■《古对今》教学设计 / 44

■《端午粽》教学设计 / 48

▋《江南》教学设计 / 53

▋《神州谣》教学设计 / 57

▋《传统节日》教学设计 / 62

第 5 章　课堂：经典美文阅读，润泽语文教学 / 67

▋《晏子使楚》教学设计 / 67

▋《将相和》教学设计 / 71

▋《景阳冈》教学设计 / 76

▋《古诗两首》教学设计 / 80

▋《鸟的天堂》教学设计 / 84

▋《凡卡》教学设计 / 87

▋《渔歌子》教学设计 / 91

第 6 章　课堂：插上想象翅膀，丰富体验感受 / 95

▋《我多想去看看》教学设计 / 95

▋《咕咚》教学设计 / 99

▋《我是一只小虫子》教学设计 / 103

▋《麦哨》教学设计 / 107

▋《妈妈的账单》教学设计 / 111

▋《鱼游到了纸上》教学设计 / 115

▋《卖火柴的小女孩》教学设计 / 119

第 7 章　课堂：构建学习共同体，提升思维品质 / 124

▋《画杨桃》教学设计 / 124

▋《可贵的沉默》教学设计 / 128

▋《卖木雕的少年》教学设计 / 132

▋《鱼游到了纸上》教学设计 / 136

▋《蝙蝠和雷达》教学设计 / 141

▋《普罗米修斯》教学设计 / 145

▋《生命　生命》教学设计 / 149

第8章　课堂：组合阅读，丰盈语文教学 / 153

▋《我是一只小虫子》教学设计 / 153

▋《自然之道》教学设计 / 157

▋《自己的花是让别人看的》教学设计 / 161

▋《凡卡》教学设计 / 165

▋《为人民服务》教学设计 / 169

▋《千年梦圆在今朝》教学设计 / 173

▋《花的勇气》教学设计 / 177

▋《我多想去看看》教学设计 / 181

第9章　课堂：拓宽学习空间，在实践中运用语言 / 186

▋《千年梦圆在今朝》教学设计 / 186

▋《卖火柴的小女孩》教学设计 / 190

▋《和时间赛跑》教学设计 / 194

▋《狐狸分奶酪》教学设计 / 198

▋《科技发展：利大还是弊大》教学设计 / 201

▋《宝葫芦的秘密》阅读导读课教学设计 / 205

第3部分　叙事·反思

第10章　教学探索 / 210

▋戏剧与语文对接　让语文课堂活起来 / 210

▋艺术润养课程　戏剧提升自信 / 213

▋利用班级特色活动，把作文与活动感受整合的尝试 / 216

▋人教版一上语文学科实践活动设想 / 219

▋读书社里读《端午节的故事》/ 222

▋中年级"读书社"课程探索 / 225

第11章　教学反思 / 229

▋为学生搭好理解文本内容的"脚手架" / 229

▋《美丽的小路》说课反思 / 231

▋ 让语文识字课堂生动有趣 / 234

▋ 承袭文之魂，创新源之本 / 236

▋ 一次"名师工作坊"做研究课后的点滴反思 / 239

▋ 综合实践活动《遨游汉字王国》教学案例 / 242

▋ 开放的环节　深入的思考 / 245

▋ 关于语文综合实践课的一些思考 / 246

▋ 由一次不成熟的整合阅读引发的思考 / 249

▋《黄河是怎样变化的》教学案例中的实践与思考 / 252

第 12 章　教学策略 / 254

▋ 围绕阅读鉴赏展开教学，学会阅读方法，提高阅读兴趣 / 254

▋ 夯实基础　提高课堂实效　在反思中前行 / 256

▋ 突出单元训练重点　关注学生实际获得 / 259

▋ 单元整合　对比阅读 / 262

▋ 与外国文学难忘的邂逅 / 264

▋ 在古诗语境中培养学生的表达能力 / 266

第 13 章　教学叙事 / 270

▋ 让中文在远离故土的地方长叶开花 / 270

▋ 让写一手好字成为习惯 / 273

▋ 聚焦整本书有效阅读　关注学生语文素养提升 / 276

▋ 三毫米的希望 / 279

▋ 同一个词语，不同的味道 / 281

▋ 一节兴趣盎然的拼音课 / 283

后　记 / 287

第 **1** 部分

课程·求索

课程：从学科走向文化

过去，人们往往把识字说成学文化，把能阅读的人称为文化人，可见语文和文化的密切关系。语言文字是人类文化的结晶，语文活动不能脱离它所表达的文化内容而独立存在。因此，我们一直在思考，通过学习语文，既能学习汉语这个交流工具，也可以借此通向人类精神文化的宝库，从而给予人基本的文化修养，促成人的精神发展。语文教学应该通过语文活动，让学生在听、说、读、写的训练中，吸收前人的精神文明，使他们成为"有文化教养的人"。因此课堂教学必须站在文化的平台上，只有这样知识才是厚重的，认识才可能内化，也才能让学生受到人类精神食粮的滋养。

传统滋养学习　文化浸润课堂

张　聪

"观乎天文，以察时变；观乎人文，以化成天下。"——这是先秦经典中对于"文化"的最早记述。文化，是维系中华民族的历史绵延五千年不曾中断的重要纽带，也是推动中华民族未来发展、伟大复兴的不竭动力。

2014 年 3 月，教育部颁布的《完善中华优秀传统文化教育指导纲要》明确指出："加强中华优秀传统文化教育，是构建中华优秀传统文化传承体系，推动文化传承创新的重要途径；是培育和践行社会主义核心价值观，落实立德树人根本任务的重要基础。"——由此可见，在学校内推动开展传统文化教育不仅是教育现实的需要，更是国家教育政策的要求，需要我们教育工作者在教育实践中积极探索，寻找开展传统文化教育的有效形式，推动传统文化教育向儿童化、系统化、学科化、课程化的方向不断迈进。

近几年来，史家小学和很多学校一样，开展了一系列传统文化教育活动，如：经典诵念、文言文诵读、文言文小剧表演、新年诵诗会、书院小主讲，等等。不少班级也将传统文化项目（如中草药文化、茶道文化、走进博物馆）作为班级文化建设的重要内容，这些活动形式多样、内容丰富，获得了学生和家长的一致赞扬。

但，与此同时，我们也在深入思考，传统文化教育是否只能停留在学生活动的层面？如何可以立足于语文课程本身开展传统文化教育？即，使学生对于传统文化的了解不只停留于浅尝辄止的体验层面，而能够深入到他们的头脑中、心灵中，使中华文化真正成为他们生命的底色。

基于这样的思考，我们开始着力建构以语文课程为基础的传统文化课程体系，下面仅将我们的部分课程建构的成果向大家做一汇报。

一、回归诗教——诗歌吟唱课程简述

诗、礼是中国传统教育的重要组成部分，所谓"不学诗，无以言；不学礼，无以立"——这里所说的"诗"，原指经孔子笔削过的《诗经》后来渐渐延伸为诗歌——这一重要的文学体裁。

为什么在小学阶段我们要强调诗歌教育的重要性？我们认为诗歌（尤其是古代的诗歌经典）不仅承载着古代中国人的重要文化品格，是丰厚学生文化积淀的重要载体；更重要的是：诗歌，能够起到陶冶学生心灵，塑造儿童情志的重要作用，而这一点是小学教育中不可或缺的。

孔子说："其为人也温柔敦厚，《诗》教也。"——"温柔敦厚"，恰是诗歌恰恰是我们期待孩子获得的内心状态。雪莱在《诗的辩护》里说，诗歌的作用在于能引起"深刻地广阔地想象"，"能设身处于一个别人或者许多别人的地位，人类的忧喜苦乐必须变成他的忧喜苦乐"。我们嫌雪莱的话说得还窄了一些，由诗歌里生发出的深刻而广阔的想象，不仅可以与他人同其忧乐，甚至可以我们身边的一花一叶、一草一木，进而是与整个世界形成相互感应，达到彼此交融。儿童的生命境界正是籍着诗句中林林总总的意象拓展开来。

我们的"诗教"课程正是为了实现这样的目的：让学生的内心更加柔和敏感，对身边世界产生更为丰富的想象力、感受力。

2016 年起，我们又与北京师范大学文学院"南山诗社"合作，为三、四年级的学生开设了"诗歌吟唱课程"。所谓"诗歌吟唱"，是挹取《碎金词谱》《九宫大成谱》等古谱的精华，并结合李叔同先生《学堂乐歌》以来今人的作曲成果，为诗词配曲，使一首首古奥雅驯的诗词更容易"融化"在孩子的口齿间，"融化"在孩子的心里。

诗歌吟唱研究课程　　　　　　　　　诗歌吟唱课程展示

为诗词配曲，强调诗词的音乐属性，是"诗教"的应有之义。王船山先生曾说："教之以诗，而使咏歌焉者，何也？以学者之兴，兴于《诗》也。"——一个"兴"字，点出了"诗教"的灵魂所在。诗歌吟唱的课堂，不是"我教你学"、师生情感相隔的课堂，而是在吟唱声中，师生情志共同生发、兴起的课堂。在我们"诗歌吟唱"的课堂上常常出现这样的情形——老师问："我们曾经学过许多与春天有关的诗，大家还记得吗？"不知谁起了头，一人唱之，众人和之，一首唱罢，第二首又立刻接上……诗句的韵律、诗歌的内涵就是在这样轻松、浪漫的情境里被孩子直觉地感知到；文化的因子，就是这样自然而然地浸润到孩子的心里。

与一些教育者片面地强调学生古诗词积累数量不同，我们更关注孩子与诗歌相遇的经历，更强调对孩子"诗心"的培养。诗歌，不是点缀修饰我们言语的材料，而是诗人真切的生命体验和由此产生出的生命感悟。只有捕捉到这种真切的生命体验，我们才能与诗歌真实地相遇。因此，我们的诗歌吟唱课程强调"诗境"的创设：暮春时节，春服既成，我们和孩子一起走出教室，漫步在生意盎然的林木花草之间，从观察草木、认知草木入手，进而吟唱诗句，用诗心体贴来体贴这大自然的馈赠。团团围坐在桃树下，唱一曲"桃花浅深处，似匀深浅妆"；独自伫立海棠前，吟一阕"知否？知否？应是绿肥红瘦"；携手漫步在小径上，诵一首"花径不曾缘客扫，蓬门今始为君开"——这不是对"诗境"的简单重建，而是对诗人生命体验的追寻，也是对自我生命价值的发现。此诗、此景、此情的刹那间的相遇，胜却人间无数，相信会成为孩子永久的回忆。

二、建构学习共同体——书院课程简述

书院教育是我国古代一种重要教育方式，滥觞于先秦，兴起于北宋。白鹿洞书院、岳麓书院、鹅湖书院——一度是中国文化教育、学术研究的重镇。

书院教育是中国原生的、且极具现代价值教育模式，可以弥补学校教育的短板和不足。毛泽东在 1921 年《湖南自修大学创立宣言》中指出："回看书院：一来是师生感情甚笃；二来，没有教授管理，但为精神往来，自由研究；三来，课程简而研讨周，可以优游暇豫，玩学有得。"并设想：能够"取古代书院的形式，纳入现代学校的内容，而为适合人性便利研究的一种特别组织"。

这样一种设想，恰与现代学者（佐藤学）提出的"学习共同体"模式有相通之处，即：由学习者（学生）和助学者（教师、家长）共同组成的学习社区，以完成共同的学习任务为载体，以促进成员成长。强调在学习过程中以相互作用式的学习观做指导，通过人际沟通、交流和分享各种学习资源而相互影响、相互促进。

我们从这一思考认识出发，利用史家书院的相关学校资源，开设了"书院课程"——史家小主讲，力求重拾"书院教育"传统，打造史家小学传统文化学习共同体。

"史家小主讲"旨在引导学生从传统文化的学习者转变为传统文化的传播者、交流者，在传播与交流的过程中实现自我提升。

"史家小主讲"本着面向全体学生、自愿报名的方式，招募"小主讲员"。"小主讲员"们将与教师、家长共同备课，确定研究主题、研究方向，

并进入参与小主讲活动的班级，与该班级学生做初步的交流沟通，一方面就研究主题做初步介绍，激发同学的研究热情，一方面与同学共同制定研究问题，初步构建学习共同体。

利用课余时间，"小主讲"与参与班级的学生进行多次沟通交流，分享找到的资料，探讨研究主题，组织讲会讲稿。

在讲会活动中，由"小主讲"组织研究汇报活动，交流大家的研究心得收获。对于在研究过程中的疑难问题，由"小主讲"与老师、家长"助教"共同引入新的学习资源，组织学生进行相关的探究活动。收集学生学习资料，"小主讲"与"教师助教"评价、生生互评、家长评价等多种方式对参与活动的班级学生的学习成果进行评价。

这一年来，"史家小主讲"已经围绕着"古代乐器""古代机械""文房四宝""清宫织物"等主题进行了相关讲会活动，拓展了学生的文化视野，提升了学生的组织能力、合作能力和语言表达能力。学生在共同学习的过程中，强化了人际心理相容与沟通，提升了学习中群体动力作用。

上文介绍的只是立足语文学科开展的史家传统文化教育的一部分，我们力求实现现代教育观念与传统文化内容的有机结合，力求找到语文学科支点与全面育人、立德树人之间的有机联系，希望寻找到具有鲜明特色的史家小学的传统文化教育路径。路漫漫其修远兮，吾将上下而求索。

在近身实践中，触摸传统文化
——传统节日文化实践活动设计与实施
高李英

一、活动设计缘起

在十九大报告中有这样的论述：中华优秀传统文化是中华民族的"根"和"魂"，是我们必须世代传承的文化根脉、文化基因。在博大精深的优秀传统文化中有一枝奇丽之花——节日文化。我们的民族学者们也呼吁"我们应该继承传统节日中的精华，要不断挖掘文化内涵，并能够以创新的精神发展传统节日文化"。作为人文学科的语文教学，如何挖掘传统节日的文化元素，作为重要载体让语文走向生活，活化学习过程，发展学生的综合素养呢？基于以上思考我校在中年级开发了节日校本课程。

史家实验学校"生活中的传统节日文化"课程内容

主题	内容	目标
春节话团圆	了解春节的习俗，制作彩色水饺	动手实践，感受春节的习俗和团圆的重要意义
元宵话灯会	通过猜灯谜、赏灯等活动了解节日习俗	感受元宵节的热闹，了解习俗
清明话哀思	了解清明节的由来和习俗，学习古诗《清明》	将古诗与节日文化相融合，寄托哀思
端午话情粽	了解祭奠的人物，试学包粽子	在实践中感知节日文化，了解传说故事
中秋话兔爷	了解中秋文化传说故事和由来，创作北京的兔爷	通过兔爷的实践活动感受北京中秋文化
重阳话感恩	了解节日习俗，开展爱老、敬老活动	在实践活动中了解节日文化，懂得感恩

在 2011 版《义务教育语文课程标准》中写道："语文是实践性课程，应着重培养学生语文实践能力，而培养这种能力的主要途径也应是语文实践。"我们在课堂教学中注重培养学生"听、说、读、写"的能力，我们借助校本课程——生活中的传统文化，让能力走向生活，在近身实践中潜移默化地走向人类精神文化的宝库。尝试建立基于语文学科底色的开放而有活力的实践课程，实现知识向能力再向价值的转向。

二、活动设计意图

（一）遵循学生生活与学习的需求

我们说教育的起点是学生，归宿点也是学生，就是要用儿童的立场来审视我们的教育供给。在生活中，学生的阅读活动绝不单单是连续文本，更多的是非连续文本，阅读非连续文本已经成为儿童学习、生活的迫切需求，同时也是提升学生阅读能力的关键。

（二）落实课程标准，提升学生综合素养

在语文课程标准中指出："语文课程致力于培养学生的语言文字运用能力，提升学生的综合素养。"我们应推动语文教学在发展学生语言的同时，着眼于学生的全面发展，树立全人教育理念，落实"立德树人"的目标，全面提升学生的综合素养。

（三）落实《课程计划》，推进课程改革

2015 年 7 月，北京市发布了《北京市实施教育部（义务教育课程设置实验方案）的课程计划（修订）》（简称《课程计划》）。此《课程计划》中提出"学校要高度重视学科实践活动课程的开发和实施"，注重实践体验，并提出"鼓励突破学科课程的壁垒，加强学科间的联系与整合"，强调课程的综合性与整合性。语文学科作为语言实践类课程，更应引导学生紧密联系生活，注重学科整合，拓展语言实践空间，在言语实践中学习语言。

三、活动设计特色

（一）立足生活话题进行情境设置，力求贴近真实生活

此课程是实践活动课，它的基点来源于生活，为学生设置和现实生活相链接的情境。在任务驱动的情境下，激发学生的兴趣，知道我们的语文实践课程来源于生活，而且可以解决生活中的问题，明白学以致用的道理。

（二）立足有层次的连环活动，力求课堂实践性，体现还教于学

课程设计通过多次学生活动激发学生学习兴趣，最终达到教学目的。多次活动的设计，并不是平行的，而是遵循中高年级学生的认知规律，由浅入深，层层递进地学习，充分地把课堂变为了学生的学堂，体现了还教于学的理念。

（三）立足于语文学科能力的无痕运用，力求实践体现实效

在课程环节设计中，以学生技能的增长点，语文能力提升点为契机，知识的获得、情感的形成、收集处理信息的能力、互助合作能力、综合表

达能力，是建立在学生积极体验和感悟的基础上，而不是靠灌输达成的。

（四）立足跨学科融合，力求体现课堂丰富性和创新性

在课程设计中，充分调动学生的积极性，发挥想象力进行文化创意畅想与制作。在这环节中为学生提供资源工具箱，将语文、美术、劳动、动画等多学科融合到一起，来体现课程的丰富性、立体性。

四、活动目标设计

（1）了解传统节日相关的信息，感受其文化内涵，树立民族自豪感，传承民族文化。

（2）在近身活动中培养学生提炼信息、梳理归纳、清晰表达的能力。

（3）密切语文与生活的联系，发挥想象进行文化创意活动。

（4）培养学生合作、探究、理解、审美的素养。

五、活动实施

对课程实施我们进行简单梳理：首先是入境过程，教师通过链接真实的生活问题，让学生在心中有为他人解决困难的情感铺垫，初步树立社会责任感。接着是入文过程，教师通过大量的信息，提供学生"找、看、问、写、说"学习的空间。然后是创造过程，学生进行文创活动。这一过程不是空中楼阁，而是基于教学内容而又高于教学内容的再创造。最后是发布过程，把作品从构思到制作过程以及最后的成果进行分享。因为参与近身实践就具备了真实的情绪，表达是有力度的。

入境 ➡ 人文 ➡ 创造 ➡ 发布

实施步骤图

以"生活中的传统文化"——"中秋话兔爷"为例加以介绍。

（一）教学目标

（1）了解传统节日中秋习俗之一兔爷的信息，感受其文化内涵。

（2）在合作探究中，培养学生提炼信息、梳理归纳、清晰表达的能力。

（3）发挥想象，动手操作进行文创。激发学生对北京民俗文化的兴趣。

（二）活动流程示意图

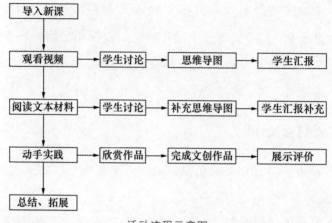

活动流程示意图

（三）活动准备

字卡、纸盘、不织布、黏土、水彩笔、铅笔、书档、PPT、学习单。

（四）活动过程

1. 名家作品导入，初步感知兔爷形象

"脸蛋上没有胭脂，而只在小三瓣嘴上画了一条细线，红的，上了油；两个细长白耳朵上淡淡地描着点浅红；这样，小兔的脸上就带出一种英俊的样子，倒好像是兔儿中的黄天霸似的。它的上身穿着朱红的袍，从腰以下是翠绿的叶与粉红的花，每一个叶折与花瓣都精心地染上鲜明而匀调的彩色，使绿叶红花都闪闪欲动。"（选自《四世同堂》作者老舍先生）

2. 链接生活，创设学习情境

老北京的时候，每到农历八月初，兔儿爷就开始上市，特别前门、西单等繁华区、庙会上，卖兔儿爷的更多。现在，兔爷儿已成了稀罕物。在北京东岳庙有一个北京民俗博物馆，馆内常年举办老北京民俗风物系列展，其中就有我们喜爱的中秋主角——兔爷。今天我们这节课就是要帮助民俗博物馆开发设计关于兔爷的文化产品，让更多人了解它，走进它。要想开发文化产品，我们先得对兔爷有一些了解。

3. 非连续文本阅读，通过思维导图提取信息

（1）通过观看视频，从纷杂的信息中梳理、分析，制作思维导图。（视频信息非常丰富，通过街头民众随机采访有关于兔爷性别、手里拿的器皿等，提出了一系列的问题。最后请民俗专家对兔爷性别、坐骑、药杵等方面进行了介绍）

（2）小组讨论，提炼信息，相互合作制作思维导图。

（3）学生汇报思维导图内容，大家相互补充。

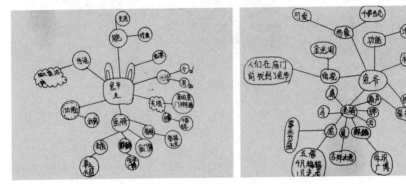

学生思维导图展示

4. 阅读文本材料，补充资料深入了解，理清思路，深入了解兔爷的相关信息

（1）阅读文本资料，补充思维导图。

（2）汇报、补充交流。

5. 文化创意，分享成果

本环节分以下四个层次，层层递进，激发学生对民俗文化的兴趣。

（1）PPT 展示各种兔爷形象，激发学生创作欲望。

（2）小组讨论，你打算围绕着兔爷设计什么？

（3）桌子上准备了一些材料，请你选择一些材料，来进行制作。

（4）展示作品，介绍自己的作品并说一说怎么推广你的作品。

6. 学以致用，课后延伸，为走进博物馆做准备

我们活动之后，会将一些优秀的作品和创意送给博物馆的叔叔阿姨们，看看对他们有没有帮助。课后延伸，为走进博物馆做准备。

六、活动效果

（1）学生层面：学生呈现出主动、期盼、乐学、专注、绽放的状态，

学生创意展示

也形成了丰富、立体、多元的学习成果。在亲历亲为的过程中体验、感悟，兴趣盎然。

（2）教师层面：此课程既有自上而下的策划，也有自下而上的实践操作，教师成为课程开发的主人，变被动传授课程为主动设计课程，创造性地促进学生发展。教师更加注重学生的学习需求、内心体验和生命成长。

（3）成果层面：形成了学校传统文化课程建设链条中的骨架课程，梳理出了语文学科底色的实践活动课程模式。

基于语文学科底色的实践活动课程促进了学生实践体验能力的发展，提高了教师设计活动课程的能力，推动了学校课程建设。此课程以传统节日文化为载体，对学生的精神世界产生积极的影响，就像一粒粒种子一样，为学生一生的成长起到推动和促进作用。

课程：从课内走向课外

阅读能力的培养，仅仅停留于课内的阅读是远远不够的。当我们意识到要加强课外阅读的重要性时，我们发现，课堂阅读有的放矢，收效较高，而学生自主的课外阅读却因为不得法，收效甚微。究其原因在于我们的学生不能将课内学习到的阅读方法迁移到课外自主读书中去。因此，让学生的课外阅读与我们的课堂教学紧密结合，实现学生阅读方法的迁移，阅读视野的拓展，思维品质的持续培养，是我们要探索的内容。

小学语文低年级综合性学习研究初探

闫 欣

一、关于综合实践活动课程的认识

（一）综合实践活动课程的定义

综合实践活动课程是指在教师的指导下，由学生自主进行的综合性学习活动。它是基于学生经验，密切联系学生的生活和社会实际，体现对知识综合应用的学习活动。

（二）综合实践活动课程的目标

综合实践活动是一门引导学生从自身生活和社会生活中发现问题，开展多样化的实践学习，注重知识和技能综合运用的实践性课程。其总体目标如图1。

（三）综合实践活动课程的特性

（1）实践性。综合实践活动课程以活动为主要开展形式，以实践学习

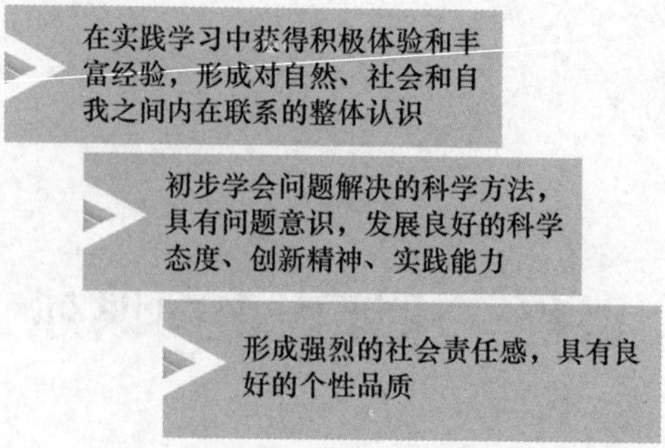

在实践学习中获得积极体验和丰富经验，形成对自然、社会和自我之间内在联系的整体认识

初步学会问题解决的科学方法，具有问题意识，发展良好的科学态度、创新精神、实践能力

形成强烈的社会责任感，具有良好的个性品质

图 1　综合实践活动总目标

为主要特征。通过引导学生亲身经历各种实践的学习方式，积极参与各项社会实践活动，在调查、考察、实验、探究、设计、操作、制作、服务等一系列活动中发现和解决问题，积累和丰富经验，自主获取知识，发展实践能力和创新能力，引导学生在实践中学习，在实践中发展。

（2）开放性。综合实践活动课程超越了封闭的学科知识体系和单一课堂教学的时空局限，面向学生的整个生活世界，其课程目标和内容具有开放性；综合实践活动强调富有个性的学习活动过程；关注学生在这一过程中获得的丰富多彩的学习体验和个性化的表现，其学习活动方式与活动过程、评价与结果均具有开放性。

（3）自主性。综合实践活动课程尊重学生的兴趣、爱好，注重发挥学生的自主性。学生是综合实践活动的主体，它客观要求学生主动参与实践性学习的全过程，在教师的有效指导下自主学习、自主实践、自主反思。指导教师对学生实践学习的全过程进行有针对性的指导，不包揽学生的活动。

（4）生成性。综合实践活动课程注重发挥在活动过程中自主建构和动态生成的作用，处理好课程的预设性与生成性之间的关系。一般来说，学生的活动主题、探究的课题或活动项目产生于对生活中现象的观察、问题的分析，随着实践活动的不断展开，学生的认识和体验不断丰富和深化，新的活动目标和活动主题将不断生成，综合实践活动的课程形态随之不断完善。

（5）综合性。综合性是由综合实践活动中学生所面对的完整的生活世界所决定的。学生的生活世界是由个人、社会、自然等彼此交织的基本要素所构成。学生认识和处理自己与自然、社会、自我的关系的过程，也就是促进自身发展的活动过程。因而，学生个性发展不是多门学科知识的杂烩，而是通过对知识的综合运用而不断探究世界与自我的结果。综合实践活动的综合性，要求课程的设计和实施要尊重学生在生活世界中的各种关系及其处理这些关系的已有经验，运用已有知识，通过实践活动来展开。从内容上来说，综合实践活动的主题范围包括了学生与自然、与社会生活、与自我关系等基本问题。无论什么主题，其设计和实施都必须体现个人、社会、自然的内在整合。

二、语文综合实践活动的实施

语文实践活动课，顾名思义，就是通过动手制作、社会调查等形式来开展实践活动，进行语文教学的课程，是语文教学活动的重要一环。它能够陶冶学生情操，培养学生思维，拓宽学生视野，激发学生兴趣，全面提高学生语文素质。因此我们必须在抓好语文课堂教学的同时，认真上好语文实践活动课，使语文实践活动真正地"活""动"起来。

在开展语文实践活动课的过程中，我们必须重视学生的自主性学习，增强自我意识，勇于参与活动，积极动手动口动脑，体现出"动"的特点，并将"动"贯穿于教学活动的全过程，从而挖掘学生的潜力，使学生能活学活用，举一反三，发展学生的个性特长。确实这也就对教师提出了更高的要求，那么身为小学教师的我们怎么才能上好这门课呢？我觉得可以从以下几点着手。

（一）从多彩的生活出发，开展课堂教学

"生活即学校，社会即生活"综合实践活动虽然不同于日常生活，但又不能与日常生活完全割裂开来，我们应该充分挖掘身边的资源。

在教学一年级综合实践《春天在哪里》时，利用第一课时我和孩子们一起梳理了第一单元关于春天的知识：四字词语、诗歌等，引导孩子们讨论思考：在哪里可以找到春天，并布置了课下寻找春天的实践作业。之后，又与美术、音乐、舞蹈学科的老师沟通，共同完成"春天"的教学。孩子

们在进行了充分的实践活动后，第二课时的内容就是进行"春天在哪里"的汇报展示。

孩子们展示的绘画作品、唱跳的《春天在哪里》是和美术、音乐、舞蹈、品生学科就教材内相同的教学内容进行了跨学科的整合，在语文综合实践课上，学生通过语言表达展示，提高了综合能力，也提升了各学科的素养。在寻找春天的过程中，孩子们走进大自然，走进校园，走进小区、家庭，观察身边的春天，把书本中的关于春天的词语、诗句具象化，加深了对文字的鉴赏力。他们亲手种植、培育、观察、体验到小苗破土而出、悄然生长的春天的勃勃生机。书本学习和生活实践学习也有机地结合在一起了。

图 2　《春天在哪里》实践课

通过这堂找春天的实践课，孩子们掌握了观察春天、搜集资料的方法，那么寻找夏天、秋天、冬天也就都会寻找了，最重要的是，孩子们有了一双观察生活的眼睛。

（二）创设轻松的活动环境，激发参与热情

在语文实践活动中，有的学生顾虑还是很多的，既怕老师的责备、抱怨，又怕同学的歧视、嘲笑。设置适合儿童兴趣的情境，会像生命的泉水一样催开含苞的花朵，开启儿童的心智。因此，我们应该首先创设宽松的教学氛围，给他们一个轻松自由，放飞心灵的思维空间。

就在 2018 年的端午节来临之际，我们做了《粽叶飘香话端午》的实践活动课。活动课由中国的传统节日引入，让学生明确再过几天就是端午节了。通过赏粽子、尝粽子、说粽子等环节指导学生感受端午节人人皆知的吃粽子的习俗。然后，由各组的学生分别介绍划龙舟、戴香包、捆五彩线以及关于端午节的古诗词等。整个过程主题明确，每个人根据自己的特点选取不同的内容进行展示，各组之间互相学习。学生在轻松有趣的氛围中训练了语文能力并传承了传统文化。

图3　《粽叶飘香话端午》实践活动课

教学《鸟儿，花儿》一课时，老师则把孩子们带到了绿草如茵的草地上，学生们到了这样怡人的环境中，一下子欢呼雀跃起来，蹦蹦跳跳，快乐得手舞足蹈。此时，他们的精神和思维完全处于兴奋和放松的状态，没有丝毫的拘束感。在这样的课堂上他们不仅亲身感受了"鸟儿叫，花儿开，鸟儿花儿多可爱"。更感受到了我们的生活中少不了鸟儿花儿，初步建立起了他们爱护花鸟的认识。

（三）转变教师角色，做活动引导者

在语文实践活动过程中，学生始终是教学的主体。我们要放手让学生"活动"，同时也要具体指导好活动的各个环节，设计科学合理的活动程序，使学生的主动性在活动中充分体现。准备充分，合理安排。我们不能做"管事婆婆"，要相信学生"我能行"，全面放手让学生做好准备工作，依据学生的能力和个性，合理安排任务，激起他们智慧的火花，培养活动能力。

如《设计节日饰品》的综合性学习活动，活动前，可以让学生走向社会，去参观访问。如到小饰品店去看一看，问一问，了解丰富多彩的饰品制作形式，还可以问问长辈有关春节的一些习俗。活动中，先让学生充分交流自己的设想，在交流中互相启迪，开阔思路。给足时间让学生制作饰品。指导学生写出简洁的设计说明，写清设计的饰品名称、制作方式、象征意义。活动后，给学生充分交流空间，让学生说清楚自己的设计，最后，用丰富多彩的饰品装饰教室，迎接新年。整个活动过程井然有序，充满乐趣。

贯彻深综改精神，落实《2014 北京中小学语文学科教学改进意见》，需要我们积极拓展、整合教学资源，促进语文和其他学科教学的衔接，促进学生对社会的认识，提高学生的语文素养。

拓宽学习场域　变革学习方式　培育语文素养

王　静

《北京市中小学语文学科教学改进意见》中指出，要扎实推进教与学方式转变，倡导开放学习。将不低于 10% 的课时用于以语文应用为主的综合实践活动，发展听说读写能力。基于小学生的心理和年龄特点，我们在课程开发与实践中，要努力拓宽学习场域，变革学习方式，在丰富的语文实践活动中，在尊重个性的基础上，全面培育学生的语文素养和语文能力。

一、语文课程立足于培育学生的语文素养

关于语文核心素养，王宁教授这样界定，语文核心素养是学生在积极主动的语言实践活动中构建起来、并在真实的语言运用情境中表现出来的个体言语经验和言语品质；是学生在语文学习中获得的语言知识与语言能力、思维方法和思维品质，是基于正确的情感、态度和价值观的审美情趣和文化感受能力的综合体现。如果把语文素养分解开来表述，可以提炼出以下主题词，见表1。

表1　　　　　　　　　　语文核心素养维度及内涵

素养	内涵		
语言建构与运用	积累与感悟	整合与证明	交流与语境
思维发展与提升	直觉与灵感	联想与想象　实证与推理	批判与发现
审美鉴赏与创造	体验与感悟	欣赏与评价	表现与创新
文化传承与理解	意识与态度	选择与继承　包容与借鉴	关注与参与

"陈旧、教条的知识不适合语文，仅仅灌输知识不能达到语文课的目的；从语言事实出发获得对现象解释能力的过程，才是语文课必要的途

径。"（王宁，2016）为了落实语文素养的培养目标，我们需大胆探索语文综合实践活动课程的开发，深化国家课程的改革，拓宽学生学习的场域，变革教与学的方式，在探索与改革中落实语文核心素养的培养。

二、课内外阅读相结合，线上线下学习相融合，拓宽学习场域

学生语文素养的培育，单单靠每周 8 ～ 10 个课时，仅仅靠课内阅读教学是远远不够的，应该在大语文观的视野下，不断地延展我们的课堂，不断地拓宽学生学习的场域，这样才能使得核心素养的培养建立一个长效机制。

一方面，我们整合国家课程与校本课程。我们的"读书社"课程内容中，所阅读的书目大多与语文教材中的名家名篇有联系，如表 2 所示。

表 2　　　　　　　　"读书社"课程教学内容与教材篇目对应表

序号	国家课程教材篇目	"读书社"课程内容
1	《古对今》	《悦读益生》
2	《传统节日》	《中国传统节日》系列读本
3	语文园地　快乐读书吧	《没头脑和不高兴》
4	语文园地　快乐读书吧	《大头儿子和小头爸爸》
5	语文园地　十二生肖	《最美最美的中国童话》
6	《盘古开天地》	《中国神话传说》
7	《蟋蟀的住宅》	《昆虫记》
8	《记金华的双龙洞》	《稻草人》
9	《冬阳·童年·骆驼队》	《城南旧事》
10	《猴王出世》	《西游记》
11	《刷子李》	《俗世奇人》
12	《草原》	《又是一年芳草绿》
13	《金色的脚印》	椋鸠十《山大王》
14	《杨氏之子》	《世说新语》
15	名著导读《汤姆·索亚历险记》	《汤姆·索亚历险记》
16	名著导读《鲁滨孙漂流记》	《鲁滨孙漂流记》

在教学教材中的相关篇目时，以往教学中很棘手的难点可以水到渠成地突破了。如教学《金色的脚印》一课时，通过前测我们发现学生在阅读中的难点是，对于"迎着耀眼的朝阳，狐狸们的脚印闪着金色的光芒，一

直延伸到密林深处"这一结尾的理解。我们在教学中引导学生从内容、结构、情感角度去理解结尾的含义后，教师继续启发学生思考："就是这样的结尾，你们在椋鸠十的其他作品中读到过吗？"学生想到了《翠鸟与彩虹》，想到了《红色霜柱》等文章。继而深入思考这些文章结尾的含义，体会了表达效果，深刻地理解了主题。课上，有的学生的理解已经触及椋鸠十作品的艺术追求了，思维的广度与深度都有了提升。

在课内外阅读教学中，我们尝试把线上学习纳入学生的学习中。如在执教《鲁滨孙漂流记》一课时，借助线上交流，分小组讨论学习的方式，帮助学生对于《鲁滨孙漂流记》这篇课文的原著有了更加深入的阅读与了解，这在原有学习方式中是根本不可能完成的。正是借助互联网，学生线上讨论交流变革了学生固有的学习方式，扩充了课堂教学容载量，更加全面深入的培养学生的语文素养。

三、构建学习共同体，变革学习方式，助力每一个学生的成长

（一）学生课堂表现及学习情况调查

基于 100 节常态课的观察记录表进行数据统计，结果如图 1 所示。

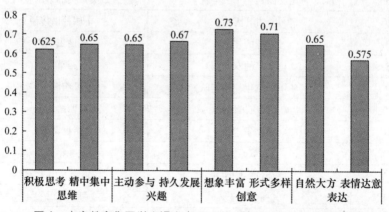

图 1　史家教育集团学生课堂表现及学习情况分析柱状图（前测）

在访谈和课堂观察中，我们发现学生的表达能力和思维能力在个体之间存在很大的差异。面向所有个体的参与度不够，这与我们的教学方式不无关系。传统讲授式的教学，很难做到让所有的学生都有语言实践的机会；学生主动学习不足，与我们的教学内容也有很大关系，教材中的一些内容，

有些学生可能并不感兴趣。

（二）以 10% 语文综合实践活动课程为依托，构建学习共同体，变革学习方式

每个孩子的个性和学习能力不尽相同，我们的语文课程应努力为所有的学生构建了一个包容、公平的课堂共同体。在构建与实施 10% 的读书社课程中，经过前期调研和理论学习后，在北师大专家和教研员的指导下，我们关注学生实际获得，通过构建学习共同体、变革学习方式为突破口，在反思、前行的行动研究中探索行之有效的教学策略，并形成体系。

1. 在话题思考与讨论中，发展阅读思维

学生的阅读与讨论都是围绕自己提出的问题或话题进行的，学生在讨论与探究的过程中，不同的思维相遇，生发出疑问，碰撞出火花。在思考、倾听、讨论中收获不同的观点，逐渐形成对某个问题深入、系统甚至是辩证的认识。他们在谈感受时说："我慢慢学会从不同的角度思考问题，这种不断思考逐渐找到问题答案的感觉棒极了。"有学生说："读书社课程不仅提高了我们的表达能力、阅读理解能力，更让我们读好书，读懂书。"

2. 在对话交流与互动中，培养倾听能力

课堂以生生对话、师生对话为主要形式的，互动是推动课堂的动力。在这样的课堂中，学生首先要学会倾听，然后才能互动交流。我们训练学生先去听清楚别人的发言，思考对与错，与自己想法的异同，继而在别人发言的基础上来发表自己的观点。在持久的训练中，学生的倾听能力不断提高。

3. 在系统的表达训练中，提升表达能力与水平

我们在每次课结束后都会让学生填写自评表，学生会反思自己在课上的表达情况，找到努力的方向。我们为学生建立成长档案，找到课堂中老师指导的重点，更能够根据不同学生的特点和需求来提高每个学生的表达水平。

我们欣喜地看到，原来课上不发言的同学也能勇敢表达自己的感受了，原来课上爱发言的同学可以清楚、有感情、有说服力地表达了。同时因为撰写不同角色日志，除了口语表达，学生开始灵活运用图画、思维导图、

图2　读书社学习共同体

小剧等形式来更好地表达自己的观点。他们用思维导图去发现文本内部的关联，用漫画再现故事情节，用搜集到的信息去揣摩作家的写作目的。我们发现他们阅读的视角在拓宽，阅读的品质在提升，无论是阅读和表达都更具有创新的意识。

（三）在80%国家课程实施中，迁移运用行之有效的教学策略

当我们发现通过以上策略的实施，课堂发生了变化，充满了生命力，学生发生了变化，学习越来越主动，思维越来越活跃。我们开始尝试在80%国家课程的实施中，运用这些策略，发现以前琐碎的问题学生可以做系统的整理了，表达的方式也越来越多元，理解越来越深入了。图3是学习《手指》一课，学生梳理的内容框架。学生在表达中还会联系生活实际，以五根手指为喻，来说小组内同学的特点，做到学思结合，知行统一。

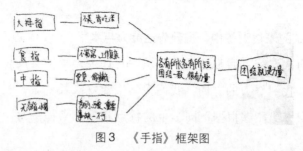

图3　《手指》框架图

四、结语

在课程改革中，我们积极探索教与学的变革，助力每一个孩子的成长。

我们通过构建学习共同体，来调动所有学生参与到阅读与表达的实践活动中来，鼓励学生创意表达。为了区别于阅读，彰显阅读教学的作用，我们探索以话题为依托，把线上线下阅读结合起来，引导学生积极思考，在提出问题、解决问题的过程中，加深对文本的理解，发展思维，提升表达能力和语文素养。

"阅读金字塔"课程体系的建构与实施[①]

陈亚虹

一、"阅读金字塔"课程开发背景

（一）构建新的阅读课程体系是学生发展的需要

阅读能力是保障有效学习最重要的技能之一。从历次的国际大型阅读测试项目的反馈情况看，我国学生以课内的工具性阅读居多，阅读主体意识淡薄，阅读思维狭猛，缺乏批判创新的阅读意识。因此，学生需要在更加丰富、合理的阅读课程设置，从中汲取营养，提升能力。

除了解大背景下学生阅读现状外，我们也关注到了我校学生阅读能力的现状。阅读能力现状主要从学生阅读兴趣、阅读需求以及学生现有阅读能力的优劣来看，通过访谈法及问卷法得到数据。关于学生的阅读能力通过专项能力测试以及历年期末测试中阅读部分的测试的相关数据分析来获得。从我校历年来的语文测试看"阅读短文"中，学生往往在"形成解释""做出评价""谈感受"等方面失分较多。很多同学阅读还停留在浅层次。学生在阅读能力方面，特别是深层次阅读方面还有待提高。

（二）构建新的阅读课程体系是对课程改革的具体践行

北京市教育委员会于 2014 年发布《北京市基础教育部分学科教学改进意见的通知》（京教基二〔2014〕22 号），并于 2015 年发布《北京市

---

① 本文系"北京市教育科学'十三五'规划 2017 年度一般课题《构建阅读金字塔课程体系提升小学生阅读能力的行动研究》"课题研究成果。课题编号：CDDB17161。

实施教育部〈义务教育课程设置实验方案〉的课程计划（修订）》（京教基二〔2015〕12号），其中强调："中小学校各学科平均应有不低于10%的课时用于开展校内外综合实践活动课程。""要采用多样化教学方式，丰富课堂教学的实现形式……为学生提供丰富的体验、合作、探究类的学习活动。"

在课改的大背景下，我校尝试构建了以国家基础课程、周五自主课程、课外活动课程、周末研学课程为主体的全课程体系（见图1）。多元化发展而又环环相扣的课程框架为阅读金字塔课程体系的构建打下了坚实的基础。

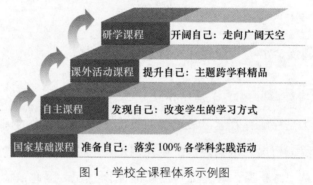

图1 学校全课程体系示例图

二、阅读金字塔课程体系的实践过程

（一）梳理概念 明确方向

我们查阅了2000年以后有关阅读能力、课程开发的相关文献，重点对课程标准进行了梳理。

我国《小学语文课标》中将阅读能力归纳为理解、质疑、积累、运用四大方面。这些能力随着年段上升逐渐递进，在阅读中潜移默化地形成。细看这些具体能力，阅读离不开认读、理解、鉴赏这些关键词，说明阅读能力是一个由外而内再至外的过程。

综上所述，我认为阅读能力就是从页面抽取视觉数据，并理解篇章意义的能力。它应该包括"提取信息"（读）、"内化理解"（思）、"评价鉴赏"（辩）。等几个核心能力，随着学生年级的升高，这几项核心能力的要求也不断提高（见表1）。

表 1 各学段阅读能力要素

所处学段	核心能力指向	课外阅读量
高年级段	在交流讨论中敢于提出看法，做出自己的判断。阅读叙事性作品，了解事件梗概，能简单描述自己印象最深的场景、人物、细节，说出自己的喜爱、憎恶、崇敬、向往、同情等感受。阅读诗歌，想象诗歌描述的情境，体会作品的感情……阅读非连续性文本能找到主要信息。 特点：多向交流（思、辩）	100 万字
中年级段	能初步把握文章主要内容，体会文章表达的思想感情。能附属叙事性作品的大意，初步感受作品中生动的形象与优美语言……与他人自己阅读的感受。 特点：双向交流（读、说）	40 万字
低年级段	阅读浅近的童话、寓言、故事，向往美好的情境，关心自然和生命，对感兴趣的人物和事件有自己的感受和想法并乐于与人交流。 特点：单向交流（读、讲）	5 万字

　　课程体系是指在一定教育理念指导下将各个相关的课程组合成一个联系紧密的整体，使各个课程要素在动态过程中统一指向专业培养目标的系统。而我们要构建的"阅读金字塔"课程体系就是为了提升学生的阅读能力，将有利于阅读能力提升的一组课程组合成一个整体，形成互相关联的系列课程群。

（二）整合资源　建构体系

1. 借助我校生态课程体系对现有课程资源进行梳理重组

　　针对我们对阅读能力的划分，我们的课程体系拟设置为三个不同层面：即基础课程（国家级课程）、自主课程、特色课程三部分（见图 2）。

　　基础课程：在国家教材基础上，通过课上组合阅读，课下推荐阅读，提升阅读量。

　　自主课程：则是在基础课程的基础上进行拓展及提升。拟从"积累拓展类""思辨演讲类""鉴赏评论类课程""戏剧表演类"等方面开设相应拓展类课程。

　　特色课程：对某一方面有特殊需求的学生进行更加专业的指导。

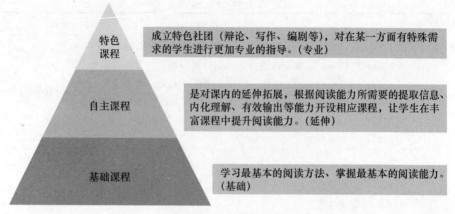

图2 "阅读金字塔"课程体系层级示意图

生态课程体系中三级台阶犹如三个平台，按照《课程标准》对学生不同学段的阅读能力要求，按照不同层次学生不同的需求，将现有的课程以及拟开发的课程进行重组，形成相应的课程群。

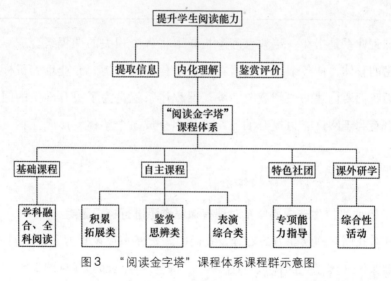

图3 "阅读金字塔"课程体系课程群示意图

从图3不难看出，我们将阅读能力细化为"提取信息""内化理解""鉴赏评价"。在基础课程中，我们更多的是方法的学习和积累。在自主课程中，我们将把课程分为三大类：积累拓展类课程、鉴赏思辨类课程、表演综合类课程。意在通过自主课程将基础课程中学到的阅读方法进行实践、体验，弥补基础课程中综合训练不足，通过多种综合性活动来提升阅读能力。

2. 教师开发课程，完成自主课程体系构建

在进行课程开发的过程中，我们经历了开发课程——运转实验——改进重组——再次实验——确定课程，这几个过程，最终完成了自主课程部分的构建。

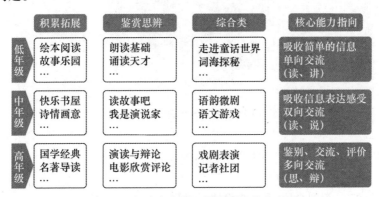

图 4 "阅读金字塔"课程群年段分布图

从图 4 可以看出，自主课程中我们分为低中高三个不同年段，根据不同年段对学生阅读能力的不同要求，分别构建了"积累拓展""鉴赏思辨""综合表演"三大类课程，每个年级的每一类课程又有不同的门类。自主课程紧扣各个年级核心能力，从横向看涉及积累、表达、思辨多个能力；从纵向看，每个年级同类型课程之间又设置不同的难度目标：低年级段主要达到能吸收简单的信息，通过读故事、讲故事、演故事等方式完成单项信息交流；中年级则要求学生在吸收信息的同时能表达感受，通过阅读相应年段的读物，进行简单的演说、课本剧表演等活动达到信息的双向交流；而高年级则在读取信息的同时做到对文本进行交流、鉴赏、评价，多角度多层次交流。每一类课程间又注重年段间的衔接，形成逐级进阶的梯度。

3. 创设"和谐生态"阅读环境，倡导全员阅读

氛围的营造是我们构建课程体系的同时重点推进的工作。培养学生良好的阅读习惯，创设书香校园不仅仅需要学生多阅读，更要提倡教师同阅读，家长参与阅读，真正做到全员阅读。因此，学校通过多种途径建立了阅读社群，倡导全员阅读。例如妈妈读书会的定期活动，建立了亲子阅读社群、午间"与你共读"微课程的开发，建立了师生阅读社群，而学校印制的《史家实验校园与你共读读本》则建立了教师阅读社群。几个社群相互独立又各自相同，逐渐实现了我校全员阅读的构想。

图5　和谐生态阅读环境

三、"阅读金字塔"课程体系的创新点

我校的"阅读金字塔"课程体系呈现出以下几个特点：

跨学科：基础课程内提倡全学科阅读、自主课程中有学科融合的综合类项目。通过不同学科的相互融合，给学生搭建更广阔的阅读平台。

跨部门：教学、德育部门相融合。营造全员阅读的良好氛围。

跨年级：自主课程将打破年级界限，按年段划分。全体学生可以根据选择相应学段的相应课程。

"课程体系的建构"只是本课题研究中第一年完成的任务。本课题还将在后续研究中完善我校学生阅读能力评价体系等多项任务，完善提升自主课程的质量，不断提升学生的阅读能力。

建设"收放一体"的课程群　构建学校特色的"语文观"
——史家七条小学语文学科群的课程建设
王秀鲜

一、语文学科群课程建设背景

在东城区集团化办学、"一长执两校"教育改革中，我于2013年9月被派到史家七条小学开展语文教学研究与管理工作。我秉承着带领史家小学语文教学团队形成的《品语识文》的语文教学观，在尊重七条小学教育传统的基础上，在"大语文观"的指引下，力求通过多种途径及内容，打通课内外的界限，充分利用现实生活中的语文教育资源，优化语文学习环境，开展丰富多彩的语文学习实践活动，拓宽语文学习的内容、形式与渠道，使学生在广阔的空间里学语文、用语文，丰富知识，提高能力，形成具有史家七条小学学校特色的"大语文观"，即"在阅读中学会表达；在实践中学习运用；在文化中浸润心灵"。

二、史家七条小学语文学科群课程的体系构建

史家七条小学语文学科群课程体系构建：国家课程 + 史家七条小学语文学科群课程 + 史家七条小学语文学科群活动（见图 1）。

> 1. 国家课程：人民教育出版社小学语文教材
> 2. 史家七条小学语文学科群课程："三味书屋" + 动漫配音 + 课本剧 + 走进名家故居
> 3. 史家七条小学语文学科群活动：每日一记（日记）+ "语文学科主题"群活动
>   "语文学科主题"群活动：
>   ①史家七条小学"假期阅读季"（每年 1、2 月寒假阅读；7、8 月暑期阅读）
>   ②史家七条小学"假期阅读好书推介季"（每年 3、9 月开学）
>   ③史家七条小学"文画日"（每年 4、10 月阅读轻卡制作欣赏交流）
>   ④史家七条小学"小剧季"（5 月动漫配音作品展演；6 月课本剧展演）
>   ⑤史家七条小学"叶画制作配诗季"（每年 11 月）
>   ⑥史家七条小学"新年颂诗会"（每年 12 月）

图 1　史家七条小学语文课程体系示意图

三、史家七条小学语文学科群课程的实施

（一）语文学科群课程的实施宗旨

围绕立德树人根本任务，遵循学生认知规律和教育教学规律，按照语文学科的课内课外一体化、分学段、有序推进的原则，把中华优秀传统文化全方位融入语文学科各环节，构建史家七条小学语文学科群课程体系。加强语文教师的中华文化教育培训，全面提升语文教师队伍专业水平与素养。

（二）语文学科群课程的实施途径

（1）"三味书屋"校本课程排入课表，每周（隔周）一课时。

（2）"动漫配音""课本剧"课程在"课后3.30"实施。

（3）走进名家故居（博物馆）课程在10%语文学科综合实践活动课中实施。

（4）开展丰富多彩的语文学科群活动，让学生在活动中展现自己的学习所得，在丰富多彩的活动中、在运用实践体验中，提升学生们的语文素养。

四、史家七条小学语文学科群课程实施评价

（一）评价的原则

史家七条小学语文课程群的课程评价原则，遵循学生年龄特点，依托《语文课程标准》，以读、悟、评、改、展为手段，开展读、写、编、演一体的语文学科群活动，让他们在步入活生生的语文世界中，去发挥想象力与创造力，让学生们在展示中越发自信，在成长的每一阶段中做最好的自己。

1. 重视激励性评价

教学过程中充分发挥激励性评价的作用，关注学生的每一点进步，及时表扬，及时鼓励，不断激发学生学习的积极性，使学生不断获得学习的兴趣和发展的动力。

2. 重视过程性评价

重视对学生学习过程的评价。特别关注学生在学习过程中的兴趣、态度和情绪，使学生获得学习的愉悦体验；关注学生阅读兴趣和文化视野的拓展；关注学生把握和内化传统文化精神、形成自己的价值追求和人格内涵的过程。

3. 评价主体多元化

重视教师对学生的评价，还要尊重学生的主体地位，指导学生开展自我评价、相互评价，甚至可以请学生家长参与评价，使评价成为教师、学生、同学、家长等多个主体共同参与的交互活动。

4. 评价内容多元化

对学生学习的评价，既关注学生的学习过程，关注学生的学习兴趣和

学习习惯，关注学生个性化的学习方式和学习要求，也要关注学生知识的积累，关注学生学习中的感悟和情感体验，更要关注学生的创新精神和实践能力。

5. 评价尺度多样化

不用一个统一的尺度去评价所有的学生，承认学生发展的差异，要考虑到学生的家庭文化背景、文化差异、思维个性差异等因素，考虑学生的不同起点，关注每一个学生在其原有水平上的发展。

（二）评价的内容

通常应涉及以下几方面内容：一是参与活动的课时量与态度；二是在活动中所获得的体验情况；三是知识、方法、技能掌握情况；四是创新精神和实践能力的发展情况；五是活动的收获与成果。

（三）评价方法

该课程群的评价分为课程评价和活动评价。评价时注重学生在活动中的综合评价，更注重培养学生在活动中学会如何评价他人，能够欣赏他人，提升语言表达力，促进全面提升学生的语文素养。

五、史家七条小学语文学科群课程建构的创新及特色

（1）史家七条小学语文课程群的课程建设，是在"大语文观"指引下，通过多种途径及内容，打通课内外界限，充分利用现实生活中的语文教育资源，优化语文学习环境，开展丰富多彩的语文学习实践活动，拓宽语文学习的内容、形式与渠道，使学生在广阔的空间里学语文、用语文，丰富知识，提升语文素养。

（2）史家七条小学语文课程群的课程建设，促进学科教研，使学生与教师在课程建设中得到双赢式发展。

在构建史家七条小学特色的"语文观"和"收放一体"的语文课程群的建设中，学生与教师得到了双赢式发展。

学生在每日一记、课本剧的展演、阅读轻卡的展览、诵诗会、动漫配音等大量的语文学科课程群活动中，语文素养与学习自信不断提升。

教师在研究语文学科群课程的课堂教学实施策略与评价中，分别在全国、北京市、东城区做童话、诗歌、经典名著等不同文体的教学研究课并有获奖，极大地促进了史家七条小学语文教师的专业发展；《建设"收放一体"的课程群　构建学校特色的"语文观"——史家七条小学语文学科群的课程建设》荣获了东城区 2017 年度基础教育课程改革一等奖，由此更带出了语文教师团队的科研热情，提升了教师的教育自信。

参考文献

［1］葛慧玲. 小学语文教学如何与各学科融合. 魅力中国，2010（8）

［2］王立刚. 有创意的表达及教学策略. 中国知网，2004

［3］郭丽英. 个性化生活与小学生个性化写作能力的培养. 中国知网，2014

［4］黄菊初. 叶圣陶语言教育思想概论. 北京：开明出版社，1998

［5］中华人民共和国教育部制. 全日制语文课程标准（实验稿）. 北京：北京师范大学出版社，2011

［6］倪文锦主编. 小学语文新课程教学法. 北京：高等教育出版社，2003

［7］语文课程标准研制组编写. 语文课程标准解读. 武汉：湖北教育出版社，2002

［8］叶圣陶. 叶圣陶教育文集. 北京：教育科学出版社，2000

［9］王丽. 中国语文教育忧思录. 北京：教育科学出版社，1998

［10］朱作人. 语文教学心理学. 哈尔滨：黑龙江人民出版社，1984

［11］柯尔伯格. 道德教育的哲学. 杭州：浙江教育出版社，2003

［12］王荣生. 语文科课程论基础. 上海：上海教育出版社，2003

［13］马克斯·范梅南. 生活体验研究——人文科学视野中的教育学. 北京：教育科学出版社，2003

［14］潘新和. 中国现代写作教育史. 福州：福建人民出版社，1997

第 3 章

课程：从平面走向立体

小学阶段儿童的认知特点是以形象为中介，在语文课堂中引进课本剧、微电影，既符合小学生的认知特点，体现语文学科的性质和要求，又具有现代社会学习的特征，有利于学生在感兴趣的自主活动中全面提高语文素养，有利于培养学生主动探究、团结合作、勇于创新的精神。许多进行过课本剧、微电影创作实践的老师反映，课本剧、微电影促使语文教学从平面感悟向立体活动转变，直观、生动的课本剧、微电影达到了优化学习过程的目的。

"戏"润童年"剧"伴成长

——浅谈教育戏剧情境式教学对小学生
语言表达能力的浸润与推生

鲍　虹　史宇佩

当前，新课改正在穿越学校的围墙，真切地改变着课堂的形态。作为教育改革的重中之重，学校课程的多维考量与多态建构，特别是在核心素养牵引下的多向跃变，已经成为每一位教育工作者的重要关切。

近年来，史家教育集团着力构建"无边界"课程，它的提出源于史家"种子计划"，源于"一切为了孩子，一切为了明天"的"史家精神"，它是我们对于学生多元成长需求的正视与探索。古人云："一言之辩，重于九鼎之宝；三寸之舌，强于百万之师。"语言表达能力的至关重要，不言而喻。而教育戏剧情境式教学的融入正是小语教学夯实"双基"的开拓，是教育学生个性成长的可持续发展路径，也是对小学生语言表达能力和综合素养的浸润与推生。

一、语言表达能力培养曾有的"窘况"

新的《语文课程标准》指出，语文课程应"引导学生丰富语言的积累"；应使学生具有适应实际需要的"口语交际能力"。其犹如"一夜春风"，为语文教学赋予了时代特色。不可否认，随着施教理念的更新、施教模式的转型、施教方法的改进、施教目标的重新定位，如今语文教学在学生语言表达能力的培养与提升上，已经取得跨越发展。然而，作为一名基层一线的"教育人"，我们感到，具体教学中存在的一些"短板"仍不容忽视。最具代表性的一点，就是时下很多人经常片面认为：培养学生的语言表达能力，就是一味追求课堂上热闹、形式上别致、呈现上出彩。其结果，一方面传统要素、关键环节、基础知识虽有侧重；另一方面，新的形式、鲜活的内容、现代化的教学手段却犹如"空中楼阁"，并没有起到推波助澜的作用，显得牵强无力。书本教学单一化，课堂讲解模式化，学生学习枯燥化，工具性与人文性相脱节，秉传统与求创新"两张皮"，互容互促、相得益彰上缺乏纽带与桥梁、没有载体与抓手。一节课下来，老师在台上口干舌燥，学生在台下走马观花。

二、教育戏剧在教学实践中的初探

一线教学实践中，我们惊喜地发现，近年来，教育戏剧情境式教学成为小学生语言表达能力培养与提升的有效载体和有力抓手。那么，什么是教育戏剧？教育戏剧是"教育"与"戏剧"的融入，是把戏剧方法与戏剧元素应用在教学活动中，以"情境式"教学营造语文学习的实践交集，从听、说、读、写的层面，深化到用、编、排、演，唱的层次，运用戏剧的特色：故事性、虚拟性、社会性，让学生参与到教学实践中来，通过戏剧角色的扮演，实践式理解文字、交流中体验感知、碰撞里加强理解、探求上升华情感、协同中提升认识，让认知与升华丝丝入扣、让固守与开放无缝衔接、让工具与人文感浑然一体，从而使学生的理解、表达、沟通和协调能力都有很大提高。这里需要强调的是，教育戏剧并不以戏剧知识和表演技能为目的，而是运用戏剧元素设计各种体验，让学习中的每个环节都成为一个"小舞台"，让成长中的每个孩子都成为一个"小演员"，在角色扮演、情境虚拟中，学会知识，学会自信，学会思考，更学会表达与交流。

图 1　学生在情境虚拟中表演《灰雀》

三、教育戏剧对语言表达能力的推生

如果形象地把学生语言表达能力比作一棵树苗，那么，我们认为，教育戏剧则能为这棵树苗提供充足的养分、创设良好的条件，使其苗壮成长、枝繁叶茂。教育戏剧对小学生的语言表达能力这棵树苗究竟有多大的影响呢？概括讲，主要有以下四个方面。

（一）教育戏剧能深扎"语义"之根

小学语文教学贵在"双基"抓实。小学生语言表达能力培养中，我们强调提升人文素养，但决不以削弱工具性为代价，忽视最基本的语言文字训练。特别是字词，作为语言运用最基本的元素，它就像万丈高楼的一砖一瓦，必须抓得扎扎实实。我们认为，只有把提升人文素养渗透于扎实的语言文字训练之中，语言表达能力才会有根、有基、有本。教学实践中，教育戏剧能科学地为我们解决这个问题。比如，《少年闰土》一课，我们通过戏剧表演的形式设场景、做道具、摆实物、做演示，围绕"雪地捕鸟"等环节排演，把词语的理解作为一个关键环节凸显出来，引导学生在"用短棒支""只一拉"等一字一词、一句一语中体会闰土聪明、机灵的特点，不但丰满了学生对闰土的认识，加深了对课文的理解，而且还使孩子们学会了遣词造句的精妙之处，有效地架设了从识字解词到迁移运用、从语句认知到深化认识的"桥梁"。

（二）教育戏剧能强壮"语情"之干

工具性与人文性的统一，是语言表达的价值所在。教育戏剧则是培植内涵、丰厚内涵，塑造魅力、展示魅力的最好方式与途径。教育戏剧通过模拟场景、构建画面、设计片段，将书本上呆板枯燥的静态文字，变成交流运用的动态语言，把平面文字知识变成立体生动的语言知识，使学生既能懂又能用，既会写还会说，既身临其境又感同身受，从而真正实现情感升华。情感有多充沛，语言表达的树干就有多坚实。作为教师如果开拓思维，结合和运用戏剧元素引导学生们用心去触摸、去感悟，使语文教学更加形象化、生动化、立体化，兴趣培养更加引人入胜，让孩子们自己走进课堂，走进语文，把书本语言和现代生活紧密结合变为自己丰富的知识、优美文明的语言、生动有趣的表演，进而达到理解升华、融会贯通、渗透转化、迁移运用的目的。

图2　学生在表演中载歌载舞，风格迥异

（三）教育戏剧能横阔"语感"之叶

语感，又称语言直觉。郭沫若先生说："大凡一个作家或诗人，总要有对于语言的敏感，这东西'如水在口，冷暖自知'，其实说不出个所以然。"语言学家吕叔湘指出："有的人学说话，总是学不像，就是因为对语言不敏感。"我们理解，语感就像"庖丁解牛"的游刃有余，就像武术高手的气随意动，就像日常口语的脱口而出。那么，语感从哪里来？古人讲：学而不思则罔。"熟读唐诗三百首，不会读书也会吟"这个命题，其实是很浪漫的。不去感悟、不去思考、不去体验，水之无源、木之无本、学而不思，吟出诗来也缺乏生命力。参天大树，必有其根，长江万里，必有其源。教育戏剧，将枯燥的书本文字，"演"变为生动鲜活的人物情感、思想碰撞、情感交流，"戏"化为深扎灵魂的主体参与、切身体验、深刻感受，把对文字的一种认识、对语言的一种升华、对思想的一种接纳，融入血脉、根植基因，从而内化为素养、外化为气质、固化为习惯，于是，就有了举手投足间的挥洒自如，就有了言谈举止间的引经据典。

（四）教育戏剧能浓厚"语文"之境

境者，情境、环境。杜甫有"随风潜入夜，润物细无声"；今有《协和医事》：在"熏"的气氛中成长。讲的都是一个"境"字。语文教育传统的"识字、写字、读书、作文"固然重要，但如何创设情境，让学生在学习中获得存在感、体验感？如何创建载体，让学生在学习中锻炼语言的迁移力、运用力？如何创新抓手，让学生更加有效地激发想象力、创造力？如何把所学运用到语言中，把语言和文字表达能力发挥到淋漓尽致？教育戏剧一改过去单一课堂"讲授式""灌输式"教学，通过"情境式"教学、"启发式"引导、"针对式"强化、"艺术式"渲染、"戏剧式"生动，内容上把学、思、悟、践，形式上把声、光、视、电等要素融为一体，营造氛围、激发共鸣、引发思考、加深理解。

图 3　学生在童话剧表演中触摸经典《神笔马良》

"戏"润童年，"剧"伴成长。教育戏剧化是综合性的教育活动，是做好语文教学的一种尝试，是培养学生成才提高综合素养的手段和完善，也是弘扬博大精深传统文化的方式，重视并打造好这个平台，充分引导和教育学生在全方位、多维度、立体化的氛围中学习锻炼，深扎"语义"之根、强壮"语情"之干、横阔"语感"之叶、浓厚"语文"之境，语言表达能力之树终将成为参天。

"童心传媒"看世界

王　瑾　化国辉

"史家传媒"课程是基于学生媒介素养教育，对学生情感生发、态度形成、品德提升进行层梯建构，进而培育社会责任、传播家国文化的综合实践活动课程。课程以"多视窗"模式拓展学习场域、开阔成长视野，致力于让学生在合作与创新中不断提升"解读"和"制作"各种媒体信息的能力。

"史家传媒"课程经历了三个发展阶段：第一个阶段，由中国传媒大学教师进班授课；第二阶段，年级大课与特长生小课相结合；第三阶段，在大小课结合的基础上实行双师制，由中国传媒大学教师与史家小学多学科教师共同承担教学任务。三个阶段共开设新闻采编、动画制作、节目主持、摄影摄像、人物采访、编辑排版、四格漫画、广告设计、剧本创编、微电影等10余门课程。课程重在全员参与，融合语文、数学、英语、美术、品社、音乐、计算机、科学等学科，让学生通过欣赏漫画作品，参观博物馆、大学、媒体中心等，根据主题讲故事、画漫画、设计海报、创编剧本、拍微电影等形式，用眼看世界，用心品人生，进行丰富的创意表达，开展广泛的实践活动，提高审美能力。

"史家传媒"是"童心传媒"。每个孩童都爱动画，动画中有好玩的故事，有生动的角色，有美妙的灵感，有纯真的愿望……动画是孩子们最放松的世界，是他们寻梦的天堂。动画也是一种思维，它能开发孩子的右脑，让逻辑思维与形象思维全面发展。他能培养孩子们的综合素养，当孩子们

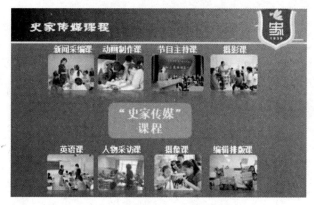

图 1 "史家传媒"开展的课程

掌握这种思维方式，他们将更具想象力和创造力，将来不管从事什么职业，这都将让他们更加热爱生活。因此，动画是动起来的美好，看动画、画动画、学动画的孩子将更容易感受到幸福。我们根据学生年龄特点和认知能力，有针对性地为五、六年级学生创设了"多视窗"打开的多主题课程。基于创新、文明、感恩、母爱、责任、生命安全、传统文化、社会主义核心价值观等多样化主题，五年级学生着重学习四格漫画讲故事及广告设计；六年级学生着重学习摄影摄像、剧本创编及微电影拍摄。

传媒素养的内涵有四个维度的理解，分别是"认知维度""知识维度""理解维度"和"能力维度"。四个维度侧重点不同，分别是从对信息的认知过程、信息的传播过程和对信息的判断力和理解力四个方面来加以区分的。我们开展的课程有四格漫画、摄影摄像、广告设计和微电影。四格漫画，孩子们有自己的创新意识和审美认知，通过讲故事的形式表达自己的思想。摄影摄像课程，通过他们的镜头展现出他们对事物的认知，对真善美的辨别，让孩子们有发现美的眼睛。广告设计，学生用手中的彩笔描绘出美丽多彩的世界，孩子们的创意表达令人折服。微电影无疑是最综合展现孩子们多维能力的综合作品，学生们拍摄的微电影作品，稚嫩不够成熟，但孩子们对电影的热爱，对生活的追求，通过镜头完美地展现出来。

传媒课程在建构上符合学生的认知规律，也促进学生综合能力的提高。多个可以同时打开的课程"视窗"，让孩子们从"认知维度""知识维度""理解维度"和"能力维度"全面提升自身的媒介素养。

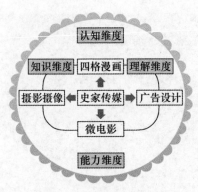

图 2　四个维度示意图

　　四格漫画课程，不仅为在绘画和写作方面有特长的孩子搭建了展示自我的平台，更为所有的孩子爱上阅读和写作提供了有力支持。看孩子们的作品时，他们的创意和文字表达非常让我吃惊。学生们在语文综合实践课上完成的文配画，正是传媒课程为他们提供了各种有利条件，激发他们的创造性，老师们鼓励他们插上想象的翅膀，大胆地去创编、去描绘、去写作。引导学生用心感受生活，用笔表达生活。最终，让所有孩子受益。

图 3　学生四格漫画作品

　　"四格漫画创编故事大赛"中有很多学生的作品都取材于校园生活。我们的老师引导学生将这些司空见惯的校园生活通过比喻、夸张等手法设计成学生喜闻乐见的四格漫画，然后再让学生将画面描述出来，这实际上是指导学生通过图画的展开，一步一步地把校园生活写清楚、具体，从而自然流露出自己的情感。可以说，这种形式既激发了学生的表达欲望，又对学生的写作进行了方法上的渗透。

　　而对一些比较枯燥、抽象的题材，比如：民俗、母爱、环保、心愿等等，我们也是鼓励学生到生活中去寻找创作灵感，去调动自己的生活经历，把这些相对枯燥的内容变成一幅幅具体形象的生活场景。由于学生有真实的生活体验，所以图画的创作就是生活场景的再创造，而文字的表达由于有了生活体验，则饱含孩子的情感。所以，每一幅作品欣赏起来都非常亲切，都能有经历或情感上的共鸣。还让我们看到了每一位孩子与众不同的创意表达，每一位孩子的精彩绽放！

　　传媒课程不仅是为了孩子当下的发展，更着眼于孩子未来。这些年的中高考的作文题目，有很多都是漫画题材，考生们通过分析画面内容，发表自己的见解。而我们今天所做的正是帮助学生把自己的思想或情感通过漫画的形式表现出来，再用文字来具体表达。二者的有机整合，完全是为了学生的理解和表达服务的。学生创作前资料的搜集、整理，画面的构思，以及最后的文字表达，既是一种学习，又是一种经历。这种综合实践活动使得学生更关注生活，关注社会，同时

图 4　学生关注社会视角作品

乐于表达对生活、对社会的感悟，学会了联系生活进行思考，不仅仅是对学生的理解和表达有帮助，更对学生情感的丰富以及个人素养的全面提升起到了推动作用，从而为学生的可持续性发展奠定了基础。

　　我们与中国传媒大学合作，为学生提供专业的学习指导。孩子们的学习活动不再局限于传统课堂，而是大步走出教室，走进大自然，进行拍摄实践。在拍摄微电影的过程中，我们预设学生生活和校园生活主题，但孩子们的视角显然更为开阔，与他们成长相关的毕业、感恩、友谊等问题是他们的主旋律，共享单车、公益活动、温暖孤老、关爱盲童等社会问题也频频出现在孩子们的剧本创编和微电影拍摄中。传媒课程鼓励学生发现美、

追求美，培养学生创新意识和表达能力，培养学生的自信心及鉴赏审美能力，为学生终身学习夯实基础。

根据开设的课程内容，我们每学期末都会举行颁奖典礼。我们每个学期都有相应的主题：创作、自信、涉外、交往、汲取、成长、寻梦、责任、情怀……我们还举行了微电影节展映活动，孩子们穿着节日盛装走上红毯，在微电影节展映活动中尽情绽放。在已举办的四届"萌芽杯"微电影节中，共送展纪录片、微电影等百余部原创作品，有的作品还参加了北京市中小学生微电影大赛，并取得优异成绩。获奖的学生还受邀参加了传媒大学半夏电影节的活动，成为颁奖嘉宾！从小他们就埋下成为电影人的种子，这一个小小的种子在生根发芽……一个钟情于黏土动画的女生，精心地塑造了一个美丽的公主形象，在欢欣无限的童趣视频中，圆了自己心中的"公主梦"。一个喜爱电影创作的男生，召集志同道合的孩子成立了"老黄工作室"，风雨无阻地用镜头记录史家、记录成长。当他们高举"萌芽杯"微电影创作奖杯之时，工作室主创豪情满怀地说："今天我们拿到的是史家奥斯卡，明天我们一定努力拿到世界奥斯卡！"

图 5　豪情满怀的老黄发言

成长无边界，学习多视窗。一位学生家长意味深长地说："史家的传媒课程给孩子们打开了另外一扇看世界的窗。"正是这些热爱教育热爱学生的人，陪伴传媒课程一路走到今天，七年的成长历程，一路摸索艰难前行。我们的课程获得东城区教育课程建设成果一等奖，北京市基础教育课程建设优秀成果一等奖，北京市的教育学会"十二五"教育科研课题研究成果一等奖。

第**2**部分

课堂·设计

第 4 章

课堂：发现汉字奥秘，感受识字乐趣

人生聪明识字始。识字教学是小学语文教学的起点，对学生今后的语文学习会产生深远的影响。我们想，要让学生喜欢学习汉字，就得引导他们自己去探索，去发现汉字的美及汉字的奥秘。因此，在平时的教学中，我们力求做到识字教学符合儿童心理特点，将学生熟识的语言因素作为主要材料，结合学生的生活经验，引导他们利用各种机会主动识字，力求识用结合。在课堂上运用多种识字教学方法和形象直观的教学手段，创设丰富多彩的教学情境，提高识字教学效率。只有在这样的氛围中，学生们的识字能力才能真正地得到提高，他们才能真实地感受到识字的乐趣。

《古对今》教学设计

【学段】第一学段　　【年级】一年级　　【授课人】张牧梓

【指导思想与理论依据】

《语文课程标准》指出，识字、写字是阅读和写作的基础，是第一学段的教学重点，是贯穿整个义务教育阶段的重要教育内容。识字教学要注意儿童心理特点，结合其生活经验，用多种识字方法和直观手段，引导学生主动识字。

【教学背景分析】

一、对教材的认识与理解

《古对今》一课以通俗凝练的韵语带出识字内容，渗透传统文化的精华。旨在通过集中识字的形式，完成识字任务。本课继续培养学生提高独立识字能力，理解词语，积累语言，培养良好语感。

二、学情分析

学生有诵读基础，不仅乐读，而且对文字所传递的意思有一定感悟。掌握了多种识字方法，能够主动识字。

三、设计思考

重点引导学生温故知新，观察、比较生字特点，采用不同的识字方法认字，进一步提高独立识字的能力。学习生字时，以认促读，以读促记，以记促诵。

【教学目标】

一、教学目标

1. 认识 12 个认读字，会写 3 个生字。

2. 看图或联系生活实际了解词语。

3. 正确流利朗读课文，感受自然及古代韵文之美。

二、教学重点

1. 认识、会写生字。

2. 正确流利朗读课文，感受自然及古代韵文之美。

三、教学难点

看图或联系生活实际了解词语。

【教学过程】

一、诵读对子，导入新课

引导学生诵读晨间诵读内容，顺势导入新课。

二、出示课题，学写生字

1. 出示课题，读题。用"古"和"今"分别组词。

2. 学习生字"古"。

【设计意图：揭示课题时学习"古"字，既对字义加以了解，又在引导学生观察字形的过程中为后面两个上下结构生字的学习做好铺垫。】

三、初读课文，随文识字

（一）初读课文，整体识字

1. 初读课文，努力读准字音，不认识的字借助拼音帮忙。

2. 标出课文共有几个小节。

3. 圈画生字，正确读出字音。

（二）同桌合作，认读生字

【设计意图：通过学生自学，同桌合作学习，教师指导，帮助学生整体识字。】

四、随文识字，了解词义，朗读课文

（一）学习第一小节

1. 自由读第一小节，读准字音，把句子读通顺。

2. 认识"圆"字。

（1）你用什么方法记住"圆"？组词。

（2）你还知道哪些字和"圆"的读音一样？

（3）教师边和学生互动边相机贴词卡。

（4）请学生上前从四个读音相同的字中选正确的"圆"贴在空白处。再读一读。

3. 联系所学，结合生活实际，感受四季。

4. 读第二句话，这句话里藏着哪几个季节？你是怎么知道的？

（1）结合词语认读"严寒"。"寒"采用字源记忆。

（2）严寒是指什么样的冬天？想想刚过去的冬天，看图，怎么读"严寒"？联系生活实际，感受"酷暑"。

（3）现在是什么季节？

（4）和"春暖""相对的是什么样的秋天？认识"秋凉"。完整读第二句。

（5）学生完整读第一小节。师生对读。

【设计意图：引导学生关注生活，联系所学，结合自己的生活体验和已有认知记生字、学新词、谈感受、练表达，充分感悟交流，从而培养学生观察生活的能力。】

（二）学习第二小节

1. 自由读第二小节，读准字音。

2. 学习"晨、暮"，看图观察：这两个字有什么一样的地方？（都有日字）

"晨"是早上，那"暮"是一天中的什么时间呢？看图观察。

3. 学习了解"和风、细雨"。

教师朗读，引导学生想象画面，感受和风细雨。

3. 引导学生运用已掌握的识字方法，识记"朝""霞"两个字。老师抛砖引玉，以猜字谜的形式：十月十日，记住"朝"，再连词记忆"朝霞"。

4. 联系生活，引导学生看图分辨"朝霞"与"夕阳"。

5. 借助词卡，请学生玩"找朋友"的游戏。

【设计意图：引导学生发挥想象力，结合自己的感受理解积累成语。通过自己观察，学习新字，激发学生的学习兴趣。】

（三）学习第三小节

1. 学生边读边找：春天哪些树发芽，还有哪些小鸟？

2. 借助书中插图，展开想象了解"莺歌燕舞""鸟语花香"这两个成语。

看课文插图，看看小黄莺和小燕子在哪里，它们在做什么？积累词语"鸟语花香"。

3. 自由读，指名朗读。

【设计意图：引导学生结合书中插图，展开想象，充分感受，了解两个四字词语。观察与想象有机的结合，学生感知到的内容更丰满，表达更丰富。】

五、整合全文，变式诵读，温故知新

学生拍手乐读全文，再次识记生字。

【设计意图：一年级学生学习生字时遗忘快，识字教学要重视生字复现，增加学生对生字的熟识度。】

六、学习生字"李、香"

1. 观察"李、香"两个字。

（1）引导学生识记"李、香"。

（2）组词。

（3）观察两个字的结构，教师范写。

（4）学生练写。

（5）评议修改。

2. 学生自己临写"香"字。

【设计意图：识字写字是低年级识字教学的重中之重，按照规范要求，认真写好汉字是本课的教学重点，指导学生观察字形，规范临写，培养书写兴趣。】

【板书设计】

6　古对今

古　　　　今

圆　　　　方

严寒　　　酷暑

春暖　　　秋凉

【教学特色】

1. 关注学生需求，引导学生运用多种方法识字，一字多法，一法多用，鼓励学生自主识字，激发兴趣。

2. 本课结合低年级学生的认知特点，运用联系生活实际、看图等不同方式引导学生理解词语。

3. 朗读读出节奏、韵律。

《端午粽》教学设计

【学段】第一学段　【年级】一年级　【授课人】曹艳昕

【指导思想与理论依据】

叶圣陶先生曾说过："语文教材无非是例子，凭这个例子要使学生能够举一反三，练成阅读和作文的熟练技能。"语文教学仍然要把教材当成学生的"例子"，引导学生通过自主阅读和交流对话，生成言语智慧，提升语文素养。

【教学背景分析】

一、对教材的认识与理解

《端午粽》一课是部编版教材的新课文，正好可以通过对课文的学习，引领学生丰富人文精神。

二、学情分析

我班学生对课文中出现的"一"字变调读，叠词的使用都有了初步地了解，在第一课时，已经学习读好长句子的技巧，提出不懂问题。

三、设计思考

语文课上的阅读，除了"得意"还要"得言"。所以我为学生设计一个他们感兴趣的话题"介绍你吃过的粽子"，引导学生向文本学习，给别人介绍自己吃过的粽子。

【教学目标】

1. 巩固第一课时学习的会认字，会写"真、分、豆"三个生字。（教学重点）

2. 流利地朗读课文，初步了解端午节的习俗、来历。（教学重点）

3. 能用自己的话说一说粽子的样子、味道等。（教学难点）

【教学过程】

一、复习引入

1. 我们继续学习第 10 课《端午粽》，齐读课题。

2. 自己读一遍课文，做到：不多字、不少字、不读错字。

3. 课文里的词语，你们一定还认识，咱们一起读读。

二、学习课文

（一）学习第二自然段

通过上节课的学习，我们知道：一到端午节外婆就会煮好一锅粽子，盼着我们回去。

1. 那外婆是用什么包的粽子，里面都有什么啊？同学们自己读读课文的第二自然段：外婆包粽子都用了哪些材料啊？

2. 出 PPT1：粽子是用青青的（　　　）包的，里面裹着白白的（　　　），中间有一颗红红的（　　　）。

3. 再来读读这句话，自己填一填，你又知道什么了？

出 PPT2：粽子是用（　　　）的箬竹叶包的，里面裹着（　　　）的糯米，中间有一颗（　　　）的枣。

4. 听你这么一读，我立刻感到这粽子特别鲜亮诱人了。同桌互相读一读，把颜色读清楚。

5. 我想请一位同学来读这句话，其他同学其他同学闭上眼睛，一边听，一边想象：外婆包的粽子什么样？

6. 这粽子看着就那么诱人，煮熟了会是什么味？

【设计意图：通过多次不同重点的朗读，帮助学生了解粽子的样子。】

出第二句：外婆一掀开锅盖，煮熟的粽子就飘出一股清香来。

7. 煮熟的粽子会散发出什么味？

8. 想一想，这是一种怎样的香味？出示前两句，再读读：同桌俩人互相说说。

9. 这正是混合了箬竹叶、糯米和红枣而成的一种独特的香味。自己再来读读这两句话，感受感受。

【设计意图：通过联系上下文朗读，帮助学生了解粽子粽子独特的香味是怎么来的，为后面的说话练习做铺垫。】

10. 当你剥开粽叶，咬一口粽子的时候，又是怎样的一种感觉呢？谁来说说？指名说、读。

11. 这又黏又甜的粽子，可真——好吃啊！（板书：好吃）

12. 那你们快来读读课文的第二自然段吧。

（二）学习第三自然段

1. 外婆包的粽子不仅好吃，花样也很多，都有什么花样啊？自己读第三自然段。

2. 你们都吃过什么口味的粽子？

3. 你们吃的粽子花样也很多，你能不能学着课文中的样子，来给大家介绍介绍你吃过的粽子啊？举例。（此处教师举例）

出 PPT：我吃过（　　　）粽。它是用（　　　）包的，里面裹着（　　　），中间有（　　　）。这种粽子（　　　）好吃。

4. 自己都试着说说。

【设计意图：借助课文的范例，学习向别人介绍自己吃过的粽子，借助文本发展语言。】

5. 这么多同学都爱吃粽子，谁家自己包过粽子？看！端午节吃端午粽是我们国家上千年来流传的习俗，这种习俗与文化，正在你们的家庭中传承着。有时候，我们还会把自家制作的端午粽与亲朋好友分享，这不仅是分享食物，也是在分享节日的祝福与快乐。外婆就是这样做的，一起读第三句。

（三）学习第四自然段

1. 为什么会有端午节吃端午粽的习俗呢？课文中说的和你们说的一样吗？自己读读第四自然段。

2. 介绍端午节的习俗和故事。

（四）整读课文

通过今天的学习，我们了解了有关端午节的习俗和故事，让我们出声音地读一读这篇课文，读清楚粽子的样子、味道和花样。

三、指导书写

1. 端午节吃端午粽，是我国流传了上千年的习俗。我们国家的汉字文化也有着几千年的悠久历史，今天我们要学写三个生字。出："真、分、豆"。

2. 组词。

"豆"：

图1　"豆"

古代盛食物用的一种器具，有点儿像带高脚的盘子，有的带盖儿。引导学生观察："豆"字和这件器物之间的联系。

图2　"豆"字演变过程

3. 教师范写：

提示："真"字中间是3个小横，把第二个小横写在横中线上。

4. 检查执笔姿势，学生练写后讲评，再写。

【设计意图：通过引领学生观察"豆"字演变过程图，形象地记住"豆"字。学生通过识记，发现了汉字虽然历经千年，却一脉传承下来的特点，产生了识字的兴趣。】

四、总结，推荐阅读

1. 学完今天这篇课文，我们了解了关于端节的传说和习俗。

2. 其实介绍端午节的绘本故事也有很多，推荐《中国传统节日绘本故事集》。

【板书设计】

10　端午粽

青青的箬竹叶　　　红豆粽

白白的糯米　好吃　鲜肉粽

红红的枣

【教学特色】

一、创设情境，提高学生语言表达能力。

二、利用字理识字，提高识字教学效率。

《江南》教学设计

【学段】第一学段　【年级】一年级　【授课人】张斌轩

【指导思想与理论依据】

识字写字作为阅读和写作的基础，是低年级语文学习的一项重要任务。"教学建议"中提出："要运用多种识字方法和形象直观的教学手段，创设丰富多彩的教学情境，提高识字效率。"正符合"部编本"语文教材的编写特点。

【教学背景分析】

一、对教材的认识与理解

《江南》是一年级语文上册第四单元的第三篇课文，反映了采莲的情景和采莲人欢乐的心情。本首诗歌连用了 5 个叠句，全诗节奏轻快愉悦，学生既能感受诗歌的韵律美，又易于理解。

二、学情分析

一年级学生在思维方式上具有好奇心强，喜爱动手操作的特点，容易接受直观形象的知识，通过前边的学习，学生有了借助拼音读准字音的能力和独立识字的兴趣。经过课前调查，班里大部分学生对"采"和"莲"这两个字比较陌生。

三、设计思考

一年级的学生在学习方式和思维方式上还具有很强的幼儿园特色。所以我就带着学生一起看图画、说感受、贴板书，读诗文。

【教学目标】

1. 认识"江、南"等 9 个生字和三点水旁、草字头 2 个偏旁。会写"可"这个字，学习一个新笔画竖钩。（重点）

2. 正确朗读课文，读出诗句的韵律。（重点）

3. 结合插图，了解诗句"莲叶何田田"的意思，体会采莲人欢乐的心情。（难点）

【教学过程】

一、导入新课，整体感知

1. 今天我们来学习第三课《江南》，齐读课题。

2. 请你快来读一读这首诗，遇到不认识的字，自己先拼一拼，努力读准字音。

二、结合学情，识记生字

1. 出示双蓝线中的生字，同桌交流：你认识哪些字？说说你有什么好办法记住这些字呢？

2. 教师顺学而导，采用多种方法指导学生识记生字。

采：字用汉字的演变方式来记字。

莲：这个字的偏旁是草字头，你们还知道哪些关于草字头的字呢？看来带有草字头的字都与植物有关。莲花就是荷花，所以荷叶又叫——莲叶。（贴莲叶）

东南西北：结合生活识字，复现识字。

【设计意图：依据学生学情，采用多种形式有重点有层次地指导学生识字。】

三、指导写字，积累词语

师：今天我们还要学习写"可"这个生字。

1. 你有什么好方法记住它？

2. 看看书上的笔画跟随，可这个字的笔顺是怎样的？

3. 师：范写"可"字，讲新笔画"竖钩"，写在竖中线右侧，笔画要写直，不同于"弯钩"。

4. 学生练习书写，展示评议。

5. 结合生活实际组词，并适当引导学生用所组的词语说句子。

6. 完成练习册中的第3题。

7. 再次回文。

8. 课中操：随着古诗新唱《江南》的歌声做操。

【设计意图】在回读课文后设计了课中操这一环节，一方面这样的时间安排适应了学生的心理年龄特点。另一方面这首歌与文章中的诗歌内容一致。我请学生都来做小鱼随着音乐一起来唱一唱跳一跳，在音乐中可以让孩子亲近文本，在肢体动作中理解感悟小鱼嬉戏的快乐，激发孩子的学习兴趣。】

四、巧用板书，感悟诗意

（一）学习诗句：江南可采莲，莲叶何田田

1. 师：自己读读这句诗，想一想人们在荷塘做什么？

2. 师：莲蓬里结了莲子，它的营养价值特别丰富。在江南像这样池塘还有很多很多，所以说江南可真是一个采莲的好地方！

3. 理解"莲叶何田田"。

师：读完"莲叶何田田"这句诗你有什么不明白的吗？

师：同学们你们快看，这满池的莲叶怎么样？

师：就像你们说的莲叶特别多、特别茂盛，你挨着我，我挨着你就叫作莲叶何田田。

师：同学们，你们看，这一片莲叶能叫何田田吗？

生：不能，应该是好多莲叶。

师：那谁能帮老师把黑板布置成何田田的样子？

生：上前面贴板书。

师：我们要怎么读好这句诗呢？请你先听老师来读一遍。（教师范读）

生：自读、指名读、男生读、女生读。

师：从你们的朗读中我仿佛看到这一池茂密的荷叶，荷叶真多，真茂盛。

【设计意图】通过读、想、说、贴这样的步骤巧用板书帮助学生突破了难点。在学生理解的基础上，我引导学生发现朗读诗歌中要做适当的停顿，但这种停顿不能过于生硬更要做到声断气不断，音断意相连，并作适当的范读，教会学生诵读的方法，培养语感。】

（二）学习后面两句诗

1. 师：在这一片挨一片的莲叶下游动着一群群快乐的小鱼。它们在干什么呢？

生：它们在做游戏呢。

2. 师：它们会怎么做游戏呢？

3. 师：诗歌中是怎么说的？自己读读。

4. 学生一边说，老师一边贴图。

5. 在教师演示后，请2~3名同学到前面来读一读、摆一摆、说一说，体会到小鱼在莲叶间嬉戏的快乐心情。

6. 师：在莲叶间穿行的不止有小鱼啊，还有采莲的姑娘们，真是"江南莲叶何田田，采莲姑娘笑开颜，小鱼嬉戏莲叶间，如画美景在眼前"，让我们再来美美地读一读这首诗吧。

【设计意图：本首诗歌的一大特点就是连用了5个叠句，手法独特，学生在反复读诗、摆小鱼的过程通过动作感受到小鱼在莲叶中穿行的快乐。】

【板书设计】

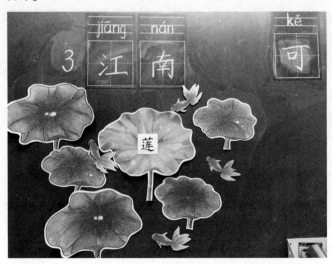

【教学特色】

1. 关注学情，培养兴趣，讲究方法。

在深入了解学生的实际学情后，采用互相交流，教师讲授、随文识字等多种方式，提高识字效率。

2. 巧用板书，突破难点，体会诗意。

通过读、想、说、贴这样的步骤帮助学生突破了难点。

《神州谣》教学设计

【学段】第一学段 　【年级】二年级 　【授课人】于　佳

【指导思想与理论依据】

《语文课程标准》指明要遵循语文学习基本规律，从学生已知认识出发，采用适合低年级学生的教学策略，引导学生自主识字，初步感悟课文内容，逐渐突破教学重难点，提升学生基本的语文能力，培养学生良好的学习习惯。

【教学背景分析】

一、对教材的认识与理解

本课教学中让学生在充分朗读中突破识字难点，引导学生运用形声字构字规律识字，感受识字乐趣，了解传统文化，激发学生对中华传统文化的热爱。

二、学情分析

本班学生初步具备自主识字能力，掌握识字基本方法。但学生的理解能力有待提高。我为学生提供了广阔的思维空间，让学生结合生活识字，感悟课文内容。

三、设计思考

采用结合语境，联系生活，朗读感悟为主的教学方法，引导学生使用自主、合作、探究的学习方法，把课堂的主动权真正交给学生。

【教学目标】

一、教学目标

1. 认识"州、涌"等15个生字，会写"州、民、族"3个生字。

2. 朗读课文，初步感受祖国山河的壮美。

3. 能在语言环境中初步感受"奔、涌、长、耸"的表达效果。

二、教学重点

1. 认识"州、涌"等15个生字，会写"州、民、族"3个生字。

2. 朗读课文，初步感受祖国山河的壮美。

三、教学难点

1. 能在语言环境中初步感受"奔、涌、长、耸"的表达效果。

【教学过程】

一、导入新课，揭示课题

1. 指名读课题。

2. 理解"谣""神州""神州谣"的意思。

3. 齐读课题。

二、初读课文，识记生字

1. 自读课文，借助拼音读准字音。

2. 标小节序号，订正。

3. 借助拼音组内交流，识记生字。

4. 指名学生分小节读课文，检查字音。

三、随文识字，初步感悟

（一）学习第一小节

1. 学生读句子。

出示：我神州，称中华，山川美，可入画。

2. 学习"州"字。

（1）读字，交流记字方法。

（2）看视频，区分"州"与"川"。

（3）再读字词。

【设计意图：利用视频学习汉字，激发学生的学习兴趣。渗透多种方法识字。】

3. 再读句子，你们知道了什么？

4. 我们的祖国到底有多美？让我们一起欣赏一下吧！

看到这些景色，你有什么感受？能用一个四字词语形容一下吗？

5. 我们的祖国这么美，应该怎么读呢？

（二）学习第二小节

1. 课文的第二小节都向我们介绍了哪些地方？请你读读这句话，找一找。指名回答，教师贴图。

2. 再读词语。

出示词卡：黄河、长江、长城、珠峰。

指名带读词语，将词卡贴在相应的图片下。

3. 那课文中是怎样介绍它们的？你们再来读读。

出示：黄河奔，长江涌，长城长，珠峰耸。

4. 随文识字，初步感受"奔、涌、长、耸"的表达效果。

（1）黄河。

①看图，说对黄河的了解。

②看视频，感受黄河的奔腾不息。

③黄河水有什么特点？给你什么感觉？

④课文中哪个词让我们感受到黄河的奔腾向前，一泻千里？（板书：奔）

⑤你能读出这种感觉吗？

（2）长江。

①读句子。

②体会"涌"字效果。

③交流记字方法。

④再读句子。

（3）长城。

①你们去过长城吗？有什么感受呀？

②再读句子。

（4）珠峰。

①读句子。

②通过查字典，理解"耸"的意思。

③看图感悟，再读句子。

5. 整读第二小节，读清楚每个地方什么样。

【设计意图：结合语境，联系生活，朗读感悟，同时借助多媒体辅助教

学，随文识字，感悟课文，加深对文本的理解。】

（三）整读一二小节

自由读，男女生分小节读。

（四）学习第三小节

1. 请同学都来读读这句话。

出示：台湾岛，隔海峡，与大陆，是一家。

2. 随文识字。

（1）大陆："陆"组词。

（2）台湾岛：指地点，带读词语，指名读词。

（3）台湾海峡：大陆与台湾之间隔着的，就是台湾海峡。

（4）隔：读字卡，组词。

（5）与：读字，分享记字方法。

3. 虽然大陆与台湾隔着海峡，但我们是一家人。再来读读这句话吧，把字音读准确。

（五）学习第四小节

1. 民族。

读词：高山族。

你还知道哪些民族？

你们知道咱们国家有多少个民族吗？

再读词。

2. 谊。

读词：情谊。

巩固字音：友谊。

3：浓。

情谊怎么样？（浓）

交流记字方法。

你们知道它的反义词是什么吗？再读。

4. 奋发。

再读读这个词。

5. 繁荣。

出示图片。

在我们 56 个民族的奋斗努力下，我们的祖国变得更加繁荣强大了，这个词你们能读好吗？（繁荣）

6. 把词语送回到课文中，读一读吧。

（六）整读三四小节

四、整读课文，整体感悟

五、游戏激趣，巩固识字

刚刚同学们读书都特别认真，现在我们一起来玩一个"找朋友"的游戏吧。

1. 老师出示拼音，学生找字。

2. 两人一组，一个同学举字卡，另一个同学快速读生字，然后两人交换。

六、学写生字

出示：州、民、族。

1. 读字组词。

2. 强调"州"字笔顺。

3. 交流记字方法：民、族

4. 交流书写方法。

5. 学生书写。

6. 同学间点评、修改、再写一个。

【板书设计】

1　神州谣

黄河　奔　　　　　　长江　涌

长城 长　　　　　珠峰 耸

【教学特色】

1. 结合教材，以学定教，顺学而导，促情感升华。在认真钻研教材的基础上，创造性地使用教材。帮助学生建立生字音、形、义之间的联系，引导学生不断发现汉字的奥秘，感受识字的乐趣。

2. 结合生活实际和图片视频，欣赏祖国的壮美山川，在识字的同时，引导学生了解传统文化，激发学生对中华传统文化的热爱。

《传统节日》教学设计

【学段】第一学段　　**【年级】**二年级　　**【授课人】**王　宁

【指导思想与理论依据】

在语文学习过程中，要让学生认识中华文化的丰厚博大，增强民族自尊心和爱国主义情感。识字写字是一、二年级的教学重点，要充分利用儿童的生活经验，运用多种识字教学方法和手段，识用结合。

【教学背景分析】

一、对教材的认识与理解

《传统节日》是一首以我国传统佳节为题材的韵文，按时间顺序介绍了中华民族的传统节日及节日习俗，表达了对中华传统文化的热爱。课文语言活泼，富有童趣，激发学生探讨中国传统节日的兴趣。

二、学情分析

学生对我国部分传统节日已经有所了解。但有的节日离学生的生活体验有距离，学生对这些节日的习俗和寓意感到生疏。

经过学习，学生有了一定的自主识字能力，也掌握了一些常用的识字方法，但对于一些不常用的识字方法还不太熟悉，同时在重点字词的理解、形近字词的区分方面有一些困难。

三、设计思考

教学中需要帮助学生扩充资料，丰富对传统节日的认知。落实识字写字是本课的教学重点内容，要激发学生学习兴趣，引导学生运用多种识字方法识字。

【教学目标】

一、教学目标

1. 复习巩固已学生字，会写"热、闹、团"三个生字。

2. 流利地朗读课文，背诵课文。能按时间顺序排列。

3. 了解我国传统节日，联系生活，说说自己是怎么过节的。

二、教学重点

1. 复习巩固已学生字，会写"热、闹、团"三个生字。

2. 流利地朗读课文，背诵课文。能按时间顺序排列。

三、教学难点

了解我国传统节日，联系生活，说说自己是怎么过节的。

【教学过程】

一、复习巩固，回顾传统节日

（一）复习词语，巩固已学生字

1. 齐读课题。

2. 复习上节课词语。

（二）回顾课文，导入新课

1. 自读课文，回忆课文介绍了哪些传统节日。

2. 指名贴读节日名称。

【设计意图：通过复习词语和贴读节日名称，让学生巩固已学生字，加深对生字的记忆，同时对课文内容简要回顾。】

二、研读感悟，了解传统节日

1. 春节

（1）课文哪句话描写了春节？读读这两句话，你知道了什么。

（2）你是怎么过春节的？自己编一句小童谣。

出示：春节到，人欢笑。

（3）带着感受再读句子。

【设计意图：引导学生结合生活经历，调动已有情感体验，感受春节的喜庆气氛，进行表达训练。】

2. 元宵节

（1）元宵节最让我们着迷的就是那些多彩绚丽的花灯了，快读一读。

（2）"街"和"巷"你们在哪见过？（出示路牌，读路牌）

（3）对比"街巷"图片，有什么区别？

（4）（出示图片，教师导语）这就叫作"大街小巷人如潮"。

（5）指导朗读。

【设计意图：通过路标指示牌，体会在生活中识字的方法。从字到词再到句的过程，感受语言文字的魅力。】

3. 清明节

（1）清明节的气氛有些不同，快读读。

（2）讲解"祭"字的起源，了解"祭扫"的意思。

（3）古诗《清明》你们还记得吗？（集体背诵）

（4）再读读这句话。

【设计意图：通过字源识字方法让学生理解"祭扫"，从中了解传统习俗。结合古诗文和现实生活，让学生体会对先人的缅怀之情。】

4. 端午节

（1）过完清明节是什么节日？

（2）你对端午节有哪些了解？

（3）读读端午节的习俗，观看赛龙舟视频。（播放视频）

（4）指导朗读。

【设计意图：通过传统习俗巩固识字，观看视频感受节日的热闹气氛。】

5. 乞巧节

（1）古人专门为女孩子设立了一个节日，就是乞巧节。

（2）什么叫"乞巧"？阅读小资料。

（3）这个节日背后还藏着一段凄美的传说，快读读课文。

（4）感兴趣的同学课下可以去了解一下。指导朗读。

【设计意图：阅读小资料帮助学生了解"乞巧"习俗，并扩充识字量。】

6. 中秋节

（1）观看视频，猜猜这是哪个节日。

（2）视频画了个传说故事？

（3）很多节日背后都有一段小故事，图书推荐《中华传统节日故事》。

（4）你的中秋佳节是怎么过的？

（5）指导朗读。

【设计意图：引导学生了解传统节日背后的小故事，并推荐阅读书目，激发学生的阅读兴趣，扩大阅读量。再次让学生回忆自己中秋佳节的故事，进行表达训练。】

7. 重阳节

（1）读句子，重阳节有哪些习俗。

（2）你平时怎么尊敬老人？

（3）指导朗读。

【设计意图：结合古诗文和实际生活，了解重阳节传统文化，感受中华传统美德。】

三、背诵积累，感受传统文化

1. 请你再读读课文，按照时间顺序给这些节日排排队？

2. 快试着填填。指名填。

3. 看板贴的提示，背课文。

4. 齐背课文。

【设计意图：通过给节日排序、填空、看板贴提示等方式，分层次让学生背诵课文，激发学生的学习兴趣，渗透朗读背诵的方法。】

四、指导书写，学习生字

1. "热闹"和"团"是要学的生字。

2. 组词。

3. 说记法、写法。

4. 观察范写。

5. 练习书写。

6. 展示评价，修改再写。

五、小结

课下搜集关于传统节日的资料，互相交流，更多地了解中国的传统文化。

【板书设计】

板书设计

【教学特色】

1. 以识字写字为重点，多种识字方法相结合。

2. 联系现实生活，鼓励自主表达，激发学习童谣的兴趣。

3. 拓展阅读资料，丰富对传统文化的了解。

第 5 章

课堂：经典美文阅读，润泽语文教学

小学语文教材选择了很多经典美文。所谓"经典美文"，指具有经典价值的文学作品，如李白、杜甫、刘禹锡等古代诗人和叶圣陶、艾青等现代作家的诗歌创作，鲁迅、老舍、巴金、冯骥才等现当代作家的小说、散文创作，安徒生、契诃夫、王尔德、新美南吉等外国作家创作的经典小说、童话，以及小语教材中的中外神话创作。语文阅读教学时，引导学生阅读经典美文，既可以启迪学生的思想，又可以陶冶学生的情操，还能提高学生的审美品位和写作技能。

《晏子使楚》教学设计

【学段】第三学段　　【年级】五年级　　【授课人】沙焱琦

【指导思想与理论依据】

语文课程应积极倡导自主、合作、探究的学习方式。引导学生钻研文本，在主动积极的思维和情感活动中，加深理解和体验，有所感悟和思考。阅读叙事性作品，要了解事件梗概，能简单描述印象最深的场景、人物、细节，说出自己的感受。

【教学背景分析】

一、对教材的认识与理解

本文抓住晏子与楚王的对话，讲述了面对楚王的三次侮辱，晏子巧妙回击，使得楚王不敢不尊重晏子的故事，表现了晏子的人物特点。

二、学情分析

学生能了解精彩的故事情节，但易忽略对词语、句子的深入解读。同时，由于学生以具体形象思维为主，因而对文中晏子几处语言的理解存在一定困难。

三、设计思考

我设想以"晏子的话巧妙在哪儿"为主问题，紧扣人物语言，引导学生通过"读——思——议"，感受晏子语言的艺术，把握人物形象。

【教学目标】

一、教学目标

1. 理解课文内容，有感情地朗读课文。

2. 感受晏子高超的语言艺术，体会其能言善辩的才能和维护国家尊严的精神。

3. 了解作者通过人物的神态、对话刻画人物形象的表达方法。

二、教学重点

感受晏子高超的语言艺术，体会其能言善辩的才能和维护国家尊严的精神。

三、教学难点

感受晏子高超的语言艺术，体会其能言善辩的才能和维护国家尊严的精神。

【教学过程】

一、回顾内容，导入新课

1. 谈话导入，齐读课题。

2. 回顾课文主要内容。

3. 聚焦故事的起因和结果，提出质疑，引出"巧妙"。

【设计意图：回顾课文主要内容，聚焦故事起因、结果，提出质疑，使学生带着问题深入研读课文，激发学生学习兴趣。】

二、精读语言，感受巧妙

（一）出示自学提示，指名读，明确自学要求

默读课文中有关三次交锋的内容，把晏子说的话多读几遍，思考：他的话巧妙在哪儿？把你的发现批注在书上。

（二）学生默读批画，教师巡视指导

（三）谈话交流，感受巧妙

聚焦第一次交锋：

只有访问"狗国"，才从狗洞进去。

（1）抓住关联词语，感受巧妙：只有访问狗国，才从狗洞进去。这是什么意思啊？

（2）师生谈话，指导朗读。

（3）抓住交锋结果，揣摩楚王想法，感受晏子语言的巧妙。

聚焦第二次交锋：

1. 学生交流，相机出示课文：

"……我国首都临淄住满了人。大伙儿把袖子举起来，就是一片云；大伙儿甩一把汗，就是一阵雨；街上的行人肩膀擦着肩膀，脚尖碰着脚跟。大王怎么说齐国没有人呢？"

（1）学生交流晏子语言中的巧妙之处。

预设 1：反复举例。

预设 2：夸张。

（2）引入原文，积累成语。

出示原文：

"齐之临淄三百闾，张袂成阴，挥汗成雨，比肩接踵而在，何为无人？"

（3）教师相机小结。

学生交流，相机出示课文：

晏子装着很为难的样子，说："您这一问，我实在不好回答。撒个谎吧，怕犯了欺骗大王的罪；说实话吧，又怕大王生气。"

（1）抓住"装着很为难""怕"，组织学生交流，体会晏子的欲擒故

纵。（板书：欲擒故纵）

（2）教师相机小结。

学生交流，相机出示课文：

"我最不中用，所以派到这儿来了。"

（1）师生对话，引导学生理解晏子语言的含义。

（2）感受晏子语言中的巧妙之处：

预设 1：将计就计/顺水推舟。

预设 2：贬低自己/以退为进。

2. 回顾第二次交锋，谈话交流，体会作者通过抓住人物神态、对话来刻画人物形象的表达方法。

3. 分角色有感情朗读。

聚焦第三次交锋：

"大王怎么不知道哇？淮南的柑橘，又大又甜。可是橘树一种到淮北，就只能结又小又苦的枳，还不是因为水土不同吗？同样的道理，齐国人在齐国能安居乐业，好好地劳动，一到楚国，就做起盗贼来了，也许是两国的水土不同吧。"

1. 谈话交流，理解"南橘北枳"的深层含义。

2. 交流晏子借橘喻人的原因，感受他不忘使命，维护国家尊严的精神。（相机板书：爱国）

3. 原文补白，谈话交流，感受楚王的蓄谋已久和晏子的聪明机智。

（1）楚王到底从什么时候就想取笑晏子呢？原文中记录了当时的情况，请同学们借助注释自己读一读，说说你从中体会到了什么？

出示原文：

晏子将至楚，楚闻之，谓左右曰："晏婴，齐之习辞者也，今方来，吾欲辱之，何以也？"左右对曰："为其来也，臣请缚一人过王而行。"王曰："何为者也？"对曰："齐人也。"王曰："何坐？"曰："坐盗。"

注释：

习辞：能言善辩，擅长辞令。

坐：犯……罪。

（2）学生自读，交流体会。

（四）小结：晏子的话究竟巧妙在哪儿，谁能借助板书用自己的话说说

【设计意图：通过聚焦语言深入品读、阅读原文积累成语、阅读原文补白情节等多种方式，引导学生体会晏子语言中的智慧，感受晏子的机智过人、能言善辩和维护国家尊严的凛然气节。】

三、回读交锋，感受形象

1. 指名整读三次交锋，其余同学边听边思考：晏子是个怎样的人。

2. 谁能结合今天的学习用简洁的话说说晏子是个怎样的人？

四、推荐阅读，拓展延伸

教师导语，引入《晏子春秋》，推荐阅读。

【板书设计】

11　晏子使楚

想侮辱

别无选择

三次交锋　　欲擒故纵、将计就计　　爱国

借橘喻人

不敢不尊重

【教学特色】

1. 师生交流、生生交流，互动解疑，感受晏子语言的艺术。

2. 原文补白，以读促悟，感受晏子人物形象。

《将相和》教学设计

【学段】第三学段　　【年级】五年级　　【授课人】宋宁宁

【指导思想与理论依据】

语文课程必须鼓励自主阅读、自由表达。

阅读教学不应以教师的分析来代替学生的阅读实践，应注重培养学生感受、理解、欣赏和评价的能力。

【教学背景分析】

一、对教材的认识与理解

《将相和》是人教版第十册第五单元的首篇课文。本课通过三个小故事写出了将相由不和到和好的经过，赞扬了两位枭雄各自的优秀品质。

二、学情分析

着眼五年级学生的现有水平，一方面，学生已初步掌握了一定的品味语言文字的能力；另一方面，由于本课复杂久远的社会背景，跌宕起伏的故事情节，立体丰盈的人物形象，因果联系的布局谋篇，势必会给学生造成一定的学习困难。

三、设计思考

着眼学情，本课我通过资料补充、原文补白等方式，帮助学生加深对文本的理解，从而达到全面、深入地把握课文内容，感受人物形象，激发阅读兴趣的目的。

【教学目标】

一、教学目标

1. 认识生字词，理解"负荆请罪、和氏璧"等词语意思。

2. 了解课文内容，通过抓住语言、动作描写，感受人物形象。

3. 正确、流利、有感情地朗读课文，激发阅读兴趣。

二、教学重点

了解课文内容，通过抓住语言、动作描写，感受人物形象。

三、教学难点

通过抓住语言、动作描写，感受人物形象，激发阅读兴趣。

【教学过程】

一、关注主题，走近名著

1. 今天我们一起走进第五单元，请大家打开书，自己读读单元导语，思考：这一单元的主题和学习建议都是什么？

（1）主题：中国古典名著。

（2）建议：概括主要内容，感受人物形象，体验阅读乐趣，激发阅读原著的兴趣。

2. 一提到中国的古典名著，你们读过吗？用 1～2 句话简单地介绍一下你读过的中国古典名著。

3. 出示节选，自己出声地读一读，猜一猜它是出自哪一本古典名著。

出示：

廉颇者，赵之良将也。赵惠文王十六年，廉颇为赵将，伐齐，大破之，取阳晋，拜为上卿，以勇气闻于诸侯。

蔺相如者，赵人也。为赵宦者令缪（miào）贤舍人。

生：《史记》。

4. 今天我们所学的课文就是根据《史记》中《廉颇蔺相如列传》改编的一篇文章，编者给它起了个题目叫《将相和》。（板书：将相和）

5. 齐读课题。

二、检查预习，整体感知

（一）检查字词，扫清障碍

1. 字音：A　允诺　召集　胆怯　侮辱　负荆请罪

　　　　　B　削弱　乘机　强逼

2. 意思：C　鼓瑟　击缶

3. 典故：D　和氏璧　关于"和氏璧"你都有哪些了解？

（二）概括标题，梳理结构

1. 轻声地读读课文，读准字音，读通句子，想想课文讲述了哪几个小故事？

用小标题的方式概括一下。

生：完璧归赵　渑池之会　负荆请罪（板书）

2. 按照这样的提示，给全文分成三部分。交流汇报：

第一个小故事：完璧归赵（1～10 自然段）；

第二个小故事：渑池之会（11～15 自然段）；

第三个小故事：负荆请罪（16～18 自然段）。

三、品读故事，感知人物

1. 全文三个故事，有一个人贯穿始终，这个人是（蔺相如）。文中对蔺相如有怎样的评价呢？（板书：勇敢机智）

2. 请你默读第一个小故事，想想你从哪些地方感受到蔺相如的勇敢机智了？

请你画出描写蔺相如言行的句子，看看这些语句除了表现出了他的勇敢机智，你还能体会到什么？并进行简单的批注。

3. 交流汇报。

（一）临危受命

蔺相如想了一会儿，说："我愿意带着和氏璧到秦国去。如果秦王真的拿出十五座城来换，我就把璧交给他；如果他不肯交出十五座城，我一定把璧送回来。那时候秦国理屈，就没有动兵的理由。"

（1）抓住 "如果……就" 体会蔺相如的思维严谨。

（2）抓住 "一定" 体会他的胸有成竹，机智过人。指导朗读。

（二）称璧有瑕

蔺相如看这情形，知道秦王没有拿城换璧的诚意，就上前一步，说："这块璧有点儿小毛病，让我指给您看。"秦王听他这么一说，就把和氏璧交给了蔺相如。

（1）璧已经在秦王手里了，如果强取会怎样？

（2）谎称璧有瑕，你感受到什么了？体会其智慧过人。

（三）以命相抵

蔺相如捧着璧，往后退了几步，靠着柱子站定。他理直气壮地说："我看您并不想交付十五座城。现在璧在我手里，您要是强逼我，我的脑袋和璧就一块儿撞碎在这柱子上！"说着，他举起和氏璧就要向柱子上撞。

（1）抓住"捧、退、靠"感受其大义凛然。

（2）抓住"脑袋和璧一块撞碎"真要撞吗？体会其不畏强暴。指导朗读。

（四）完璧归赵

到了举行典礼那一天，蔺相如进宫见了秦王，大大方方地说："和氏璧已经送回赵国去了。您如果有诚意的话，先把十五座城交给我国，我国马上派人把璧送来，决不失信。不然，您杀了我也没有用，天下的人都知道秦国是从来不讲信用的！"

体会有礼有节，感受其勇敢机智。

小结：蔺相如立了功，赵王封他做上大夫。

4. 刚才我们通过抓住语言、动作描写来感受人物形象，接下来请大家按照自学提示，自己学习第二个小故事。

出示自学提示：

（1）浏览第二个故事，你从哪些语句感受到蔺相如的勇敢机智的，请画出相关语句，并进行批注。

（2）思考：前两个故事有什么相似之处？

5. 交流汇报。

（五）逼秦击缶

蔺相如看秦王这样侮辱赵王，生气极了。他走到秦王面前，说："请您为赵王击缶。"秦王拒绝了。蔺相如再要求，秦王还是拒绝。蔺相如说："您现在离我只有五步远。您不答应，我就跟您拼了！"

（1）秦王是怎样侮辱赵王的？体会其智勇拔俗。

（2）关于怎么"拼"，出示《史记》原文：

"五步之内，相如请得以颈血溅大王矣！"

——节选自《史记·廉颇蔺相如列传》

理解"以颈血溅大王"的意思，体会其爱国之心。（相机板书：爱国）

小结：蔺相如又立了功，赵王封他做上卿。

6. 交流两个故事的相似之处。

四、本课小结，启思激趣

五、作业布置

1. 继续读课文，想想廉颇给你留下了怎样的印象？

2. 抄写喜欢的句子。

3. 感兴趣的同学可以看看《史记·廉颇蔺相如列传》，并以自己喜欢的形式进行交流。

【板书设计】

古典名著　将相和

完璧归赵　勇敢机智

渑池之会　爱国

负荆请罪

【教学特色】

1. 通过资料补充（鼓瑟、击缶）让学生更加真实、准确地感受人物形象。

2. 两次引入原文。补充廉蔺二人的背景资料和蔺相如怎么与秦王拼的原文，对理解课文内容，把握人物形象，激发阅读兴趣，起到了一定积极的意义。

《景阳冈》教学设计

【学段】第三学段　**【年级】**五年级　**【授课人】**张伟

【指导思想与理论依据】

语言是人们交际的工具，对继承和弘扬文化传统起着重要的作用。在《语文课程标准》中指出："应让学生在主动积极的思维和情感活动中，加深理解和体验，有所感悟和思考，受到情感熏陶，获得思想启迪。"

【教学背景分析】

一、对教材的认识与理解

略读课文《景阳冈》是"名著"单元第三篇。节选自《水浒传》的第二十三回。课文讲述了武松打虎的故事，情节曲折生动，人物形象栩栩如生。

二、学情分析

学生早已对故事有所了解，喜爱武松的英武形象。但阅读时关注情节的发展，却忽略了细节的描写，对武松性格了解不够全面。

三、设计思考

本课教学承载品读名篇，激发阅读整本原著兴趣的任务。我着眼于以下四点：其一，借助阅读提示，引导学生明确阅读的目标。其二，引导阅读古代白话文，读懂内容，并体会武松的性格特点。其三，感悟文章段落间内在的关系，体会人物多重性格。其四，拓展阅读，以一个人物形象的感知，以原著中一个回目的阅读，来激发学生阅读整本书，阅读名著原著的兴趣。

【教学目标】

一、教学目标

1. 认识字词，了解词语意思。

2. 正确流利朗读课文，品读武松打虎的故事，体会武松的英雄形象。

3. 激发学生阅读古典名著的兴趣。

二、教学重点

正确流利朗读白话文，体会武松的英雄形象。

三、教学难点

品读故事，体会武松的英雄形象。

【教学过程】

一、导入新课，激发兴趣

1. 同学们，今天我们学习 20 课景阳冈。（指板书齐读课题）

2. 浏览课前链接导语，说说你知道了什么？

【设计意图：明确学习目标。】

3. 检查生字词预习。

（1）诡(guǐ)计、踉(liàng)踉跄(qiàng)跄、腰胯(kuà)、霹(pī)雳(lì)、泄(xiè)劲、簌(sù)簌(sū)、酥软、吓唬(hǔ)迸(bèng)出、蹿(cuān)下来、挑(tiǎo)着一面旗、折(shé)作两截

（2）筛酒、如何、但凡、大虫

　　主人家、客官

哨棒、榜文、印信

揪他不着、平生气力

（3）你怎么读懂的？

【设计意图：指导学生如何读懂古代白话文。】

二、初读体验，了解内容

课文主要写了武松在景阳冈上打虎，浏览课文看看还写了什么？

（教师板书：冈下喝酒、执意上冈、冈上打虎、力尽下冈）

【设计意图：整读课文，理清故事线索。】

三、再读品味，感知形象

（一）武松打虎

出示提示：默读武松打虎的内容，找出描写武松打虎的语句。批注：给你留下怎样的印象，然后有语气地读一读。

【设计意图：重点体会人物的性格特点。】

（二）交流汇报

1. 机智躲闪

（1）"闪"出示字典中的解释，体会读。

（2）"躲"与"闪"比较读。

（3）再读，体会武松机警敏捷。

2. 人虎相搏

（1）同桌读，交流感受。

（2）再现情景合作。

（3）自己体会读。

【设计意图：采用多种读的形式，体会人物性格特点。】

（三）写武松打虎，课文还写了哪些内容？和打虎有关系吗？

【设计意图：感受文章内容间的关联，体会武松的多重性格。】

1. 学生交流。

（1）酒量过人——英雄海量，可见他豪放的性格。

（2）不听劝阻——倔强、自负、多疑。

（3）看到榜文迟疑——好面子、倔强、无所畏惧的豪气。

（4）小结：长篇小说容量大，塑造的人物形象丰满。

2. 这些内容能省略吗？

3. 前两天有位家长说：原著太长，古代白话文也不易读懂，想买青少版的缩减版给同学看。请同学们看 P112 缩写。请你给个建议。

4. 小结：要读精彩的内容还得要读原著，要了解人物形象还得到细致的描写中去体会。

【设计意图：通过比较，感受经典的魅力。】

四、激发兴趣，拓展阅读

1. 学生交流：《水浒传》中其他章回中对武松的描写。

2. 金圣叹评武松。

3. 总结：一百单八将各自又有怎样的故事呢，让我们一起开启名著之旅。读过《水浒传》的同学可以再读读，老师再推荐一本书《鲍鹏山品水浒》。

【设计意图：激发学生阅读整本书的兴趣，读过的同学，可以再读或者看书评，进一步深入研读。】

【板书设计】

20　景阳冈

——《水浒传》节选

冈下痛饮　豪爽、自负

执意上冈　多疑、好面子

冈上打虎　机敏、勇武

力尽下冈

【教学特色】

由教材引发课外阅读。阅读永远是第一位的，教材是例子，用好例子，本节课的设计注重引领学生尝试阅读古代白话文，引导学生品读体会人物形象，还适当引导课外阅读材料，激发学生阅读整本书的兴趣。此外，现在阅读受到广泛认同，但是不少学生、家长考虑篇幅长短的阅读难度，给孩子买青少版的缩略本，这种文化快餐丢失了太多的原著精华，因此，借助单元习作中的缩写示例，让孩子自主阅读比较，从而激发学生阅读古典名著的兴趣。

《古诗两首》教学设计

【学段】第二学段 【年级】三年级 【授课人】陈 璐

【指导思想与理论依据】

《语文课标》提出：阅读教学应让学生在主动积极的思维和情感活动中，加深理解和体验，有所感悟和思考，受到情感熏陶，获得思想启迪，享受审美乐趣。同时，应该重视语文课程对学生思想情感所起的熏陶感染作用，通过优秀文化的熏陶感染，促进学生和谐发展。

【教学背景分析】

一、对教材的认识与理解

本册教材第三单元以"秋天"为专题，课文从多角度描写秋天，教材里处处洋溢着浓浓的秋意和秋天的美好。《古诗两首》作为本单元的开篇之作，在内容、主题、创作风格上都有内在联系，利于我们引导学生品味语言，想象画面，体会诗人的思乡之情以及秋天的美好。

二、学情分析

两首诗是唐诗中的名篇，班中不少学生都能熟读成诵。在学习中，如何体会诗句深层的含义，特别是联系自己的生活体验和经历体会诗人的情感，对他们来说还有难度。此外，如何通过小的生活场景来体会秋天的美好，对学生来说也有一定困难。

【教学目标】

一、教学目标

1. 有感情地朗读课文、背诵课文。

2. 品味语言、想象画面，体会作者的思乡之情和秋天的美好。

3. 激发和培养学生学习古诗的兴趣。

二、教学重、难点

品味语言、想象画面，体会作者的思乡之情和秋天的美好。

【教学过程】

一、聚焦主题，师生对话对读，回顾诗意

1. 聚焦单元主题。

2. 引导学生回想着诗句的意思自由读、师生合作读，回顾古诗大意。

【设计意图：勾连了第一课时，为本节课品读诗句、感悟诗情做好了铺垫。】

二、品读诗句，想象画面，感悟诗情

（一）聚焦"秋"，发现关键语句

1. 你从这两首诗中的哪些地方感受到"秋"了呢？

学生自由读诗，回答问题。

预设：江上秋风动客情。

2. 教师相机引导学生把一、二两句连起来读，边读边想，秋风是怎么吹的？你看到了什么？又听到了什么？

3. 学生想象着画面品读诗句。指名读。

4. 教师引导学生抓住第二首诗题中的"九月九日"，体会其背后的含义。

5. 学生带着理解再读诗题，教师小结：通过学习，我们发现在两首诗中，一个是从诗句中直接找到了秋，一个是藏在文字背后，需要我们联系自己的生活常识或是结合书下注释找到"秋"。

【设计意图：引导学生联系上下文，想象画面，通过看景听声调动学生多元感官，感受诗句中的意境。引导学生抓住关键语句，运用恰当的语文学习方法，体会其背后的含义。】

（二）想象画面，引导发现

1. 师：刚才同学们说到九月九日是重阳节，在这个节日中，我们都要干什么呢？

2. 学生交流、补充重阳习俗。

3. 教师相机引导学生找到古诗中描写重阳习俗的诗句。

4. 理解"遥知"。

（1）什么是"遥知"？

①什么是"遥知"？你能做做相关的动作吗？

②结合书中插图再理解。带着理解读读诗句。指名读。

（2）为什么要"遥知"？

①生读古诗，通过抓住"客""异乡"，想象画面，体会诗人客居他乡时对曾经美好生活的回忆和对家乡的思念之情。

②带着感情再读古诗。指名读。

【设计意图：引导学生想象画面，在朗读中体会，通过潜移默化的熏陶感染使学生感受到了诗中的秋意和诗情，激发了学生学习古诗的兴趣。】

（三）自主发现，感悟诗情

1. 师：就是这样的生活场景，在第一首诗中也有。你们再来读读第一首诗，看看你还能发现什么？

2. 学生交流发现，感悟诗情。

（1）预设 A：学生找到"挑促织"这一生活场景。

• 生结合自己的生活经历谈理解。

• 教师相机学生结合书中插图，想象画面，回忆诗人儿时熟悉的生活场景，感受诗中所传递出的童趣、温馨与美好。

• 同桌之间带着感情再互相读读这首诗。

• 教师进一步引导："知有儿童挑促织"中的"知"还是"知道"的意思吗？你有什么新的思考、感悟吗？

（2）预设 B：学生抓住"客"字谈体会。

• 教师相机引导学生联系刚才所学第二首诗中的"客"体会诗人客居他乡时的思乡之情。

• 学生品读古诗。

【设计意图：语文教学应培养学生自主学习的意识和习惯，引导学生掌握语文学习的方法。从教师的引导发现，再到学生的自主发现，学生在主

动积极的思维和情感活动中，加深了理解和体验，有所感悟和思考，受到了情感熏陶。】

三、想象画面，背诵积累，浸润文化

1. 教师引导学生想象秋景、体会乡情，背诵两首古诗。

2. 学生在想象画面中，积累诗句。

【设计意图：语文课程应注重引导学生多读书、多积累，并在教学过程中要注重优秀传统文化的渗透，感受传统文化的魅力。】

四、拓展古诗，配乐朗读，感知秋的美好

1. 交流课下搜集的一些与秋天有关的诗句。

2. 配乐朗读。

3. 教师从中选择《秋词》，引导学生感知秋天的美好。

【设计意图：结合单元主题，为学生补充其他古诗，有效地提升了学生阅读、积累古诗的兴趣。以乐配诗，更加润物无声地将学生带入意境，体会情感。】

五、布置作业

1. 背诵《古诗两首》。

2. 继续搜集借秋景抒情的古诗，体味秋带给我们的美好。

【板书设计】

9　古诗两首

夜书所见		九月九日忆山东兄弟
挑促织	秋	插茱萸
	客	
	思乡	

【教学特色】

组合阅读两首诗，引导学生发现两首诗在主题、内容上的相似之处，更好地感知古诗。品读诗句，想象画面，感悟诗情。拓展古诗，感受秋天意境的美好。

《鸟的天堂》教学设计

【学段】第二学段 【年级】四年级 【授课人】谷思艺

【指导思想与理论依据】

《语文课程标准》中提出："阅读是学生个性化的学习，在语文课程中，应让学生在主动积极的思维和情感活动中，加深理解和体验，有所感悟和思考。"

【教学背景分析】

一、对教材的认识与理解

《鸟的天堂》是第一单元的第二篇精读课文，本单元的主题是"感受自然奇观"。这篇文章层次清晰，感情强烈。

二、学情分析

刚刚步入四年级的学生，对周围的事物有好奇心，能有序观察，初步感受大自然的美，且有表达的欲望。并在第一课时学习了生字新词，能正确流利地朗读课文，了解课文大意。

三、设计思考

但学生对于"准确抓住景物的特点，感受景物的奇特"仍需继续学习和加强。

【教学目标】

一、教学目标

1. 体会描写大榕树特点的语句，感悟大自然的和谐美好。

2. 边读边想象画面，体会作者两次不同的感受，以及热爱大自然的思想感情。

3. 领悟作者抓住景物静态和动态进行描写的表达方法。

二、教学重点

边读边想象画面，体会作者两次不同的感受，以及热爱大自然的思想感情。

三、教学难点

领悟作者抓住景物静态和动态进行描写的表达方法。

【教学过程】

一、复习词语，回顾内容

1. 复习巩固词语。

2. 回顾课文内容。根据梗概填空，说说课文主要讲了什么？

作者第一次是_____（什么时间）来到鸟的天堂，看到的是_____。第二次是_____（什么时间）来到鸟的天堂，看到的是_____。

【设计意图：一是巩固复习上节课所学的生词，对易错字形及字音进行复现；二是借助填空回顾课文，自然地引入了第二课时的学习。】

二、整体感知，激发情感

1. 整读课文，体会作者的感受。抓住文章关键语句：

这美丽的南国的树！

昨天是我的眼睛骗了我，那"鸟的天堂"的确是鸟的天堂啊！

2. 第一次指导朗读，读出作者的心声。

【设计意图：通过抓住作者两次去"鸟的天堂"发出的不同感慨导入新课，激发学生的热情，拉近了学生、作者、文本之间的距离，为下文的学习奠定了感情基础。】

三、品词读句，感悟美丽

1. 默读课文，自主批注。

2. 抓住重点词句，感受榕树的大。

（1）"不可计数""真"体会出榕树枝干数目很多。（出示资料）

（2）"卧"体会出描写的生动，说明榕树的巨大。（出示图片）

（3）第二次指导朗读，引导学生感受到作者对大榕树的赞美。

3. 依托词语，以句带段，感受榕树的生命力。

（1）默读课文，找出第 8 自然段中反复出现的词语。（一簇、绿叶、生命）

（2）逐条出示下面语句，引导学生感受文本。

绿叶上有生命。

每一片绿叶上都有一个新的生命。

似乎每一片绿叶上都有一个新的生命。

似乎每一片绿叶上都有一个新的生命在颤动。

（3）回读第 8 自然段，配图、配乐范读，指导朗读。

4. 回归文本，引出作者的疑惑，过渡到下文。

【设计意图：在这个环节中，循序渐进地让学生理解景物的特点。】

四、情境交融，品读和谐

1. 合作共读，初解内容。同桌两人合作读第 12、13 自然段。

2. 拍手配读，感受热闹，体会写法。学生读第 12 自然段，老师配合拍手。

【设计意图：根据文本配合拍手，让学生如身临其境想象鸟在榕树上的热闹、欢快。同时，点拨学生体会作者从静态描写到动态描写的写法。】

3. 师生互读，感悟和谐。课内组合读，将第 8 和 12 自然段融合，师生配合读。

榕树正在茂盛的时期，好像把它的全部生命力展示给我们看。

起初周围是寂静的。

那么多的绿叶，一簇堆在另一簇上面，不留一点缝隙。

后来忽然起了一声鸟叫。我们把手一拍，便看见一只大鸟飞了起来。接着有看见第二只，第三只。我们继续拍掌，树上就变得热闹了，

那翠绿的颜色，明亮地照耀着我们的眼睛，似乎每一片绿叶上都有一个新的生命在颤动，

到处都是鸟声，到处都是鸟影。大的，小的，花的，黑的，有的站在树枝上叫，有的飞起来，有的在扑翅膀。

【设计意图：将描写大榕树的第 8 自然段与描写鸟活动的第 12 自然段相互融合，榕树和鸟相互呼应，让学生体会树与鸟的和谐之美。进而体会"鸟的天堂"与鸟的天堂的区别。】

4. 发挥想象，深化主题。你要是那只画眉鸟，你会说些什么？帮助学

生感悟"那'鸟的天堂'的确是鸟的天堂啊!"

五、拓展阅读，走进作者

拓展阅读巴金先生的《海上日出》，引导学生思考作者的写作手法。

【设计意图：进一步感受巴金先生的文笔，走进作家。同时，理解按时间顺序的习作方法和动静结合的表达方法。】

【板书设计】

3　鸟的天堂

树　　　　　　　鸟

大　　　　　　　多

茂盛　生命力强　　　热闹　欢快

【教学特色】

课内段落组合朗读，感悟自然之美。将描写大榕树的第8段与描写鸟活动的第12段相互融合，师生互读，使榕树和鸟相互呼应，让学生更好地体会到树与鸟的和谐之美，从而更好地理解："鸟的天堂"的确是鸟的天堂!

《凡卡》教学设计

【学段】第三学段　【年级】六年级　【授课人】边晔迪

【指导思想与理论依据】

《课标》中指出要关注学生的学习兴趣和生活经验，倡导自主、合作、探究的学习方式。让学生在自读自悟中、自我实践中去挖掘自己的潜力。阅读教学要珍视学生独特的感受、体验和理解，发挥学生在阅读中的自主性、积极性。

【教学背景分析】

一、对教材的认识与理解

《凡卡》是俄国著名作家契诃夫的短篇小说，全文记述了九岁的凡卡在圣诞节前夜给爷爷写信，向爷爷诉说自己在鞋店当学徒的悲惨遭遇，反映了沙皇统治下俄国社会中穷苦儿童的悲惨命运。

二、学情分析

我班的学生已初步具有了独立学习的能力，他们会凭借自己所积累的经验和知识来认识了解事物。

三、设计思考

信的内容中，重点感悟是"凡卡学徒生活苦"（第 8 自然段）。回忆的内容中，精读"凡卡与爷爷砍圣诞树"（第 13 自然段），深入理解文章最后一段（第 21 自然段）。

【教学目标】

一、教学重点

1. 进一步体会凡卡命运的悲惨；结合凡卡对乡村生活的回忆，感悟他对于美好生活的向往。

2. 通过组合阅读，了解 19 世纪俄国人民的苦难生活，初步感悟契诃夫文学作品对人民的同情，对黑暗社会的鞭挞。

二、教学难点

聚焦契诃夫小说的结尾，品味其独特的写作手法。

【教学过程】

一、回顾课文，导入新课

1. 今天我们继续学习《凡卡》这篇课文。齐读课题。

同学们，让我们回忆这篇课文写了哪些内容？

2. 小凡卡在信中向爷爷诉说着自己内心的感受，打开书，自己再出声的读读小凡卡用泪水写下的这封信吧！回忆一下哪些语句打动了你？能给我们读读吗？

学生自由读信的内容，并有感情的读重点。

二、体会作者笔下同样苦难的人们

（一）阅读分享，体会苦难

小凡卡实在是太悲惨了，老板家的生活如同人间地狱，其实在 19 世纪沙皇统治下的俄国，在苦难中挣扎的又岂止是小凡卡一个人呢。大家在课下也阅读了许多契诃夫的小说，你又认识了哪些命运悲惨的人们呢？谁能给我们简单地介绍一下呢？

（学生根据自己的课外阅读自主交流）

（二）回归原文，感受苦难

师：这些都是 19 世纪沙皇统治下俄国人民的真实写照，而凡卡也仅仅只是这千千万万底层人民中的一员，他的童年没有快乐，没有幸福，有的是无尽的噩梦。

配乐指名读：

昨天晚上我挨了一顿毒打，因为我给他们的小崽子摇摇篮的时候，不知不觉睡着了。老板揪着我的头发，把我拖到院子里，拿皮带揍了我一顿。

吃的呢，简直没有。早晨吃一点儿面包，午饭是稀粥，晚上又是一点儿面包；至于菜啦，茶啦，只有老板自己才大吃大喝。

……

（三）回顾乡村生活，理解情感

他再也待不住了，他迫切地想回乡下去，那乡下的生活真的这么好吗？

出示《农民》，出声读，谈感受。

那到底乡村是什么在吸引着小凡卡呢？以至于让小凡卡一次又一次地哀求爷爷，把他接回去呢？请你默读文章，画批。

预设一：爷爷守岁。

朗读爷爷守夜的段落。

预设二：冬夜美景。

朗读描写家乡冬夜美景的段落。

预设三：砍圣诞树。

1. 朗读爷爷守岁的段落。亲人意味着什么？

预设：在乡下，小凡卡也可能会干活，那当他累了打盹的时候，爷爷会怎么做？

当小凡卡饿了的时候，爷爷会怎么做？

2. 朗读描写家乡冬夜美景的段落。

3. 朗读小凡卡和爷爷砍圣诞树的快乐画面。

爷爷和小凡卡一起砍圣诞树，他们还一起逮兔子呢，你能学学爷爷的样子，说说这句话吗？

对于小凡卡来说乡下的生活就算再贫苦，再艰难，相对于城市生活还是让他向往的，乡村生活虽苦，但不至于死，让小凡卡对生活还抱有一丝希望。

三、第二次组合阅读，体会写法

（一）理解梦境，体会写法

1. 出示结尾，畅谈感受。

小凡卡带着这份回忆睡熟了，小凡卡梦到了什么？指名读。

读完了这短话，你觉得小凡卡还有可能梦到什么？

生谈感受。

2. 作者为什么要用一个梦作为文章的结尾呢？（衬托、希望）是的，就是这样一个结尾，让我们产生了无尽的思考与回味。

（二）组合阅读，体会写法

契诃夫的结尾，往往是这样，言语不多，却意味深长。我知道大家读了许多契诃夫的小说，那今天就让我们一起交流分享一下吧。

出示自学提示：小组合作，分享阅读感受。

小组汇报感受，全班交流，教师点评。

出示契诃夫名言。

他是这样写的文章，他是怎么想的呢？契诃夫曾经说过：文学家不是做糖果点心的，不是化妆美容的，也不是给人消愁解闷的；他是一个负有义务的人，他受自己的责任感和良心的约束。如果我是文学家，我就需要生活在人民之中。契诃夫是这样说的，也是这样做的，他手中的笔一直记录着底层人民的生活，他的心一直关注着底层人民让我们记住这位有良心，有社会责任感的作家吧。课下，让我们继续阅读契诃夫的作品吧。

【板书设计】

15　凡卡

写　苦难命运

忆　亲情、美景、快乐、自由

【教学特色】

1. 对比教学、突破难点：教学回忆往事时，把乡下生活和莫斯科生活进行对比，弄懂乡下生活"乐"是为了衬托学徒生活的苦。

2. 以读代讲、体会情感：借助反复的朗读，多种形式的朗读，引导学生进入语言描绘的感情氛围。

《渔歌子》教学设计

【学段】 第二学段　　**【年级】** 四年级　　**【授课人】** 刘洪洋

【指导思想与理论依据】

在教学设计中，我遵循"以生为本"的指导思想，围绕"指导——自主学习"的教学理念实现师生互动、生生互动，引导学生主动探求知识，通过丰富的想象和联想，轻松进入古诗美妙的意境，发展学生的思维能力和语言表达能力。

【教学背景分析】

一、对教材的认识与理解

《渔歌子》是义务教育标准实验教科书语文四年级下册第六组课文《古诗词三首》里的一首词，它是根据本单元"走进田园，热爱乡村"这一专题编排的。这首词是唐代词人张志和的代表作。整首词描绘了初春时节西塞山的美丽景色，全词动静结合，意境优美，用词活泼，生动地表现了渔夫悠闲自在的生活情趣。

二、学情分析

四年级的学生的求知欲强，他们已经有了近四年的学习经验，并通过课内外学习积累了很多诗词，有了初步的自学能力，因此本课教学关键是要让学生充分发挥自主性，在读中想象，在读中悟情，引导学生感受词人"词画合一"的表现特点，感悟诗词的意境。

三、设计思考

诗词教学的目的不只是为理解诗词的意思，更是让学生体会到祖国语言文字的韵律美、意境美。适度地拓展学生学习诗文空间，充分利用课本以外的教育资源，突破教学内容的单一性，让学生在广阔的空间里学习诗文，培养学生学习诗词的兴趣，激发学生积极主动诵读诗词的兴趣。

【教学目标】

一、教学目标

1. 有感情朗读古诗并会背诵。

2. 理解《渔歌子》的词意，想象画面，体会作者的思想感情。

3. 培养阅读古诗词的兴趣和对古诗词的热爱之情。

二、教学重点

理解《渔歌子》的词意，想象画面，体会作者的思想感情。

三、教学难点

理解《渔歌子》的词意，想象画面，体会作者的思想感情。

【教学过程】

一、回忆古诗，导入新课

1. 欣赏画面，回忆古诗。

同学们，现在正是春暖花开的季节，你喜欢春天吗？古人为了表达春天的喜爱，写了好多关于春天的诗词，我们来个小比赛吧。老师出画面，每一幅画面对应一句古诗，你们想到了那句就背哪句，咱们看看谁积累的古诗多。有没有信心？请看大屏幕……

2. 揭示课题。

3. 介绍词。

4. 介绍作者。

张志和的名字是皇帝给他取的。他16岁的时候，中了举人，给皇帝写了一份折子，他列了许多治国的良方，于是皇帝封他做了大官，并且赐名张志和，希望他心志平和。（课件出示）

二、初读感知，理解诗意

1.①学生自由读诗，要求要读准字音，读通顺，尝试读出节奏。②抽学生检查朗读情况，并作评价与指导。

2. ①师生欣赏配乐朗读，闭目冥想画面。（心理方面的引导词）②学生分享画面，根据画面，再次朗读。

三、解读画面，品味词境

1. 再读词，边读边画，填写学习单。

张志和不仅是著名的词人，还是有名的大画家。他常常把画画的技巧融入写词当中，他的好朋友大书法家颜真卿是这样夸他"词中有画，画中有词"。读一读词，看看他为我们描画了哪些景物？用上了哪些色彩？填在学习单上。（心理方面的引导，第二次冥想）

2. 学生展示，描述画面。

预设：

学生能找到的景物（西塞山、白鹭、桃花、流水、箬笠、蓑衣、斜风、细雨）。

学生可能找到的颜色（山的绿色、鹭鸟的白色、桃花的粉红色、流水的绿色……）。

请同学们谈谈自己的设计。

3. 想象画面，感受意境。

孩子们，这些景物是我们用眼睛看到的，可是学古诗，不仅要学会看画面，还要会听画面，闻画面。

再读读这首诗，听到了什么？你还闻到了什么？你伸出小手，仿佛能够触摸到什么？（心理引导）

（预设：清脆的鸟鸣声、潺潺的流水声，还有鱼儿跳跃的声音，仿佛还能听到微风、细雨的声音；桃花的清香、岸边青草的味道；雨丝的清凉）

这是一幅多么美妙的画面啊，让我们伴随着潺潺的流水声，清脆的鸟鸣声，伴着桃花和冰凉的雨丝，再美美地读一遍吧。

四、四读词，品味词中人

1. 引入"不须归"。

这么美丽的景色，诗人喜欢吗？你是从哪一句感受到的？

2. 体会诗人的情感。

3. 尝试背诵。

我们不仅看到了美景，还听到了天籁之音，闻到了大自然的气息，还体会到了诗人的悠然自得之情，让我们把这种感觉读出来吧。（背诵）

五、回顾小结

六、拓展阅读

1. 出示诗歌4首，任选一首最喜欢的朗读欣赏。

2. 请学生谈谈自己感受的画面。

七、留作业，下课

【板书设计】

渔歌子

张志和

山		鹭	典型景物	白描手法
花	水	鱼	有声有色	有动有静
青		绿	有虚有实	有景有情
风	雨	不归	美丽的风光	悠闲的生活

【教学特色】

这节课充分利用了信息技术来辅助教学，引用了心理学知识，培养了学生兴趣，同时在信息技术环境下，学生主动参与各项学习环节，有了自主合作、乐于探究的精神。

第 6 章

课堂：插上想象翅膀，丰富体验感受

教学应该是一种经历，一种体验，一种感悟。阅读教学只有突出学生阅读活动中的独特体验，才能真正促进学生自主参与到阅读实践中去。同时，要根据学生想象丰富的心理特点，将想象与体验有机地融合在一起，充分利用文本中蕴含的一切想象因素，让学生在想象中自由飞翔，在体验中张扬个性，从而促进学生更深入地体验文本内涵，使体验学习真正成为阅读教学的常态。

《我多想去看看》教学设计

【学段】第一学段　　【年级】一年级　　【授课人】高江丽

【指导思想与理论依据】

《语文课程标准》指出："阅读是学生个性化行为。应让学生在积极主动的思维和情感活动中，加深理解和体验，有所感悟和思考，受到情感熏陶，获得思维启迪，享受审美乐趣。"

【教学背景分析】

一、对教材的认识与理解

课文以第一人称口吻，借两个孩子之口讲述想去北京和新疆看看，抒发了少年儿童向往了解外面世界的美好心愿，旨在激发学生对祖国大好河山的向往和热爱之情。

二、学情分析

本班学生在有感情地朗读课文方面还有待进一步提高。有表达的愿望，但在如何用规范的语言，清晰准确地表达自己的愿望方面还需多加练习。

三、设计思考

教学本课，教师注重引导学生在读中去感悟，进行适当的语言训练和能力的培养。重视语言的积累，让不同层次的孩子都能有机会进行语言表达。

【教学目标】

教学目标及重难点

1. 能正确朗读课文，积累短语，读好带有感叹号的句子。（教学重点）

2. 通过诵读和交流，体会"我"想去看看外面世界的强烈感情，激发学生对祖国山河的强烈热爱之情。（教学难点）

3. 以"我多想"为开头进行说话、写话练习，完成课后练习。（教学难点）

【教学过程】

一、回忆课文，巩固所学

（一）整读课文，回忆内容。

文中写了谁？他们想去哪儿看看什么呀？

（二）复习生字，完成看拼音写词语练习。

（三）复习词语，说话练习。

北京是我国的首都。这里有＿＿＿＿的天安门，有＿＿＿＿的长安街，有＿＿＿＿的楼房，还有我最喜欢的＿＿＿＿＿＿＿＿。

二、学习新课，激发情感，指导朗读

1. 读第二自然，找一找北京的小朋友为什么要去新疆看看？

遥远的新疆，有美丽的天山，雪山上盛开着洁白的雪莲。

2. 激发情感，指导朗读。

（1）指导读"遥远的新疆"。

（2）通过欣赏图片，感受天山的美，激发学生对新疆的喜爱和向往之情。

远处天山的美：观看远处的天山图片和天山半山腰天池的图片。

近处天山的美：绿树青山、成群的马牛羊。

感受天山的神奇：同一时间，远处山上是长年不化的积雪，近处却是绿树青山，还有成群的马牛羊。

看着这样的天山，你有什么感受？指名读：美丽的天山。（贴图）

天山不仅美丽，山上还盛开着一种形状像莲花一样的雪莲。雪莲生长在高山积雪的岩缝中。它不但非常稀少珍贵，而且还有很高的药用价值呢。读出它的名字，记住它的样子：洁白的雪莲。（贴图）

（3）指导学生有感情地朗读课文。

遥远的新疆，有美丽的天山，雪山上盛开着洁白的雪莲。

是呀，爸爸口中的天山真是太美了。听了爸爸的话，你有什么愿望啊？把愿望大声地读出来。

我对爸爸说，我多想去看看，我多想去看看！

3. 理解课文，巩固认知。

孩子们，我们读完了课文，也欣赏过了图片，现在你们知道北京的小朋友到底想去看看什么了吗？同桌两人用上"我多想去看看（　　　　）的（　　　　）"互相说。

4. 整读第二自然段，感受新疆的美。

【设计意图：通过欣赏图片，感受天山的美，激发学生对新疆的喜爱和向往之情，进而指导学生有感情地朗读课文。】

三、整读全文，感受北京和新疆的美

请大家再来完整地读读整篇课文，一起感受北京和新疆的美。

【设计意图：通过整读课文，引导学生巩固对课文的认知，再次感受祖国的美好河山，为后面的拓展延伸奠定情感基础。】

四、拓展延伸，练习表达

（一）看图，用（　　　）的（　　　），同桌两人互相说说，积累词语。

（二）用"我多想去看看（　　　）的（　　　）"的句式进行说话练习。

（三）用"我多想＿＿＿＿＿＿＿＿＿＿＿＿＿＿！"的句式更进一步地进行说话练习。

大家不仅可以有想出去看看的愿望，还可以有更多其他的愿望呢！指名 3 人读学习单。

1. 我多想养一只可爱的小花狗啊，让它天天陪着我。

2. 我多想学习更多的昆虫知识，长大后成为一名优秀的昆虫学家。

3. 我多想变成一条快乐的小鱼，在水中自由地玩耍^{wánshuǎ}。

你们有什么愿望呢？让我们一起来表达自己的心愿吧。

我多想_____。

【设计意图：在学习了基础表达的前提下，进行提高性说话指导，让能力强的学生吃得饱，能力稍弱的学生跳一跳也够得着。】

（四）二选一进行写话练习。

1. 大家有这么多的愿望，快把自己的愿望写下来吧。请你任选一句完成。没学过的字可以用拼音代替。

我多想去看看（　　　）的（　　　）。

我多想_____。

2. 展示互评。

【设计意图：讲口语表达转化为书面表达，既落实学生的书写练习，又训练了学生的写话习惯和能力。】

五、小结

其实，老师也有一个愿望呢，那就是我多想让你们的愿望都实现！这节课就上到这儿，下课！

【板书设计】

我多想去看看

雄伟的天安门　　　　　　美丽的天山
壮观的升旗仪式　　　　　洁白的雪莲

【教学特色】

1. 通过读文和欣赏图片，让学生感受祖国山川的美好，激发学生喜爱和向往祖国美好河山，想要出去走走的情感，同时进行短语积累。

2. 分层选择性练笔。在指导学生进行了课内外充分的口语表达的基础上，给学生两种分层句式自由选择，进行写话练习，将口头表达转化为书面表达。

《咕咚》教学设计

【学段】 第一学段　**【年级】** 二年级　**【授课人】** 孙　莹

【指导思想与理论依据】

《语文课程标准》指出：学生是学习的主体。语文教学应激发学生的学习兴趣，注重培养学生自主学习的意识和习惯，倡导自主、合作、探究的学习方式。

【教学背景分析】

一、对教材的认识与理解

这是一篇童趣盎然、情节曲折的童话故事，讲的是一只小兔听见"咕咚"一声，吓得撒腿就跑，其他动物也跟着逃跑，只有狮子问"咕咚"是什么，而且要去看看，这才让大家明白："咕咚"原来是木瓜掉到湖里发出的声音。这个故事告诉我们：听到或遇到任何事情，一定要动脑想想或去实地看看，不要盲目地跟随别人。

二、学情分析

通过一年级上学期的学习，能根据一定的情境或看图，用普通话讲清一件简单的事，在阅读方面也能正确地朗读，能联系课文和生活实际理解常用词语和句子的意思。在本学期中我们应该继续保护孩子学习语文的欲望和好奇心，进一步激发孩子们的学习兴趣，让孩子们在快乐中学习，培养孩子乐于探究、团结合作、勇于创新的精神。

三、设计思考

本课故事情节简单有趣，理解起来并无太大困难，但文章篇幅较长，所以我设想采用"集中——发散"的方式，挑出文中所有的对白，制成小剧本，然后再以读带讲、以句带段。

【教学目标】

一、教学目标

1. 读懂故事内容，能根据课后问题找出相关信息进行推断。

2. 初步懂得遇事要学会思考，不盲目跟从。

3. 正确、流利、有感情地朗读课文。

二、教学重点

读懂故事内容，能根据课后问题找出相关信息进行推断。

三、教学难点

初步懂得遇事要学会思考，不盲目跟从。

【教学过程】

一、复习

（一）这节课咱们继续学习第 20 课，谁来读课题（指名一人），像他一样齐读课题。

（二）你们还记得这些字词吗？出示两组。

1. 兔子　猴子　狐狸　山羊　小鹿　大象　野牛（抢读）

2. 吓了一跳　拔腿就跑

1. 这里好像少了一种动物，是谁呢？（野牛）

2. 四字词语你们能读好吗？

（三）上节课我们还学习了生字，拿出学习单，我们来写：大象，大家注意字要写规范。

（四）字词你们读的正确，谁来读读课文，其他同学拿出学习单，边听边给图按顺序排列。（一人贴板书）

二、学习第 2 自然段

（一）

谁吓了一跳，拔腿就跑呢？（兔子），你看见了一只怎样的兔子？快读读第 2 自然段。

兔子吓了一跳，拔腿就跑。

2. "拔腿就跑"是怎样跑，看图，谁来做动作。

3. 你们再来读读，读出兔子的动作。（贴：拔腿就跑）

（二）

1. 生：你还从哪看出兔子胆小的？

兔子一边跑一边叫："不好啦，'咕咚'可怕极了！"

2. 谁来当这只兔子，你怎么读？

3. 兔子，你以为"咕咚"是什么呀？（怪物，妖怪）

4. 再来读读这段话。

三、学习第 3、4 自然段

1. 瞧，兔子这一叫，吓着了一连串的小动物，老师跟大家一起来读读当时的场面吧。

2. 你们发现了吗，蓝字部分是写小动物——跑，红字部分是写小动物——叫（说）。

3. 大家都来读读写小动物跑的句子，有什么发现？

生：我发现大家都是跟着跑的。

师：对呀，别人怎么做自己也随着怎么做，就是跟着。（贴：跟着跑）

4. 小动物们是怎样说的呀，快来读读句子。

"不好啦，不好啦，'咕咚'来了，大家快跑哇！"

"快逃命啊，'咕咚'来了！"

5. 老师这里还有两句话，你们都来读读，发现哪有不同吗？（感叹号）那我们该怎样读呢，自己练一练。指名读，这只小动物，你想告诉大家什么呀？（害怕，紧张）

四、学习第 5 自然段

1. 在大家跑的时候，只有谁没有跑呢？大家都来读读第 5 自然段，想想野牛的表现和其他动物有什么不一样。

生：野牛没有跑，而是拦住大家问。（贴：拦住）

2. 老师来当野牛。（戴头饰）

问：大象大象，你跑什么呀？

咕咚在哪里，你看见了？

你们为什么要跑啊？

咕咚在哪，你们都看见了？

狐狸，你为什么跟着跑啊？

山羊，你为什么跟着跑啊？

小鹿，你呢？

3. 小动物们，你们都跟着谁跑的呀？（兔子）兔子，你真的看见咕咚了吗？（我听见的）

4. 哦，原来是这样啊！同学们，如果你们是野牛，你想对小动物们说什么呢？（写话练习，任选其一）

"兔子，_____。"

"狐狸、山羊、小鹿，_____。"

"大象，_____。"

评价：字规范，句子通顺，读的时候有语气。

五、第学习 6、7 自然段

听了野牛的话，兔子领着大家来到湖边，这次它们看见什么了呢，大伙还会跑吗，咱们齐读第 6、7 自然段。你们想一想，这里应该贴什么字呢？（贴：笑）

课文学完了，你最想夸夸哪个动物？

在生活中，咱们也得向野牛学习动动脑筋想一想再去做事，不要别人说什么就是什么。

六、老师今天还给你们带来了一个小故事，你们想读读吗？同桌一起读一读

【板书设计】

20　咕咚

【教学特色】

　　文本的意义，只有在学生主动与文本对话的过程中才能产生，在教学时我希望着力让学生参与有感情朗读、看图想象、即兴表演、动作模仿等活动，让他们能从各自的经验和体验出发，引领学生深入课文，使学生与文本之间建立起和谐的对话关系，使他们由读文、看图，进入悟境、悟情、悟理的阅读境界。

《我是一只小虫子》教学设计

【学段】第一学段　　**【年级】**二年级　　**【授课人】**张　璐

【指导思想与理论依据】

　　《语文课程标准》指出："阅读浅近的童话、寓言、故事，向往美好的情境，关心自然和生命，对感兴趣的人物和事件有自己的感受和想法，并乐于与人交流。"是低年级段培养学生阅读能力的目标。

【教学背景分析】

一、对教材的认识与理解

　　《我是一只小虫子》是部编版语文二年级下册第四单元的内容。是一篇自述性散文，作者用第一人称叙述，从小虫子的视角观察世界、感受生活，描述了大自然生活中的苦与乐，表达了对生活的热爱。

二、学情分析

二年级学生已具备初步了解课文内容的能力，对于感兴趣的事件能有自己的感受和想法，并能够展开交流。

三、设计思考

我采用了插入绘本图画、创设情境的方式，帮助学生理解课文内容，给学生搭建想象的空间，将自己代入文本进行有感情地朗读、交流，培养了学生的表达能力和思维能力。

【教学目标】

一、教学目标

1. 复习巩固生词，学习书写"使、劲"两个生字。

2. 有感情地朗读课文，在情境中培养学生的想象力。

3. 感受小虫子乐观、开朗的性格和热爱生活的态度，就感兴趣的部分和同学交流。

二、教学重点

有感情地朗读课文，在情境中培养学生的想象力。

三、教学难点

感受小虫子乐观、开朗的性格和热爱生活的态度，就感兴趣的部分和同学交流。

【教学过程】

一、复检生词，引入新课

（一）齐读课题

师：今天我们继续学习第 11 课，请大家齐读课题。这是一只什么样的虫子？再次指名读，让我们接着步入小虫子的世界吧！

（二）复检生词

苍耳　屁股　留神　干净　毛茸茸　使劲　昏头昏脑　幸运

1. 小老师带读读准字音。

2. 提示"净"一横要出头。"股"右上方是"竖弯"。

（三）回顾上节课内容

孩子们，在上节课的时候，小虫子们谈论了一个人生的大问题，是什么呢？他们有什么不同的看法？

师生配合读，回顾第 2 自然段内容。

二、深读课文，动情朗读

（一）学习第 3、4 自然段内容

1. 出示第 3 自然段，指名读出小虫子的观点。

2. 学习第 4 自然段。

读一读，想一想从哪儿看出小虫子的生活还真不错的？

（1）联系生活实际，体会第一句话。

①这句话中你从哪儿感受到小虫子的生活真不错了？把你的感受能读给大家听。

②抓住生成，体会小虫子的生活舒服自在。

③通过填补想象，引导学生感受小虫子开心快乐的生活。小虫子把自己打扮得这么光鲜亮丽的，是要干什么去呀？

【设计意图：此环节给学生一个依据课文内容搭建想象的平台，使学生展开合理丰富的想象，从而更贴近小虫子的情感，进一步理解课文内容，同时也培养了学生的想象力和创造力。】

（2）角色转换，体会第二句话。

过渡：还有什么事儿，让他觉得当只小虫子真不错呢？

①激发学生想象力，体会小虫子自由快乐的生活。

激发学生想象力，把自己当成小虫子，来体会小虫子的感觉。

②角色转换，读出自己的体会。

3. 勾连第 3 自然段，再次感受小虫子的看法。

（二）学习第 5、6 自然段内容。

1. 默读第 5~6 自然段。

2. 圈一圈，画出小虫子的这些小伙伴朋友。（屎壳郎、螳螂、天牛）

师：这三个小伙伴各有各的特点，特别有意思。把你最感兴趣的小伙伴先介绍给大家吧。

（1）屎壳郎：通过看视频，发现屎壳郎的有趣之处是从来不看路，来引导大家有感情地朗读。

（2）螳螂：通过读把"贪吃"这个有趣的特点介绍给大家。引导大家有感情地朗读。

（3）天牛：看图理解它的触角长长的特别有意思，再体会朗读。

3. 勾连第 3 自然段，第三次感受小虫子的看法。

小结：小虫子的伙伴可不止这三位呢，他们有各有特点，有了他们的陪伴生活就更丰富多彩了，怪不得他说——（出示第 3 自然段）

【设计意图：我设计了三次勾连第 3 自然段的内容，层层深入地让学生感受到小虫子的生活的确充满了快乐，另外这样的设计也是对文章段式结构的一种有力的渗透。】

（三）学习第 7 自然段

齐读第 7 自然段，猜小虫子的身份。（蟋蟀）

三、回看全文，交流感兴趣的内容

过渡：总结板书，小伙伴们和这只小蟋蟀对当小虫子好不好，各有各的看法。同学们你们觉得当小虫子有意思吗？和同学们说说书中你感兴趣的部分。（小组讨论，班级交流）

【设计意图：此环节的设计使学生对全文的内容有进一步的回顾与整合，同时也能让学生的思维能力和语言表达能力得到提升。】

小结：孩子们，这就是生活，他就在我们眼前。在生活中有好事也有坏事，有开心也有烦恼，无论是什么事我们都要积极地面对它，享受它给我们的每一种经历。

四、学习生字"使、劲"

1. 认读字音、组词。

2. 比较结构，指导书写。

（1）比较相同点，不同点。

（2）指导书写，做到正确和美观。

3. 边范写边强调，讲评、修改。

五、延伸情境，课下交流

【板书设计】

11　我是一只小虫子

不好　　　　　　　　　

不错

【教学特色】

1. 引用绘本插图，更贴近学生的年龄特点，更容易达到入情入境的目的。

2. 三次勾连"不过，我觉得当一只小虫子还真不错"。层层深入地让学生感受到小虫子的生活的确充满了快乐。

3. 填补想象，给学生搭建想象的平台。

《麦哨》教学设计

【学段】第二学段　**【年级】**四年级　**【授课人】**孙　鸿

【指导思想与理论依据】

指导思想：本课文内容浅显，写景意境清新，写人童稚纯真。从课题激趣导入，读中感悟，品味语言，积累运用。

理论依据：依据《新课程标准》理论要求把培养学生的提问能力作为提高学生主动学习能力的一个重要策略来研究。

【教学背景分析】

一、对教材的认识与理解

这篇课文的意图，一是引导学生感受田园风光的美好和乡村孩子童年生活的欢乐；二是感受作者语言的优美。

二、学情分析

本班学生 27 人，具备一定的听说读写的能力，2/3 的学生能够有感情地朗读课文，并能提出问题，运用不同的方法解答问题。课后能够结合课外阅读进行组合阅读。

三、设计思考

1. 阅读课文明确以课前导读为依旧学习：读——看——找——说。

2. 明确"麦哨"的正确意义。

3. 以"读"贯穿课堂：读课文学生字、读课文说画面、读课文理解句意、读句子说理解。

4. 学习课文后能进行组合阅读的自学。

【教学目标】

一、教学目标

1. 认识 8 个生字，正确、流利、有感情地朗读课文。

2. 体会作者生动形象的语言。

3. 联系上下文，感受乡下孩子纯朴自然、欢快的童年生活。

二、教学重点

联系上下文，有感情地朗读课文，感受乡下孩子纯朴自然、欢快的童年生活。

三、教学难点

体会作者生动形象的语言。

【教学过程】

一、导入新课，明确任务

1. 老师的童年、乡下孩子的童年。

（1）童年是一幅画，画里有缤纷的色彩；童年是一首歌，歌里有五彩的生活；童年是一个梦，梦里有美好的憧憬。看了这么多关于童年的画面，勾起了无限的美好印记。那乡下孩子的童年又是怎样的呢？今天，我们就共同学习著名作家陈益的散文：齐读课题：24 麦哨。

（2）有同学知道麦哨是什么吗？出示"麦哨"。

3. 读课前导读，明确学习任务。

这篇课文是阅读课文，你知道怎样学习吗？（对，根据学前导读来进行学习）

4. 指名读，提炼学习方法。

二、朗读课文，学习生字词

在初读课文的基础上，读准字音。

1. 生字学习。

2. 多音字学习。（点击"剥开"出现 PPT 句子）

三、读课文，说画面

同学们初读课文后，能准确地读准字音，了解课文大意，下面，我们一起来学习课文吧！

轻声读课文，你的头脑中会出现了哪些画面？

在学生回答问题的基础上，教师提炼分类：课文插图由"景色"与"孩子"两方面内容组成。

四、默读课文，理解句子

课文中既有景色描写，又有人物描写，这么多令人印象深刻的画面！让我们一起走进画面吧！默读课文，找出自己喜欢的画面，勾画出句子，并写出喜欢的理由。

五、对同学说说你喜欢的理由，并有感情地读一读

景色：第四自然段内容。（从内容、写法两方面）

第六自然段。

（吃"茅茅针"）这是孩子们玩渴了从大自然中寻找解渴的吃的。

同学们学习的过程体现了自学的方法，并清楚地表达了自己的理解。作者描写了乡下孩子快乐、无忧无虑的生活，为什么又描写了一幅幅乡村美景呢？

六、"麦哨"的学习

"麦哨"

1. 在即将丰收的田野中，孩子们开心玩耍，时不时传来了"呜卟，呜卟，呜……"的麦哨声。

师生配合读。

2. 师生呼应麦哨声。

3. 同桌试试，你们的哨声表达了此刻怎样的感情？

4. 现在我们分组来吹麦哨。

5. 这麦哨声给你什么感觉？

6. 读着读着，在第一、二自然段和第七、八自然段你发现了什么？（只是变换了一些词语，第一、二段在文章的开头，第七、八段在文章的结尾，这样的写法叫——生：首尾呼应）

七、组合阅读

陈益作为著名的作家，他还写了很多文章，下面请你自学儿童文学《十八双鞋》。

【板书设计】

24　麦哨

田野湖畔	孩子们
茂密	无忧无虑
色彩斑斓	快乐
……	情景交融　……
呼应	

【教学特色】

1. 正确教授"麦哨"的概念。作者曾经明确提出："麦哨是一种藤蔓类野草——俗话称作'麦叫叫草'的荚子，去除荚中的豆豆，捏扁以后，就可以放在嘴巴里吹了。"

2. 学生把理解麦哨的声音用音律唱出来。

3. 组合阅读的使用达到了课堂拓展，课后延伸的作用。

《妈妈的账单》教学设计

【学段】第二学段　【年级】三年级　【授课人】祁　冰

【指导思想与理论依据】

《语文课程标准》中指出：必须根据学生身心发展和语文学习的特点，关注学生的个体差异和不同的学习需求，充分激发学生的主动意识和进取精神，倡导自主、合作、探究的学习方式。第二学段阅读目标要求是学习略读，粗知文章大意。

【教学背景分析】

一、对教材的认识与理解

《妈妈的账单》是小学人教版三年级下册第五单元的一篇课文。在深入领会课文内容的基础上，受到回报父母之爱的教育，学会关心别人，同时和综合性实践活动相结合。

二、学情分析

学生对父母的爱有了一定的体会，但是还不够深入，也不会用自己的语言进行真情的表达。小组合作学习的方式，已经为略读课文的学习打下基础。

三、设计思考

教师注重引导学生在读中去感悟，进行适当的语言训练和语文能力的培养。通过自主探究、合作交流的学习方式引导学生进行学习。

【教学目标】

一、教学目标

1. 自读课文，思考问题，初步培养独立阅读的能力。

2. 理解账单的含义，多角度体会妈妈的爱无私与无价，有感情地朗读课文。

二、教学重点

理解账单的含义，多角度体会妈妈的爱无私与无价，有感情地朗读课文。

三、教学难点

理解妈妈给小彼得那份账单的含义。

【教学过程】

一、谈话导入，齐读课题

在最近一段综合性学习中，同学们对父母的爱有了更深更多的体会，今天我们再读一篇课文，看看从中又有什么新的体会。

学生齐读课题。

二、自读提示，明确问题

1. 学生自读，思考问题。

让我们先来读读课前提示，看看这节课我们需要解决哪几个问题。

2. 指名回答，明确三个问题。

（1）读读课文，了解课文写了一件什么事；

（2）想想妈妈为什么写的都是"0 芬尼"；

（3）小彼得看到妈妈的账单是怎么想的。

【设计意图：明确学习目标，让学生读读课前学习导语，清晰了解学习任务。】

三、初读课文，整体感知

1. 提出朗读要求，学生读课文，读后标注自然段序号。

让我们带着这些问题学习课文，自己读读课文，注意把字音读准确、把语句读通顺，读后你们试着标一下自然段的序号。

2. 初步了解冒号和账单在段落中的特殊性。

（1）谈话发现，明确完整账单的标注。

发现课文第四、六自然段标在哪儿。

（2）出示正确的标注，学生修改。

看屏幕，有错误的同学重新标一下。

3. 初步解决课文不懂的问题。

（1）学生质疑、答疑。

在读的过程中，你们还有什么其他的问题吗？

……

【设计意图：提出不懂的词语进行解释，通过动作、联系上下文等方法，正确读文、正音、质疑，课堂扎实，获得知识，同时提升语文学习的能力。】

（2）练习朗读第七自然段。

你们刚才提出了很多词语和理解上的一些问题，你们再来看看，这段话中还有很多词语，你们能读好吗？

学生自读、指名读。

四、合作学习，感受母爱

1. 学生小组讨论三个问题。

过渡：词语上的困难我们都解决了，就让我们以小组合作的方式来讨论之前提出的 3 个问题吧。

2. 学生汇报，教师相机点拨。

（1）学生汇报，第一个问题：课文讲了一件什么事？

教师小结：你们按照事情的起因经过结果，把一件事情完整地说清楚了。

（2）学生汇报，第二个问题：妈妈的账单为什么是 0 芬尼呢？（板书：0 芬尼）

根据学生回答板书。

教师小结：妈妈对孩子无声的教育，让小彼得感受到沉甸甸的爱，是那么无私、无价。

（3）对比账单，体会母爱，有感情地朗读课文。

（出示：两张账单）从两张账单对比，你们有什么发现吗？体会出了什么呢？

学生汇报。

预设1：发现妈妈的每一项都是为他，而小彼得的账单没有。

预设2：发现妈妈的账单上每一项都是十年，而小彼得的是一件一件的事。

（4）学生汇报，第三个问题：十年当中，妈妈为小彼得做的太多太多了，现在小彼得是怎么想的呢?

预设：特别内疚、惭愧万分。

3. 联系生活，拓展画面，表达情感。

（1）出示照片，联系自身感受幸福。

十年的陪伴，让彼得幸福地成长，我们也曾感受到过这样的幸福，我们也曾有过这样的陪伴。孩子们，当你出生的时候，妈妈抱着你，脸上露出了幸福的笑容，在你渐渐长大的过程中，妈妈教会了你……

学生自由回答。

【设计意图：相关句式练习说话，进而与学生生活结合，回顾自己的成长历程。】

（2）学生讲和父母的故事。

【设计意图：介绍和爸爸妈妈温馨的故事，让学生抓住事情的重点环节，在口语表达过程中，更加深入地让学生体会了父母的爱。】

（3）教师指导有感情地朗读第七自然段，体会小彼得的内心世界。

学生谈感受。

教师小结：这样的描写多生动呀，把他的内疚，羞愧万分，无地自容的心理，描写得淋漓尽致。

4. 创设情境，升华情感。

小彼得把60芬尼还回去了，却把账单收藏起来，多少年过去了当他再次拿出妈妈0芬尼的账单，会怎么想呢?

5. 带着收获再次有感情地整读课文。

小彼得就是这样从不懂事变成了懂事。让我们带着新的收获再来读读这个小故事吧!

【板书设计】

19　妈妈的账单

幸福生活　0 芬尼

无私　　无价

【教学特色】

教师充分利用课前的导读提示，让学生以小组合作的学习方式，自主合作学习，体会母爱的无私无价，延伸到学生生活中，懂得要回报父母的爱，要学会爱身边每一个人。力求体现，品味账单，体会情感和联系生活，延伸拓展。

《鱼游到了纸上》教学设计

【学段】 第二学段　　**【年级】** 四年级　　**【授课人】** 彭　霏

【指导思想与理论依据】

《语文课程标准》指出：要"拓宽语文学习的内容、形式和渠道，使学生在广阔的空间里学语文，用语文，丰富知识，提高能力"。在用好教科书的基础上，我当开发课本资源，使教学走向开放。把朗读作为文本体验的手段，通过不同层面，多种形式的朗读，引领学生走进文本，探究文本的意蕴，在反复触摸语言文字的过程中，获得言语智慧的滋养，发展学生的思维。

【教学背景分析】

一、对教材的认识与理解

《鱼游到了纸上》是人教版四年级下册第七单元"认准目标，不懈努力"这一主题中的一篇讲读课文。课文讲述了一个聋哑青年，在玉泉边忘我地看鱼，专心画鱼，让鱼游到了纸上的故事，赞扬了青年做事勤奋，精神专注的品质。

文章在写法上的两个重要特点：细致入微地对聋哑青年的外貌、神态、动作描写。同时，文章语言平实、含义深刻，有启发性。

二、学情分析

学生在学习《触摸春天》《生命生命》之后，对残疾人热爱生命的态度已有所感悟，这有助于他们理解聋哑青年的表现。我班学生已具备了一定的阅读能力，能够通过抓住描写语言、动作、神态的词语来体会人物情感。但是文章中有一些语句含义深刻，以学生现有的知识、能力水平还不能够做到准确、深刻地体会。

三、设计思考

引导学生关注重点词句，通过想象、练笔、有感情朗读等形式体会人物品质，感悟文章的表达方法。

【教学目标】

一、教学目标

1. 有感情地朗读课文，读出青年看鱼、画鱼的专注和执着以及对鱼的热爱之情。积累文中描写青年看鱼、画鱼的句子。

2. 理解含义深刻的句子，体会残疾青年做事勤奋、专注的品质。

3. 理解"鱼游到了纸上"与"游到了我的心里"之间的关系。

二、教学重点

理解含义深刻的句子，体会残疾青年做事勤奋、专注的品质。

三、教学难点

理解"鱼游到了纸上"与"游到了我的心里"之间的关系。

【教学过程】

（一）整体入手，回顾课文内容

1. 齐读课题，导入新课。

2. 轻声读文，回忆课文主要内容。

（二）品读画鱼，感受画技高超

1. 联系上节课的学习内容理解课题。

2. 展开想象，感受青年的画技高超。

导：这位青年是怎样画鱼的？谁来读给大家听？

（1）都来读读这段话，你眼前仿佛出现了怎样的画面？

（2）大家都关注到了这两种画法，能联系具体描写来理解吗？

（3）我们不妨展开想象，随着工笔细描，青年画出了什么？随着挥笔速写，又画出了什么？

【设计意图：通过联系学生的已有认知以及生活实际对关键词句展开想象，给课文抽象的文字和形象鲜活的生活画面搭建桥梁，从而促进学生对课文内容的理解，充分地感受人物形象。通时渗透给孩子联系生活实际和展开想象来理解关键词句的学习方法。】

3. 以写促读，升华情感，深化对人物形象的理解。

（1）如果你也在看青年画鱼，会说些什么呢？把你想说的话写在学习单上。

（2）学生完成写话练习。

（3）全班交流。

【设计意图：在学生感受到了人物的基础上，通过写话练习给了学生一个自由表达的机会，学生在联系课文内容的基础上尝试运用自己想象到的画面来表达，为文本补白，使得文本内容在学生头脑中具象化，同时也促进了学生对人物形象的感知与把握。】

（三）发现"特别"，走近青年内心

1. 关注青年的与众不同，感受青年的专注、执着。

聋哑青年为什么会把鱼画得这么好呢？请你默读课文，画出相关语句，可以做简单的批注。

（1）学生默读思考。

（2）教师组织汇报交流。

2. 关联文本，品词析句深化人物形象。

同学们都关注到了青年看鱼、画鱼时的表现，我们前后联系着再读读这几段话，青年究竟特别在哪？

（1）学生默读画批。

（2）全班交流。

3. 整合文本导读, 升华情感。

4. 畅谈感受, 定格青年形象。

(1) 此时, 你眼前仿佛出现了一位怎样的青年?

(2) 前后联系着再读读这几段话, 读出青年爱鱼的忘我境界!

【设计意图:在学生能够初步把握人物形象的基础上, 从整体感知的高度让学生发现作者是如何运用语言文字来刻画人物表达情感的。通过开放的环节, 学生品词品句, 相机引导学生发现文本前后的关联, 既使得学生全面地把握住了人物的形象, 又提升了学生的思维水平, 同时也为突破教学难点做好了铺垫。】

(四) 回归整体, 揭示内在联系

1. 关联文本, 引发学生思考, 揭示内在联系。

2. 带着你的理解我们再来齐读课题——鱼游到了纸上。

【设计意图:通过文本的关联, 引导学生发现文章内在的联系, 既突破了本课的教学难点, 又渗透了对学生进行的思维训练和对表达特点的揣摩。】

(五) 布置作业, 课后拓展阅读

1. 在学习单上抄写精彩语段。

2. 推荐阅读成语故事——《胸有成竹》。

选作:读一读《文与可画筼筜谷偃竹记》。

【板书设计】

26 鱼游到了纸上

专注

热爱

执着

先游到了心里

【教学特色】

1. 通过多种教学策略引导学生理解含义深刻的句子, 提升学生的思维品质。

2. 为学生搭建读写结合的平台，整合资源实现读写互促，使学生既得言又得意。

《卖火柴的小女孩》教学设计

【学段】第三年级　【年级】六年级　【授课人】乔　浙

【指导思想与理论依据】

语文课程应致力于学生语文素养的形成与发展。语文阅读教学中应关注阅读不同文体的独特思维。童话语言富有想象力，营造的是理想的审美世界。在教学中我们要帮助学生形成阅读童话的审美视角，培养学生的审美情感。

【教学背景分析】

一、对教材的认识与理解

幻象与现实的交织，是作品的巧妙构思之处；幻象与现实的对比更突显了小女孩对幸福生活的渴望。文章也折射出作者的创作思想——对弱小生命的同情，和对幸福生活的追求。

二、学情分析

学生对这篇故事的情节及结尾都很熟悉，但对于故事中幻象与现实交织出现，对比中突显人物形象的写作手法缺乏认知；对于安徒生的创作思想了解不够。

三、设计思考

在整体把握中走进文本情境，在想象画面中感受幻象美好，在联系处境中走进人物内心世界，在话题交流中感悟作品主题。不断提升阅读理解能力，培养想象、思维和评价能力。

【教学目标】

一、教学目标

1. 正确、有感情地朗读课文。

2. 关注小女孩的悲惨处境，了解擦燃火柴时看到的景象，感受这些景象的美好。

3. 联系全文，初步体会"幸福"含义。

二、教学重点

关注小女孩的悲惨处境，了解擦燃火柴时看到的景象，感受这些景象的美好。

三、教学难点

关注小女孩的悲惨处境，了解擦燃火柴时看到的景象，感受这些景象的美好。

【教学过程】

一、交流预习，把握文章整体

同学们，今天我们开始进入第四组课文的学习，大家齐读课题。课前我们都做了预习，打开书，我们一起来交流。

（一）交流已掌握内容

谁来说说通过预习你都学懂了什么？

预设：

1. 单元导语；

2. 读音；

3. 主要内容；

4. 当时的社会背景；

5. 安徒生的资料；

我们从生字词、主要内容、社会背景、和作者的经历这些角度交流了预习收获，的确想要读通读懂一篇文章可以从这些方面进行预习。

（二）交流预习中不懂的问题

预习过程中遇到了哪些问题吗？

小结：通过预习，我们掌握了很多知识，也提出了一些问题，相信这些问题会随着我们深入的学习得到解决。

二、细读课文，了解小女孩的悲惨处境【寒冷，饥饿，痛苦，孤独】

1. 默读画批。

现在请你默读课文，思考在大年夜小女孩又是怎样的处境呢？画出相关语句，写下你的感受。

2. 全班交流。

预设：

1. 寒冷；

2. 饥饿；

3. 痛苦、无助；

4. 孤独。

三、走进文本情境，体会小女孩擦着火柴时感受到的幸福

1. 小女孩就这样蜷缩在墙角，她终于忍不住擦着了火柴，她都看到了什么？边画边出声读读。

2. 让我们跟随着小女孩，走进那一幕幕的场景吧。小女孩擦燃了火柴，谁能把她看到的景象读给我们听？

场景一：感受温暖。

小女孩觉得自己好像坐在一个大火炉前面，火炉装着闪亮的铜脚和铜把手，烧得旺旺的，暖烘烘的，多么舒服啊！

场景二：感受美妙。

桌上铺着雪白的台布，摆着精致的盘子和碗，肚子里填满了苹果和梅子的烤鹅正冒着香气。更妙的是这只鹅从盘子里跳下来，背上插着刀和叉，摇摇摆摆地在地板上走着，一直向这个穷苦的小女孩走来。

场景三：感受快乐。

这棵圣诞树，比她去年圣诞节透过富商家的玻璃门看到的还要大，还要美。翠绿的树枝上点着几千支明晃晃的蜡烛，许多幅美丽的彩色画片，跟挂在商店橱窗里的一个样，在向她眨眼睛。

场景四：感受美好。

奶奶出现在亮光里，是那么温和，那么慈爱。

奶奶从来没有像现在这样高大，这样美丽。

奶奶把小女孩抱起来，搂在怀里。她俩在光明和快乐中飞走了，越飞越高，飞到那没有寒冷，没有饥饿，也没有痛苦的地方去了。

3. 这一幕幕场景是多么美好，可我们回想一下，这个卖火柴的小女孩又是在怎样的境况下看到这一切的呢？谁能联系着前文读一读。

4. 就是在这样的境况下，当这个可怜的小女孩看到这一幕幕场景时，内心会是怎样的感受呢？

5. 我们读着这些优美的文字，感受到这一幕幕场景带给小女孩的温暖与幸福，可我们再来想一想，又是什么让小女孩看到这一切的呢？

6. 创设情境读：火柴每一次燃起都带给小女孩无尽的希望，让我们带着新的认识和感受，完整地读一读火柴燃起时出现的场景吧。

【设计意图：引导学生联系小女孩的现实处境，走进她的内心，感受这些美好幻象对于她的特殊意义，体会幻象带给小女孩的温暖与幸福。培养学生在联系中阅读的思维品质，训练学生具体地表达出自己的体会。在理解的基础上有感情地朗读课文。】

四、联系全文，体会作者借本文所表达的"幸福"的含义，感知作品主题

1. 指名读：小女孩沉浸在与奶奶在一起的幸福中了，第二天清晨，人们看到了什么，谁来读？

2. 学生交流对"幸福"含义的理解。

3. 教师小结：同学们，也许随着年龄和阅历的增长，我们对幸福的理解还会有不同。而安徒生是多么希望这个小女孩能够幸福啊！

【板书设计】

卖火柴的小女孩

渴望幸福

【教学特色】

1. 教师创设情境，引导学生想象画面，通过交流和有感情品读感受到她现实处境的悲惨，继而引导学生在朗读中想象火柴燃起时出现的美好景象。

2. 建构起现实处境与美好幻象的联系，走进小女孩内心，体会人物的情感。培养学生在联系中阅读的思维品质，训练学生具体地表达出自己的体会。

课堂：构建学习共同体，提升思维品质

　　学生的学习占据着课堂的最中央。教学中，老师们继承中国传统书院自由开放的学习模式，积极构建以学生为中心的学习共同体，为学生创设发现问题、解决问题的情境，通过问题的引领，全程参与实践过程；提供更多自修、讨论、表达、践行的机会，倡导学生开展自主、合作、探究式的学习活动，倡导生生之间、师生之间平等对话，提高学生"感知、思考、交流"的愿望和能力。其实，学生与伙伴之间的相互切磋，沟通交流，会互相启发，形成一种"对话场效应"，有效地解决阅读中的问题，有利于帮助学生转变学习的方式。

《画杨桃》教学设计

【学段】第二学段　　【年级】三年级　　【授课人】王建云

【指导思想与理论依据】

　　《语文课程标准》指出："阅读教学是学生、教师、文本之间对话的过程。""对话"意味着平等与交流，意味着合作与探究。学生是鲜活的生命体，语文教学应努力实现文本与生命的对话，语文教师应努力引导学生，走进文本，引发情感共鸣，从而产生"独特的理解、感受和体验"。

【教学背景分析】

一、对教材的认识与理解

　　《画杨桃》是一篇精读课文，主要讲图画课上，"我"把看见的杨桃实事求是地画成五角星的样子，受到同学们的嘲笑。老师教育"我们"看到什么样子就应画成什么样子，同时又教育"我们"要尊重他人的多元理解，要设身处地地站在别人的角度看待事物。

二、学情分析

三年级的学生已经具备了一定的阅读能力。故事中，爸爸和老师教会了"我"怎样面对同学们的嘲笑。孩子们在成长的过程中，也能遇到类似的事情。应怎样面对他人的误解，学会尊重他人，这是很值得学生去探讨的问题。

三、设计思考

对于这样"精炼而深刻"的叙事性文本，我通过"一条主线""三个板块"的实施策略展开教学："一条主线"就是通过板块的重组和推动，逐层挖掘"实事求是"的内涵，即本课的阅读主题。"三个板块"：1. 从"我"的作画态度来探究"实事求是"的第一层内涵是老老实实。2. 从"同学们"的心理转变来探究"实事求是"的第二层内涵是学会用"实事求是"的眼光去评价别人的画。3. 从"老师"的言行举动来探究"实事求是"的第三层内涵是以身作则、实实在在做人做事。

【教学目标】

一、教学目标

1. 结合语境，理解"审视、严肃、轮流、和颜悦色"等词语。

2. 感受不同角色的语气朗读课文。

3. 抓住重点词句，理解课文内容，懂得无论做什么事或看问题，都应该实事求是。

二、教学重点

抓住重点词句，理解课文内容，懂得无论做什么事或看问题，都应该实事求是。

三、教学难点

同重点。

【教学过程】

一、初读，回顾课文主要内容

1. 今天我们继续学习第 11 课，大家齐读课题。

2. 你还记得课文讲了一件什么事呢？请大家打开书读读课文，边读边想。

3. 指一指，摆一摆："我"坐在教室的什么位置？杨桃怎样摆放在讲台上。

二、探究"我"的作画态度，初识"实事求是"

1. "我"坐在这样一个位置上，面对这样一个杨桃，我是怎样画杨桃的呢？读读课文第 1、2 自然段，找找相关语句。

我认认真真地看，老老实实地画，自己觉得画得很准确。

2. 联系上下文理解："我"为什么会这样认认真真地看，老老实实地画呢？

父亲对我要求很严，经常叮嘱我："你看见一件东西，是什么样子的，就画成什么样，不要想当然，画走了样。"

3. 指导朗读，并板书：是什么样就画成什么样。

三、探究"同学们"的心理转变，丰富"实事求是"

1. "我"自认为画得很准确的一幅画，同学们是如何评价的呢？请你默读课文，找一找，把你感受深的句子和大家分享。

预设 1：

当我把这幅画交出去的时候，有几个同学看见了，却哈哈大笑起来。

"杨桃是这个样子吗？"

"倒不如说是五角星吧！"

（1）通过朗读理解：这两句虽然符号不同，但表达了一样的意思，都是用十分肯定的语气，表明同学们认为"我"画的根本不像杨桃，嘲讽作者在乱画。

（2）指名读。

预设 2：

"这幅画画得像不像？"

"不像！"

"它像什么？"

"像五角星！"

（1）通过朗读理解：同学们一直认为"我"画得不像。

（2）通过补充提示语的方式，感受同学们对"我"的画的态度。

（3）师生接读。

预设3：

"好——笑！"有几个同学抢着答道，同时发出嘻嘻的笑声。

从"——"和"！"感受同学语气的夸张和说话时那洋洋得意的神态。

小结过渡：你们不仅发现了同学们对"我"的画的态度，还透过小小的标点符号走进了同学们的内心世界，后来同学们对我的画又是一种怎样的态度呢？

"现在你看看那杨桃，像你平时看到的杨桃吗？"

"不……像。"

"那么，像什么呢？"

"像……五……五角星。"

通过补充提示语的方式感受同学们态度的变化，体会标点符号的妙用。

2. 合作探究：是老师怎样的做法让同学们对"我"的画态度产生了变化，画出相关词句，在小组内进行交流。

通过合作探究的方式理解老师的做法，聚焦"审视、严肃、半晌、轮流"等重点词句，理解是老师的做法让同学们的态度发生了巨大的转变。

四、探究"老师"的引导过程，深化"实事求是"

1. 老师的态度有变化了吗？读读倒数第2段找找相关语句。

2. 出示"父亲的话"和"老师的话"对比理解。

3. 体会老师巧妙引导，教育我们学会站在别人的角度看问题。

五、补充作者简介，感悟"实事求是"一生受用

1. 补充简介找发现。

真是一节令人难忘的图画课，难怪已步入晚年的著名作家岑桑一直清楚地记得。读一读岑桑的简介，你有什么发现？

2. 回顾单元主题，交流收获和感受。

（1）你们还记得第三单元的单元主题是什么吗？

（2）你读了《画杨桃》这个故事，你又有什么收获和启发呢？

3. 回读背诵：

让我们再来好好读读父亲和老师的话吧！

【板书设计】

11 画杨桃

是什么样就画成什么样

……做……

【教学特色】

本节课，我依据文本特点和学情设计了三个层次的阅读话题"我为什么老老实实地画?""同学们对我画作的态度是什么样的?""是什么让同学们对我画的态度发生了这么大的转变?"这三个阅读话题通过不同形式的阅读策略进行推进，意图实现的是对"实事求是"这种科学思想进行由浅入深的感悟和理解。随着课堂上阅读话题的不断深入，教学过程也随即形成了若干个"学的活动"板块。每个板块都有一个较大的课文覆盖面，每个板块虽然相对独立，但都紧密联系，丝丝相扣，都以课文整体为起始点和归结点。

《可贵的沉默》教学设计

【学段】 第二学段　 **【年级】** 三年级　 **【授课人】** 李梦裙

【指导思想与理论依据】

《语文课程标准》指出：阅读教学是学生、教师、教科书编者、文本之间的对话过程。阅读教学应让学生在主动积极的思维和情感活动中，加深理解和体验，有所感悟和思考，受到情感熏陶，获得思想启迪，享受审美乐趣。

【教学背景分析】

一、对教材的认识与理解

文中有两幅生动的插图，利于引导学生在朗读中想象画面，揣摩人物的内心。本文体会"极为珍贵的东西"是学习的难点，也可成为助力学生学习的关键。

二、学情分析

本班学生喜爱阅读，乐于观察画面，能够初步抓住语言文字中的关键词句进行体会，喜欢朗读，在教学中可以以读促情，表现学生对文本情感态度的理解。

三、设计思考

围绕着探寻"极为珍贵的东西"展开教学，引导学生读出画面，读出情感，顺需而导，寻找"珍贵"，懂得用实际行动向爸爸妈妈表达爱。

【教学目标】

一、教学目标

1. 理解课文内容，有感情地朗读课文。

2. 理解含义深刻的句子，理解"极为珍贵的东西"的含义。

3. 懂得用实际行动回报父母的爱，关心别人。

二、教学重点

1. 理解含义深刻的句子，理解"极为珍贵的东西"的含义。

2. 懂得在生活中用实际行动回报父母的爱，关心别人。

三、教学难点

1. 理解含义深刻的句子，理解"极为珍贵的东西"的含义。

2. 懂得在生活中用实际行动回报父母的爱，关心别人。

【教学过程】

一、复习易错词语，回顾主要内容

1. 齐读课题。

2. 复习易错词语：重复、缓和、享受。

3. 读课文，回忆课文讲了一件什么事？

二、回顾第一次热闹的场景

1. 再现第一次热闹的场景。

（1）当老师问道"爸爸妈妈向你们祝贺生日吗"，课堂上立刻热闹了起来。我们合作着来演一演？

（2）刚才我看见你们有的神气十足的，有的左顾右盼，你什么心情啊？你呢？（高兴、兴奋）

2. 为什么这么高兴？（板书：感受爱）

【设计意图：本文按照"热闹——沉默——热闹"的顺序展开，具有很强的画面感，通过表演的方式回顾第一次热闹的场景，感受爸爸妈妈对孩子的爱。】

三、探寻"极为珍贵的东西"

1. 品读语言，体会珍贵

我想去寻找蕴藏在他们心灵深处的他们自己还没有意识到的极为珍贵的东西。

（1）老师想要寻找什么样的东西？用自己的话说说。

预设：藏在心里很深很深的东西。

还没有意识到的，没有被察觉的。

非常珍贵，什么也比不上的。

（2）老师是怎么帮助孩子们发现这"极为珍贵的东西"呢？默读第11～13自然段，画出相关的语句。

"你们中间有谁知道爸爸妈妈的生日，请举手！"

"向爸爸妈妈祝贺生日的请举手！"

（3）读读你找到的句子，你有什么发现吗？

【设计意图：在第一课时的基础上，孩子们并不理解文中这"极为珍贵的东西"指的是什么（黄泡泡）。而理解此句，也能使学生突破黄泡泡中的问题，从而理解课文的中心，懂得关心父母、关心别人。】

2. 品读画面，体会心理

（1）老师的话让同学们沉默了，此时，孩子们会想些什么？（出示插图）他们知道什么，不知道什么？

孩子们知道_____，不知道_____。

预设：孩子们知道自己的生日，不知道爸爸妈妈的生日。

孩子们知道爸爸妈妈对自己的爱，不知道爱爸爸妈妈。

孩子们知道的都是和自己有关的，和父母有关的孩子们都不知道。

（2）仔细看看文中的插图，此时孩子们都什么样？你又从中看出了什么？

预设：有的同学低着头、不敢看老师，他在想我怎么没想到爸爸妈妈的生日啊！我真不应该啊！

有的同学脸红了，捂着脸，他在想我怎么没想到向他们祝贺生日啊！

【设计意图：课文中配有两幅生动的插图，很有利于引导学生在朗读中想象画面，理解内容。通过观察画面，体会人物情感，并把所体会到的情感融入课文，有感情地朗读，表现出学生对文本情感态度的理解，落实教学目标，突破教学难点。】

3. 合作学习，汇报做法

老师和孩子们是怎么说的呢？请同学分小组、分角色读读第 14、15 自然段。

4. 揭示"极为珍贵的东西"

（1）老师还建议他们为爸爸妈妈祝贺生日呢。他们做到了吗？读读课文第 16 自然段，想想这珍贵的东西还指什么？

预设：懂事、体贴、写信告诉爸爸妈妈不要烦恼。

（2）是啊，这些都是表达爱的方式，是回报爱的方式，也是藏在我们每个人心中的"极为珍贵的东西"。（板书：表达爱）

（3）回读课题，体会沉默是可贵的。

四、组合阅读，体会表达爱

1. 默读《黄香暖席》，完成思考题。

2. 学生交流。

【设计意图：文本只是告诉我们要去用行动向父母表达爱，但用什么行动，孩子们往往是从自身的角度考虑，而忽略了父母的真实需要，但表达爱应该是从别人所需要的角度去思考，去付诸行动。设计《黄香暖席》这篇小文，希望孩子能够在课内学习懂得要用行动表达爱的基础上，结合这

篇小文思考自己应该从父母需要出发，去体贴和关爱父母。】

五、布置作业：用你的行动向爸爸妈妈表达爱

【板书设计】

17　可贵的沉默

感受爱　表达爱

【教学特色】

1. 读出画面，读出情感。

2. 顺需而导，寻找"珍贵"。

3. 组合阅读，以小见大。

《卖木雕的少年》教学设计

【学段】第二学段　　**【年级】**三年级　　**【授课人】**史亚楠

【指导思想与理论依据】

《语文课程标准》指出：阅读教学是学生、教师、教科书编者、文本之间的对话过程。阅读教学应让学生在主动积极的思维和情感活动中，加深理解和体验，有所感悟和思考，受到情感熏陶，获得思想启迪，享受审美乐趣。

【教学背景分析】

一、对教材的认识与理解

《卖木雕的少年》一文非常适合引导学生学习通过人物的言行，揣摩人物的内心。同时，引导学生查阅资料，结合文本感受中非两国人民间的友好。

二、学情分析

学生能够初步抓住文中的关键词句，体会人物的情感。但因课外知识积累的程度不同，在学习第一课时过程中提出了各种各样的问题。

三、设计思考

教学过程中，可以引导学生与文本对话，透过人物的言行、抓住关键词句体会少年对中国人民的友好。同时，创设情境进行想象补白，扩充课外资料，进一步体会中非之间深厚的友谊。

【教学目标】

一、教学目标

1. 正确读写并积累"名不虚传"等四字词语。

2. 通过人物的言行体会人物的内心活动，有感情地朗读课文。

3. 感受卖木雕的少年对中国人民的友好。

二、教学重点及难点

学习通过人物的言行体会人物的内心活动，感受卖木雕的少年对中国人民的友好情感。

【教学过程】

一、积累词语，回顾主要内容

1. 齐读课题。

2. 积累词语。

上节课，我们从课文中学习了很多四字词语，先来一起复习一下。

请你选择自己容易写错的，需要积累的三个词，写在积累本上。

3. 回顾内容。

学生完整读课文，回忆课文讲了一件什么事儿。

根据学生所说内容进行板书。

4. 问题导入。

梳理学生问题，导入新课。

【设计意图：在学习第一课时过程中以及课下，学生提出了各种各样的问题。因此，我将问题梳理，根据学生问题设计了第二课时的教学策略。真正关注学生所需，解决学生的问题。】

二、品读语言，感受少年的热情

1. 感受"我"对木雕的喜爱。

（1）忽然，我的目光停留在几个坐凳上。

从"停留"感受"我"对坐凳的喜欢。

（2）我捧着象墩，仔细观赏，爱不释手。

从"捧、仔细、爱不释手"感受"我"对坐凳的喜欢。

（3）我也为不能把这件精美的工艺品带回国而感到遗憾。

从"遗憾""我"的心理，感受"我"对坐凳的喜欢。

2. 通过少年的言行，感受少年的热情。

"买一个吧！""夫人，您买一个吧！"

（1）从标点符号上，体会少年说话时的语气。

（2）透过语言，想象少年当时的想法，感受少年的热情。

【设计意图：引导学生与文本对话，抓住关键词句、透过少年言行，体会少年的热情与真诚。同时生生对话进行补充，师生对话引导学生深入文本体会人物的情感。】

3. 师生合作读第 4～6 自然段主要内容。

师生合作朗读。

三、透过言行，感受中非友好

由少年的言行过渡，引导学生思考少年知道我是中国人后，是怎么说？怎么做的？默读课文的第 10～15 自然段，找一找。

（一）揣摩少年的言行，感受少年的友好。

1. 透过"一模一样"感受少年的友好。

啊！原来是一个木雕小象墩，和白天见到的一模一样，却只有拳头大小。

2. 理解"专门"等我，感受少年的友好。

由学生的问题引入，读第 10 自然段。想象补白课文，感受少年的真诚。

3. 揣摩少年的语言，感受少年的友好。

"这个小，可以带上飞机。"

"不，不要钱。中国人是我们的朋友。"

"买一个吧！"

"夫人，您买一个吧！"

对比朗读，体会朋友之间送个东西是再平常不过的事情了，感受少年的诚心诚意。

（二）补充资料，感受中非友好。

那到底为什么说中国人是我们的朋友呢？

学生分享资料，老师适当补充。

回扣课前同学们的问题。同学们，现在你理解，为什么少年送了"我"一个木雕，还说"我们是朋友"了吗？

（三）透过"我"的言行，感受中非友好。

面对专门来等我，送我木雕的少年，我又是什么样的感受？再次默读 11～15 自然段，找一找。

预设：我特别开心！我感动极了！连声说了两次"我们是朋友！"

我们是朋友。我们指的是谁呢？（少年和我）仅仅是指少年和我吗？（非洲人民和中国人民是朋友）相机板书。

带着你对这份友谊的理解，完整地读读课文的第 10～15 自然段。

【设计意图：引导学生对话文本，抓住少年的行为、"我"的语言，透过关键词语，感受少年对"我"的友好，感受"我们是朋友"。】

（四）拓展想象，感受中非友好。

没有一丝遗憾，我离开了非洲。把小象墩摆在家中，每当我看到它，都会想些什么呢？

当我把这个故事讲给我的孩子听，告诉他这是一个非洲少年送给我的，他又会说些什么呢？

【设计意图：针对课文中对于少年和我的言行描写，引导学生发挥想象。想象少年当时是怎么想的，想象课文中没说明的内容，想象当"我"回国后看到象墩时的心情。帮助学生深入体会中非友谊。】

四、拓展资料，感受中国与世界人民的友好

1. 阅读资料，分享感受。

2. 情感升华，回读全文。

五、布置作业

【板书设计】

26　卖木雕的少年

卖　送

中非友谊

【教学特色】

本课教学设计从学生提出的问题入手，真正关注了学生所需。在多重对话的基础上，引导学生抓住关键词句、品味人物言行，同时发挥想象、拓展资料，进而感受人物情感，深切体会中非人民之间深厚的友谊。

《鱼游到了纸上》教学设计

【学段】第二学段　**【年级】**四年级　**【授课人】**海　琳

【指导思想与理论依据】

《语文课程标准》中指出：阅读教学应让学生在主动积极的思维和情感活动中，加深理解和体验，有所感悟和思考，受到情感熏陶，获得思想启迪，享受审美乐趣。阅读教学的重点是培养学生具有感受、理解、欣赏和评价的能力。

【教学背景分析】

一、对教材的认识与理解

本课是人教版四年级下册第七组"认准目标，不懈努力"这一主题中的精读课文。

二、学情分析

第一课时学生课上提出了不懂的问题，已经解决了一部分。没有解决的，留在本课学习理解。本年段的学生由于年龄尚小，对于感悟青年人爱鱼到忘我的境界，鱼游到纸上和先游到心里的关系有难度。同时作者是怎样让这样一位青年的形象跃然纸上的，这对于学生来说是难点。

三、设计思考

本课的设计过程，是按照我班学生一贯的学习方式，根据我班学生的实际特点进行设计。

【教学目标】

一、教学目标

1. 掌握"融为一体、一丝不苟"等词语，积累文中描写青年看鱼、画鱼的句子。

2. 通过聋哑青年看鱼、画鱼时的专注，感受他对生活的热爱，理解"先游到了我的心里"的含义。

3. 体会文章的思想感情，正确、流利、有感情地朗读课文。

4. 通过组合阅读，关注文章的表达方法。

二、教学重点

引导学生从语言文字中体会文章说明的道理，受到启发。

三、教学难点

理解"鱼游到了纸上"与"鱼先游到了心里"的关系。

【教学过程】

一、复习巩固，梳理质疑

回忆课文的主要内容，任选一题，完成学习单：

1. 玉泉的池水_____。在金鱼池边，我认识了一位_____的青年，他_____地画鱼。看到他胸前的_____，我得知他是一位_____。通过纸上交谈，他告诉我_____。

2. 我在玉泉边遇到了一位特别的青年，_____

_____

_____。

3. _____

_____

_____。

【设计意图：依据班级学生实际情况，设计了三个梯度概括主要内容的环节，力求全面检查学生对第一课时的掌握情况，让每名学生都能有所收获。】

2. 出示学生上节课还没有解决的问题。

二、顺学而导，理解文本，关注表达方法

（一）

1. 为什么说青年和鱼融为一体？

2. 为什么说"鱼游到了纸上"？

（1）小组学习：从课文哪些语句能体会出青年和鱼融为一体？从哪些语句可以体会出"鱼游到了纸上"？

（2）汇报。

预设1：

围观的人越来越多，大家赞叹着，议论着，唯一没有任何反应的是他自己。

他好像和游鱼已经融为一体了。

学生交流体会。

教师点拨：青年的周围什么样？

指导朗读：读出青年人的专注、忘我。

预设2：

说他"特别"，因为他爱鱼到了忘我的境界。他老是一个人呆呆地站在金鱼缸边，静静地看着金鱼在水里游动，而且从来不说一句话。

学生交流体会："呆呆地、静静地"。

教师点拨："老是"。

指导朗读：读出青年人的专注、勤奋。

预设3：

"你真专心哪！"我忍不住轻声地对他说。没想到他头也不抬，理也不理我。

学生交流体会。

教师点拨：这是一位怎样的青年？

指导朗读：读出青年人的专注。

预设4：

"哟，金鱼游到他的纸上来了！"小女孩惊奇地叫起来。

　　他有时工笔细描，把金鱼的每个部位一丝不苟地画下来，像姑娘绣花那样细致；有时又挥笔速写，很快地画出金鱼的动态，仿佛金鱼在纸上游动。

　　学生交流体会："工笔细描、挥笔速写"。

　　教师点拨："一丝不苟"。

　　周围人有什么反应？

　　指导朗读：读出青年画画时的专注，画画得惟妙惟肖。

　　预设5：

　　我仍旧去茶室喝茶，等到太阳快下山才起身往回走，路过后院，看到那位青年还在金鱼缸边画画。他似乎忘记了时间，也忘记了自己。

　　他告诉我，他学画才一年多，为了画好金鱼，每个星期天都到玉泉来，一看就是一整天，常常忘了吃饭，忘了回家。

　　学生交流体会："忘了……忘了……忘了……忘了……"

　　教师点拨：通过我的观察，我看到了一位怎样的青年？

　　3. 小结：

　　青年和金鱼为什么能融为一体呢？

　　青年为什么能让鱼游到了纸上？

　　（二）

　　青年为什么说鱼先游到了心里？

　　1. 学生交流体会。

　　2. 教师点拨：回忆《胸有成竹》这个故事告诉我们的道理。

　　（三）

　　"鱼游到了纸上"和"鱼先游到了心里"是什么关系？

　　用关联词说明这两句话之间的关系。

　　【设计意图：第二学段阅读教学要引导学生对课文中不理解的地方提出疑问。学生带着问题走进课堂，随着学习的深入，还会不断地产生新问题，关注的范围逐步扩大，从词语的意思到句子的含义，从课文内容到表达方法。充分体现顺学而导，为学而教。在学习时学会了用读——问——思，这三个环节理解文本，分析文本，从而提高表达能力。】

三、感悟青年的勤奋、专注，渗透表达方法

1. 青年看鱼的故事，让你懂得了什么？

2. 此时此刻，同学们还有什么问题吗？

3. 文章的主人公是青年，为什么用这么多的笔墨写小姑娘、写老大爷，写围观的群众？

四、组合阅读，迁移表达方法

阅读学习单的片段，体会侧面描写这种手法。

五、布置作业，运用表达方法

当一次小作家：你来到玉泉边，看到了这位青年还在那里画画，周围还有哪些人？你们会怎么议论？把这个的情景，写下来。

【设计意图：侧面描写是本课的一种表达方法。引导学生初步了解，关注表达方式。在教学中引导学生关注作者对周围人和我的描写，了解渗透表达方法。在组合阅读中，让学生通过阅读片段，迁移表达方法。最后布置作业，让学生运用表达方法。】

【板书设计】

26 鱼游到了纸上

勤奋 专注

【教学特色】

1. 分层设计教学内容，利于学生表达。

2. 基于学生逻辑提问，引导学生交流学习。

3. 关注文本表达，渗透表达、迁移表达、运用表达。

《蝙蝠和雷达》教学设计

【学段】第二学段　【年级】四年级　【授课人】赵　苹

【指导思想与理论依据】

《语文课程标准》中说："学生是学习的主体。语文课程必须根据学生身心发展和语文学习的特点，爱护学生的好奇心、求知欲，鼓励自主阅读、自由表达，充分激发他们的问题意识和进取精神，关注个体差异和不同的学习需求，积极倡导自主、合作、探究的学习方式。"

【教学背景分析】

一、对教材的认识与理解

《蝙蝠和雷达》是人教版四年级下册第三组第 10 课，是一篇科普小文。课文主要讲科学家通过反复试验，揭开了蝙蝠能在夜间飞行的原因，并从中受到启发，给飞机装上雷达，解决了飞机在夜间安全飞行的问题。文章叙述思路清晰，逻辑性强，能激发学生阅读科普文章的兴趣，并激发学生热爱科学，乐于观察和探究的兴趣。

二、学情分析

本班学生语文基础比较扎实，喜欢阅读，信息提取能力比较强。但是内化文本信息，并将其清楚明白地表达出来的能力需要进一步培养。

关于"仿生学"知识，学生有浅显的了解，但仍需在课前充分查阅收集有关仿生学、雷达等相关资料，激发起学生勇于探索大自然的兴趣。

三、设计思考

《蝙蝠和雷达》这篇课文叙述清楚，语言通俗易懂，理解起来并不是很困难，将读懂的内容清楚地表达出来是第二课时的重点。因此，我们可以为孩子搭建一个深入研究、展示交流的平台，模拟一个"新闻发布会"的现场，引导学生站在科学家的角度，依据文本表达特点，整合课内外资源，采用多种形式进行成果发布。

【教学目标】

一、教学目标

1. 朗读课文，深入理解课文内容，自主合作探究发现蝙蝠能在夜间飞行的秘密，理解飞机夜间安全飞行与蝙蝠探路之间的联系。

2. 感受科学家严谨的科学态度，产生热爱科学、乐于观察和探究的兴趣。

二、教学重点

发现蝙蝠能在夜间飞行的秘密，理解飞机夜间安全飞行与蝙蝠探路之间的联系，并能够清楚、有序地表达出来。

三、教学难点

发现蝙蝠能在夜间飞行的秘密，理解飞机夜间安全飞行与蝙蝠探路之间的联系，并能够清楚、有序地表达出来。

【教学过程】

（一）复习词语和主要内容

1. 复习词语，指名读。

蝙蝠　捕捉　敏锐

试验　铃铛　配合

揭开　秘密　荧光屏

2. 回顾课文围绕着蝙蝠和雷达主要讲了什么。

学生读课文，指名交流。

（相机板书：发现问题、反复试验、得到启示）

（二）了解实验过程，体会表达

1. 回顾科学家进行的三次试验，指名说。

2. 听了科学家的试验，你们有什么想说的吗？学生交流。

3. 出示句子：

科学家经过反复研究，终于揭开了蝙蝠能在夜里飞行的秘密。

学生交流体会。

4. 补充资料，进一步体会。

（1）学生读资料。

（2）你从这些资料中感受到什么了？学生交流。

预设：坚持不懈，多学科配合，对科学的痴迷和热情、严谨的科学态度……

（3）指名读，自由读。

（三）发现蝙蝠和雷达的关联

1. 同桌合作学习第 7、8 自然段，研究蝙蝠飞行的秘密和雷达之间的关联。

2. 同桌自学。

3. 交流汇报。

4. 再读第 7、8 两个自然段，把蝙蝠和雷达的关联读清楚。

（四）召开研究成果发布会，深入体会科学研究

1. 假设我们每一位同学都是科学家，我们四个人组成一个团队，将我们的研究向大家进行研究成果发布。你们准备怎么进行发布呢？

2. 学生交流。

预设：（1）将研究的原因、过程、结果说清楚。

（2）采用什么形式发布。

（3）科学家是怎么想的说清楚。

3. 各位小科学家开始准备吧！学生分小组进行准备。

4. 选出第一个发布小团队。

5. 交流参会小记者们如何倾听和提问。

预设：（1）听他们研究过程和研究结果说的是不是清楚，没有说清楚或者没有听明白的，可以提问。

（2）科学家是不是把当时的想法说清楚了，没有说清楚的进行提问。

6. 宣布"研究成果发布会"现在开始！

7. 发布团队进行介绍。

8. 参会的小记者们进行提问。

9. 第二个发布团队进行研究成果发布。

10. 小记者提问交流。

11. 宣布"研究成果发布会圆满成功！"

【设计意图：模拟"研究成果发布会"，学生在发布与提问的过程中，可以更加深入地体会研究过程，口头表达能力、倾听和提问的能力也会得到培养和提升。】

（五）拓展资料和布置作业

1. 介绍仿生学，学生读第 40 页的资料袋。

2. 学生补充仿生学的知识。

3. 布置作业：你能不能也去认真观察，从动物身上得到启示，设计一个小发明，等到我们园地展示的时候跟大家交流。

作业：从动物身上得到启示，设计一个小发明。

【板书设计】

11 蝙蝠和雷达

发现问题 反复试验 得到启示

（其余部分由学生根据实际情况完成）

【教学特色】

1. 为学生提供实践机会，提高学生利用文本信息进行表达的能力。

教学时我引导学生有目的地从文本中获取信息、处理信息，建立信息之间的联系，为学生搭建"研究成果发布会"的平台，在实践过程中有意识地进行方法、经验的总结。独立阅读、小组交流、成果发布等，都是为了让学生历经语言实践的过程。

2. 激发学生热爱科学、乐于观察与探究的兴趣，丰富"人文积淀"。

我通过阅读材料的补充，调动学生参与学习活动，在语言环境中无痕浸润人文精神，潜移默化地引导学生通过多种方式的信息获取去感悟科学研究的艰辛和探究成功的快乐，从而激发学生在日常学习生活中运用科学的思维方法探索科学奥秘的兴趣，形成运用科学为人类造福的价值观。

《普罗米修斯》教学设计

【学段】第二学段　【年级】四年级　【授课人】吴金彦

【指导思想与理论依据】

《语文课程标准》对中年级学生的要求是：能初步把握文章的主要内容，体会文章表达的思想感情。能对课文中不理解的地方提出疑问。能复述叙事性作品的大意，初步感受作品中生动的形象和优美的语言，关心作品中人物的命运和喜怒哀乐，与他人交流自己的阅读感受。

【教学背景分析】

第一课时，学生已经了解了课文内容，初步感受普罗米修斯不畏强权，为了给人类谋取幸福义无反顾，能够有语气地朗读课文。在此基础上，进入到第二课时的学习——学习复述课文的方法。

一、对教材的认识与理解

普罗米修斯是古希腊神话传说中的提坦神。他创造了人，同时仿造音神，终于使人类发出声来，而且教给人类知识和技术方法，他同众神之王宙斯及其对人类的统治霸权发起挑战。本文就是写普罗米修斯为了解除人类没有火种的困苦，不惜触犯天规，勇敢地盗取天火，从而给人类带来光明和智慧，并与宙斯进行不屈不挠斗争的动人传说，颂扬了普罗米修斯不畏强暴，为民造福不惜牺牲一切的伟大精神。

二、学情分析

学生对外国神话故事有所了解，知道普罗米修斯是古希腊神话中的一位神，是英雄的化身，具有为人类谋利益不畏强权、勇于牺牲的精神。第一课时学生已经掌握课文的主要内容，能够有语气地朗读课文。本节课教师要激发学生复述课文的浓厚兴趣，在讲述故事的过程中，再次感受普罗米修斯义无反顾为人类造福的精神。

三、设计思考

本课要教授学生四种复述方法，分别是：按照事情发展顺序、理清人物关系、质疑解疑、谈感受复述故事。四种复述方法由易到难,本课中,教师要潜移默化地引导学生在交流中学习新的复述方法,并能运用这种方法清楚、通顺地讲故事。在拓展学习中,学生要用在本课中学会的复述方法,试着复述《潘多拉的魔盒》这个故事。

【教学目标】

一、教学目标

1. 巩固词语,掌握课文主要内容。

2. 学习复述课文,理解课文内容,体会普罗米修斯的勇敢和献身精神。

二、教学重点

学习复述课文,理解课文内容,体会普罗米修斯的勇敢和献身精神。

三、教学难点

学习复述课文,理解课文内容,体会普罗米修斯的勇敢和献身精神。

【教学过程】

一、复习导入

(一)继续学习,齐读课题。

(二)复习。

1. 出示词语和句子。

(1)惩罚 双膝 啄食 尽管

(2)普罗米修斯 阿波罗 宙斯 赫拉克勒斯 火神(赫淮斯托斯)

(3)忍受 遭受 承受

指读句子。

2. 回顾主要内容。

3. 课文的主要内容我们已经了解了,如果我们想把这个经典的、充满神奇想象的希腊神话流传开来,让更多的小伙伴了解这个故事,要怎样讲呢?今天我们就来学习复述这个故事。(板书:复述)

【设计意图:引导学生学会归纳主要内容的方法。】

二、学习复述

（一）第一种复述方法：按照事情发展顺序

1. 学习复述方法，指名复述。（板书：事情发展顺序）

2. 提出讲与听故事时的要求。

3. 学生评价。

（二）第二种复述方法：理清人物关系

1. 了解众神之间的关系。

2. 贴板条，请学生理清人物之间关系。

宙斯

（惩罚）

普罗米修斯

（劝）　　　　（取）　　　　（救）

火神　　　　阿波罗　　　　赫拉克勒斯

3. 故事中的人物关系理得很清楚了，你们觉得咱们第二种复述课文的方法是什么？（板书：理清人物关系）

4. 借助这张人物关系图，谁来试着讲故事？提出听与讲的要求。

5. 学生评价。

【设计意图：指导学生理清人物之间关系，为复述课文奠定基础。】

（三）第三种复述方法：质疑、解疑

1. 出示两个故事，请学生找出相同之处。

2. 引导学生学习第三种复述方法：讲故事的人自己一边设疑，一边解疑。你觉得这样讲故事有什么优势？

3. 在课文中选一个片段给小伙伴讲一讲。

4. 练后指名说。

（四）第四种复述方法：谈感受讲故事

1. 对于故事中的人物，你想怎样评价？

2. 出示课外资料，读诗歌。

3. 学习第四种复述方法。

4. 指名复述。

三、梳理复述课文的方法

四、拓展

1. 现在我们用学习到的方法去复述另一个希腊神话故事，拿出学习单，看看是什么故事。

2. 你想用哪个方法给大家讲这个故事呢？准备怎么做呢？

3. 你们要先读一读这篇故事，再填写学习单，最后再讲故事。

五、作业

这节课我们学习了复述课文的方法，回家以后，用你最擅长的复述方法，给爸爸妈妈讲一讲《潘多拉的魔盒》这个故事。

【板书设计】

普罗米修斯 宙斯

　　　　　事情发展顺序（惩罚）

复述　　理清人物关系　　　普罗米修斯

　　　质疑　解疑　　　　（劝）　　（取）　　（救）

　　　谈感受　　　　　　火神　　阿波罗　　赫拉克勒斯

【教学特色】

1. 本课为第二课时教学，在复习环节，会对学生第一课时的学习效果进行反馈，扎扎实实地进行词语与句子的复习，为本课的学习奠定基础。

2. 再一次夯实了归纳主要内容的方法。

3. 指导学生学习复述课文的四种方法时，教师不是生硬地传授给学生，而是引导学生在学中悟，在悟中感受，在潜移默化中学习方法，应用到复述课文之中。

《生命 生命》教学设计

【学段】第二学段 【年级】四年级 【授课人】徐艳丽

【指导思想与理论依据】

语文课标中指出，学生是学习的主体。语文课程必须根据学生身心发展和语文学习的特点，爱护学生的好奇心、求知欲，鼓励自主阅读、自由表达，充分激发他们的问题意识和进取精神，积极倡导自主、合作、探究的学习方式。

【教学背景分析】

一、对教材的认识与理解

《生命 生命》是人教版小学语文四年级下册第五组中的一篇精读课文。课文语言简洁朴实，思想含蓄深邃。通过三个小事例展示了生命的意义，表达了作者积极进取的人生态度。

二、学情分析

本篇课文无论是体裁形式，还是题材内容，对于四年级的学生而言，都有一定的难度。基于以上学情，我通过联系生活实际、读写结合等方法，引导学生感悟生命的意义与价值。

三、设计思考

我在本课教学中，采用教、扶、放的方式，充分调动学生的积极性，小组合作学习，自主探究，从三个事例中感悟生命的真谛。

【教学目标】

一、教学目标

1. 体会作者的表达顺序，通过抓重点词句，联系上下文理解、体会、积累含义深刻的句子，揣摩其中蕴含的情感。

2. 有感情地朗读课文，感悟作者对生命的思考，理解让有限的生命体现无限的价值的含义。

二、教学重点

理解含义深刻的句子，揣摩其中蕴含的情感。

三、教学难点

感悟作者对生命的思考，理解让有限的生命体会无限的价值的含义。

【教学过程】

一、复习词语，回忆内容

1. 齐读课题。

2. 听写词语。

欲望　苗壮　震撼　糟蹋　听诊器

3. 自读课文，回忆课文内容。

（飞蛾求生　瓜苗成长　静听心跳）

【设计意图：复习巩固生词，自读课文，回忆梳理课文脉络，理清结构，为第二课时的教学做准备。】

二、品读课文，感悟生命

（一）飞蛾求生

1. 默读第一个事例，批画感受。

从这三个事例，杏林子回答了生命到底是什么？现在我们一起先来默读第一个事例，把你感受深的语句或者引发你思考的一些句子动笔画一画，也可以写一写旁批。

2. 汇报交流。

预设学生会从以下几个方面汇报：

①飞蛾强烈的求生欲望。

但它挣扎着，极力鼓动双翅，我感到一股生命的力量在我手中跃动，那样强烈！那样鲜明！飞蛾那种求生的欲望令我震惊，我忍不住放了它！

②体会飞蛾的处境。

只要我的手指稍一用力，它就不能动弹了。

③体会作者的情感。

指导朗读，三个感叹号和"两个那样"这样的句式，体会作者语言的简练，感情真挚，思想含蓄深邃。

3. 师生互读，总结写法：（板书）处境—做法—结果。

老师读的是什么？（飞蛾处境）你们读的是什么？（飞蛾的做法和结果）

【设计意图：默读第一个小事例，自主批画，交流感受，在思维的碰撞中感悟生命的意义。然后采用师生互读的方式，老师读飞蛾处境的部分，学生读飞蛾的做法和最后的结果。从读中理清作者的表达顺序，为下文的两个小事例学习理清思路。】

（二）瓜苗生长

1. 按照表达顺序，小组合作交流。

作者杏林子就是用了这样的顺序在第一个事例中告诉我们生命是什么，一棵小瓜苗给你带来了怎样的感受或者思考呢？接下来我们小组同伴按照这样的顺序来继续交流。

2. 小组汇报。

预设：

（1）瓜苗的顽强不屈；

（2）生命的短暂。

那小小的种子里，包含着一种多么强的生命力啊！竟使它可以冲破坚硬的外壳，在没有阳光、没有泥土的砖缝中，不屈向上，苗壮生长，即使它仅仅只活了几天。

3. 再读文本，体会作者的情感。

【设计意图：小组按照之前学习的表达顺序，合作学习，自主探究香瓜苗带来了怎样的感受。学生之间相互交流、补充，思维碰撞，认识得到提升，把课堂变成了学堂。】

（三）静听心跳

1. 自读课文，结合资料，批画感受。

一棵小瓜苗，一只小飞蛾让作者有如此深的感悟，作者杏林子从 12 岁起就被疾病折磨着，她又是怎样看待生命的呢？拿出你手中的学习单，我们仍然按照之前的思路，自学第三个事例。一会我们交流你感受深的地方，或者带来思考的地方。

2. 分享交流，互相补充。

3. 创设情境，感受生命。

请同学们闭上眼睛，把手放在胸口静静地感受一下自己的心跳！就是这样的心跳，伴随我们十年了，你有怎样的感受？

【设计意图：三个小事例，我遵循学生的认知规律，第一个采用教的方法，帮助学习，理清表达顺序。第二个小事例合作学习，互相补充。在以上两个层次的基础上，自主学习第三个事例。教、扶、放的学习方式更好地让学生深入理解课文的含义。】

三、联系生活，读写结合

1. 感悟生命的真谛。

虽然生命短暂，但是，我们可以让有限的生命体现出无限的价值。于是，我下定决心，一定要珍惜生命，决不让它白白流失，使自己活得更加光彩有力。

2. 联系生活实际，写一写对最后一段话的理解和感悟。

3. 分享交流。

4. 回读课题。

【设计意图：以课本为依托，读写结合。此目的，就是让学生将自己的学习感悟和生活相结合，发现生命的真谛。】

【板书设计】

18　生命　生命

飞蛾求生　处境

瓜苗成长　做法

静听心跳　结果

【教学特色】

1. 自主合作学习，让课堂变成真正的学堂。尊重学生的思维规律，通过合作、交流、补充，学生的认识不断提高。

2. 读写结合，抒发自己的感悟。本环节不仅解决了课后的问题，而且思考的范围和空间比较广，体现了课堂的实效性。

课堂：组合阅读，丰盈语文教学

"组合阅读"是指为实现一定的阅读教学目标，从文体、主题、作家作品、时代、内容等不同层面将课内阅读与课外阅读进行链接、组合并运用到教学中的阅读教学方式。其目的是试图构建课内外文本之间的联系，扩大学生的阅读视野，引导学生感受语言文字表达的情感，探究、解决阅读中的问题，进而促进学生的阅读力和阅读品质的提升，激发学生的阅读兴趣，培养学生积极的阅读态度，使学生在阅读中经历有意义的阅读过程，感受阅读的快乐，提升学生的阅读素养。

《我是一只小虫子》教学设计

【学段】第一学段　　【年级】二年级　　【授课人】翟玉红

【指导思想与理论依据】

《语文课程标准》指出："结合上下文和生活实际了解课文中词句的意思，并能借助读物中的图画阅读。"是低年级段培养学生阅读能力的有效方法。

【教学背景分析】

一、对教材的认识与理解

这篇课文以一个孩子的口吻想象自己变成一只小虫子后的生活，故事内容生动、有趣地表现了"我"对生活的热爱。教学过程中充分体现童真、童趣，带学生进入想象的世界，引导学生有所发现、有所感悟、提升语文素养。

二、学情分析

本文运用拟人化的描述，很容易让学生不知不觉走进小虫子的世界。通过第一课时学生已经认读本课生字，学会书写 6 个生字，初步了解了课文内容，完成了第 1、2 自然段的学习。

三、设计思考

结合学生年龄特征、本课的特点，我采用多种教学方法把理解语言和运用语言巧妙地结合起来，提升学生的语文素养。

【教学目标】

一、教学目标

1. 复习 16 个生字，学写"使、劲"两个字。

2. 朗读课文，能就感兴趣的部分和同学交流。

3. 培养学生的想象力，提升表达能力。

二、教学重点

朗读课文，能就感兴趣的部分和同学交流。

三、教学难点

朗读课文，能就感兴趣的部分和同学交流。

【教学过程】

一、复习词语，整体感知课文

（1）齐读课题。

（2）当一只虫子到底好不好呢？自己出声读课文，注意读准字音，把句子读通顺，边读边回忆一下：伙伴们和我分别是怎么说的？

（3）回顾课文内容。

（4）复习词语。

（5）回忆所学课文内容

①指名读第 2 自然段，其他同学边听边回忆一下：伙伴们为什么说当一只虫子一点儿都不好？

②指名回答。

二、学习课文第 3~7 自然段，感受"我"有意思的生活

师渡：我为什么觉得当一只小虫子真不错？

1. 学习第 3、4 自然段。

（1）读第 3、4 自然段，你从哪些句子感受到的？

句子 1：

早上醒来，我在摇摇晃晃的草叶儿上伸懒腰，用一颗露珠把脸洗得好干净，把细长的触须也擦得亮亮的。

①出示图片，教师导：快看，早上醒来，小虫子在做什么？

• 指名说一说。

• 读句子：早上醒来，我在摇摇晃晃的草叶儿上伸懒腰。

②出示图片，小虫子还做了什么？

预设生：用一颗露珠把脸洗干净，还把细长的触须擦得亮亮的。

师：小虫子用露珠洗脸什么感受？

③出示图片。

师：小虫子不仅用露珠洗脸，还做了什么？。

师：小虫子每一天都把自己打扮得漂漂亮亮的。

④指名读句子。

【设计意图：教学时，让孩子表演，激发孩子学习兴趣。既演绎了文本，理解了词句，还使整个课堂充满童真，孩子参与度高，富有低年级课堂的色彩。】

句子 2：

如果能小心地跳到狗的身上，我们就可以到好远的地方去旅行。这可是免费的特快列车呀！

①理解小虫子为什么"小心地"跳到狗的身上？

②读句子。

（2）练习说话：坐上免费的特快列车，我来到_____，看到_____。

①两个人互相说一说。

②指名说一说。

（3）自由读第 3、4 自然段。

师导：小虫子生活不仅丰富多彩，而且还有很多特别有意思的伙伴。

2. 学习第5、6自然段。

（1）默读课文的第6自然段，圈出课文中都介绍了我的哪些伙伴？

指名说，教师出示课件。

屎壳郎

- 指名读句子，想：它怎么有意思？
- 观看视频。
- 再次读句子。

师导：螳螂、天牛怎么有意思？

- 小组两个人一起读一读描写它们的句子，互相说一说怎么有意思。
- 以小组的形式进行汇报。

师：这三个伙伴真有意思，请你读一读第5、6自然段。

师：除了这三个伙伴以外，我还有哪些有意思的伙伴呢？

（2）组合阅读。

【设计意图：我利用图片、情境的创设，让孩子有了可交流的话题，调动学生的生活积累，发展他们的想象力和创造力，通过小虫子有这么多的有意思的伙伴，再一次感受当一只小虫子还真不错。】

3. 学习第7自然段。

师：小虫子过着多彩的生活，还有很多意思的朋友，它喜欢当一只虫子吗？

（1）自由读第7自然段，猜猜我是谁，你从哪看出来的？

（2）学生自由发言

（3）揭示答案。（出示课件：小虫子的自述）

三、汇报交流，完成课后练习

1. 师：学习了这篇课文，你觉得这只小虫子的生活有意思吗？请你结合课文内容和小组同学交流一下。

2. 指名汇报，交流结果。

【设计意图：在处理课后练习时，我采用小组合作的方式进行小组交流，在合作学习中共同探究，解决疑难。】

四、书写指导"使劲"两个字

五、教师小结

通过今天的学习，我们认识了蟋蟀，知道了它的生活还真不错，还有很多有意思的朋友，所以它喜欢当一只虫子。

【板书设计】

11　我是一只小虫子

伙伴们　一点儿都不好

我　　　还真不错

【教学特色】

1. 角色转变，培养学生的朗读能力。

朗读训练是语文教学中不可缺少的一项语言训练，它既是理解语言的有效手段，也是增强语感，发展语感，学习书面语言的有效途径。

2. 创设情境，培养学生的想象能力。

在感受当一只小虫子还真不错时，我利用图片、情境的创设调动学生的生活积累，发展他们的想象力和创造力。

3. 培养学生自主、探究、合作学习的精神。

《自然之道》教学设计

【学段】第二学段　　【年级】四年级　　【授课人】马　岩

【指导思想与理论依据】

课程标准指出，阅读是学生个性化的行为。阅读教学应引导学生钻研文本，在主动积极的思维和情感活动中，加深理解和体验，有所感悟和思考，受到情感熏陶，获得思想启迪，享受审美乐趣。

【教学背景分析】

一、对教材的认识与理解

课文按照事情发展的顺序，讲述了一个发人深省的故事：如果不按自然规律办事，往往会事与愿违。

二、学情分析

本班学生进入四年级以来，已经初步具备了概括课文主要内容，以及通过研读课文了解文章思想感情与道理的能力。

三、设计思考

在教学时，我引导学生层层递进．先了解文中的自然之道是指"海龟侦察兵"给龟群提供信息，引导龟群离巢入海；进而了解文中违背自然之道的后果之悲惨，启发学生进行思考讨论"愚"在何处；最终对"自然之道"有更加深刻的感悟。

【教学目标】

一、教学目标

1. 能找出人物之间的联系，概括主要内容。

2. 有感情地朗读课文。

3. 理解课文内容，从中受到做事情要遵循自然规律的教育。

二、教学重点

有感情地朗读课文。

三、教学难点

理解课文内容，从中受到做事情要遵循自然规律的教育。

【教学过程】

一、复习导入

齐读课题。

1. 复习词语，给词语按描写对象分组。

出示词语：愚不可及　气喘吁吁　（描写"我们"）

　　　　　若无其事　见死不救　（描写向导）

　　　　　争先恐后　鱼贯而出　（描写海龟）

　　　　　饱餐一顿　响彻云霄　（描写食肉鸟）

2. 这些人物和动物之间发生了一件什么事？自读课文。

3. 教师小结：读文之后，找到主要的人物，找出人物之间的联系，就能概括出文章的主要内容。

【设计意图：出示词语，在复习字音的同时，了解词语在文中的描写对象，引出本文的主要人物和动物。引导学生给它们建立联系，用这种方法概括出课文的主要内容。】

二、品读课文，理解"自然之道"

（一）初识"自然之道"

1. 自然之道就是指自然的规律，课文中的自然之道是什么？

2. 当幼龟侦察兵顺利来到沙滩，奔向大海之后，龟群就会认为外面非常安全，就会出现这样的场景。（出示视频）

【设计意图：在第一课时的学习中，通过从题目质疑入手，学生已经了解了课文中的自然之道是什么。出示视频，能建立形象认知，复习上节课的所学，为后面的学习做好准备。】

（二）理解"自然之道"

1. 视频里的这一幕"我们"在沙滩上观察到了吗？"我们"观察到的小海龟离巢入海的场景是什么样的？默读课文，画出相关语句。

出示句子：

向导抱走幼龟不久，成群的幼龟从巢口鱼贯而出。

黄昏的海岛，阳光仍很明媚。从龟巢到海边的一大段沙滩，无遮无拦，成百上千的幼龟结队而出，很快引来许多食肉鸟，它们可以饱餐一顿了。

这时，数十只幼龟已成了嘲鸫、海鸥、鲣鸟的口中之食。

不一会儿，数十只食肉鸟吃得饱饱的，发出欢乐的叫声，响彻云霄。

2. 指导朗读，把我们眼前的场景与视频中的场景有什么不同读出来。

【设计意图：将文中"我们"看到的场景与之前视频里正常情况下的场景进行对比，引导学生通过朗读感悟出场面的惨烈，认识到"我们"的"愚不可及"的行为带来的严重后果。】

3. 因为什么使得海龟选择这样一个错误的时机，在数十只食肉鸟的虎视眈眈之下要离巢入海的？

4. 我们真是做了一件愚不可及的蠢事！我们愚在哪里？以小组为单位

合作学习课文，先找找愚在哪里，然后读读你找到的句子。

5. 小组展示：谈自己的理解，指导朗读。

【设计意图：启发学生面对如此的结果进行思考，"我们"愚在何处。为后面更深刻地理解自然之道做好准备。】

（三）延伸"自然之道"

1. 同情弱者是人之常情，善良更是一种美德。可为什么我们的善良会给幼龟带来这样的劫难呢？

2. 我们违背了小龟和食肉鸟之间的自然之道，所以犯下大错。那么对于自然之道你还有那些了解呢？自读三段短文。

3. 此时，你对自然之道有什么思考？

【设计意图：至此，学生已经对违背自然之道的后果有了认识，出示三段非连续性文本，让学生通过自主阅读，认识到自然界中动物与动物、动物与植物之间都有密不可分的联系，而人类在自然界当中并不只是主宰，只是一个参与者。任何自以为是和自作聪明的行为都会给自然带来伤害。这就是更广义的自然之道。】

4. 教师小结：动物与动物之间，动物与植物之间，人与动物和植物之间都存在着自然之道。大自然就这样按照自己的千万年来形成的规律运行着。我们人类和动物植物一样都只是自然的一部分。因此，对待自然我们必须心存敬畏，只有遵循自然的规律，才是对自然真正的关心和爱。

三、扩展阅读，迁移"自然之道"

课文我们学完了，像课文这样，违背自然之道带来伤害的故事还有。自读学习单上的文章，想想文中的小男孩违背的自然的规律是什么。

【设计意图：出示与课文相似的扩展阅读，让学生在阅读之后结合今天所学谈一谈这个小男孩违背的自然之道是什么，将课堂所学进行迁移，再次感悟文章所表达的情感。】

四、总结

在人与大自然的相处中，还有许多关于自然之道的故事。请你课后找来读一读吧！

【板书设计】

向导　食肉鸟

"我们"　违背→　自然之道　伤害→　幼龟

【教学特色】

1. 采用多种形式，层层递进，深入思考，体会"自然之道"

2. 鼓励自主学习，自读自悟，获得独特的情感体验

3. 掌握学习方法，借助词语和主要人物、动物，把握文章主要内容。

《自己的花是让别人看的》教学设计

【学段】 第三学段　**【年级】** 五年级　**【授课人】** 陈玉梅

【指导思想与理论依据】

使学生初步学会运用祖国语言文字进行交流沟通，吸收古今中外优秀文化，提高思想文化修养，促进自身精神成长。

语文课程应注重引导学生多读书、多积累，在阅读中了解文章的表达顺序，体会作者的思想感情，初步领悟文章的基本表达方法。

【教学背景分析】

一、对教材的认识与理解

本组教材以"异国风情"为专题，向我们叙述了作者在德国留学时亲身感受到德国人爱花，亲眼所见家家户户都开满鲜花的情景，突出了他们"人人为我，我为人人"的无私境界。

二、学情分析

学生进入高年级段基本能抓住课文内容，通过找重点词句来理解课文，但深入感悟课文所蕴含的道理还有一定的难度。

三、设计思考

教师根据学生年龄特点及个别差异，让学生通过揣摩作者的表达方式，想象理解课文，感悟道理。

【教学目标】

一、教学目标

1. 结合具体的语言环境理解"姹紫嫣红、花团锦簇、应接不暇、耐人寻味"等词语的意思。

2. 有感情地朗读课文，背诵课文第三自然段。积累课文中的优美语句。

3. 揣摩作者是怎样写出德国风景与风俗特点的。结合上下文与生活实际体会含义深刻的语句，培养学生的批注能力，从中受到启示和教育，并从中受到社会责任感的教育。

二、教学重点

揣摩作者是怎样写出德国风情与民族风情特点的。

三、教学难点

体会"人人为我，我为人人"的境界。

【教学过程】

一、整体感知课文

今天，我们继续学习《自己的花是让别人看的》。

指导读课题。作者再次来到德国，看到美丽依旧时，发出了怎样的赞叹啊？

多么奇丽的景色，多么奇特的民族！

读出作者的赞叹之情！

二、感受景色奇丽

（一）默读课文

思考：作者是怎么写出奇丽的景色的呢？边读边用"——"画出相关语句并进行批注。一会儿请同学按顺序进行汇报。

家家户户都在养花。他们的花不像在中国那样，养在屋子里，他们是把花都栽种在临街窗户的外面。花朵都朝外开，在屋子里只能看到花的脊梁。

1. 品味"都"的表达效果。

（1）"都"什么意思？（全）

（2）"都"在这段出现过几次？意思一样吗？

（3）三个"都"字的反复使用，作者在强调什么？（强调了德国人对花的喜爱之情，强调的是情感）

2. 品味"对比"的表达效果。

（1）感悟德国人的养花方式。

（2）作者季羡林为什么将德国人的养花方式与中国进行对比？（因为作者是中国人，当他看到德国人这样的养花方式很容易就联想到自己的国家，走到哪儿都会想到祖国）

走过任何一条街，抬头向上看，家家户户的窗子前都是花团锦簇，姹紫嫣红，许多窗子连接在一起，汇成了一个花的海洋，让我们看的人如入山阴道上，应接不暇。

3. 品味"四字词语"的表达效果。

（1）花团锦簇、姹紫嫣红，这两个词，你想到了什么？（这两个四字词语，仿佛让我看到了一团团一簇簇，数不清的，娇艳美丽的花朵，我仿佛都闻见花香了）

（2）指导书写生字。

（3）积累词语：像这样的四字词语，你还知道哪些？

4. 品味"比喻句"的表达效果。

（1）师读，生想象画面。

（2）理解比喻句的表达效果，生动形象，花多得让作者看不过来，像海洋一样美丽、壮观，动态美。

5. 品味"引用"表达效果。

（1）理解"如入山阴道上，应接不暇……"出自刘义庆的《世说新语》。

王子敬云："从山阴道上行，山川自相映发，使人应接不暇。"

（2）作者走在德国街头，为什么会想到这句话啊？（作者认为德国景色也是这样美）

（3）作者和王献之的情感产生了共鸣，就借用了王献之的话，来表达自己的情感和想法，这就是引用。（板书：引用）

【设计意图：引导学生学会揣摩作者是怎样写出景物的特点的，体会其

表达方法的好处，帮助学生理解作者的思想感情。】

（二）出示画面，配乐读

（三）指导背诵

三、思辨民族奇特

思辨：由奇丽的景色想到奇特的民族。学到这儿，你同意作者发出的感叹吗？

联系文章内容说说理由。

他们的花不像在中国那样，养在屋子里，他们是把花都栽种在临街窗户的外面。花朵都朝外开，在屋子里只能看到花的脊梁。

奇特之一：德国人的养花方式不同。

每一家都是这样，在屋子里的时候，自己的花是让别人看的；走在街上的时候，自己又看别人的花。人人为我，我为人人。我觉得这一种境界是颇耐人寻味的。

奇特之二：境界高。板书：人人为我，我为人人。

我走在街上，抬头一看，又是家家户户的窗口上都开满了鲜花。

奇特之三：人人为我，我为人人的精神——依旧。

【设计意图：培养学生的思辨能力，既提升了学生的整合概括能力，又加深了学生对文章理解，同时体会了作者所表达的真切情感。】

四、补充资料，感悟哲理

1. 补充资料，说说什么是"人人为我，我为人人"。

2. 写写自己的理解。

五、总结全文，推荐书目

推荐书目《重返哥廷根》《留德十年》。

【板书设计】

25　自己的花是让别人看的

奇丽景色　奇特民族

都　　　　人人为我

引用　　　我为人人

【教学特色】

本课的教学设计与以往的教学设计相比有四点不同：

1. 注重引导学生揣摩作者是怎么写出景物、风情特点的，并学习运用作者的写作方法。

2. 注重培养学生的思辨能力。

3. 注重引导学生搜集资料，全方位的丰富对德国的感受。

4. 课堂上培养学生的批注能力。

《凡卡》教学设计

【学段】第三学段　　**【年级】**六年级　　**【授课人】**迟佳

【指导思想与理论依据】

阅读教学应引导学生钻研文本，在主动积极的思维和情感活动中，加深理解和体验，有所感悟和思考，受到情感熏陶，获得思想启迪；高年级的教学中，我们还要引导学生在阅读中了解文章的表达顺序，初步领悟文章的基本表达方法。

【教学背景分析】

一、对教材的认识与理解

小说主要围绕凡卡写信这件事，细腻而真实地呈现了他在写信前、写信中以及写信后的一系列心理变化过程。故事构思的巧妙之处在于作者设计了现在与过去两条线索，现在的悲苦与过去的美好交错呈现、相互对照，简短的故事也因此具有了一种纵深感。出人意料的结尾使得故事的构思更显精妙，这种以乐衬悲的结局安排，进一步增强了凡卡苦难人生的悲剧色彩。

二、学情分析

对于文章复杂的谋篇布局和对比、反衬、穿插的表达方法和契诃夫的创作风格，学生的认知不够。

三、设计思考

激发学生的阅读兴趣，深入故事情境，感受凡卡的悲惨命运；培养学生的问题意识，进行深度思考和深度阅读，加深对文章表达方法的认知，整体感知契诃夫短篇小说的创作风格。

【教学目标】

一、教学目标

1. 有感情地朗读课文，读出文字表达的情感。

2. 抓住重点句段和情节，进一步感受凡卡的形象，体会契诃夫语言的朴素、精巧的构思。

二、教学重点

抓住重点句段和情节，进一步感受凡卡的形象，体会契诃夫语言的朴素、精巧的构思。

三、教学难点

抓住重点句段和情节，进一步感受凡卡的形象，体会契诃夫语言的朴素、精巧的构思。

【教学过程】

一、回顾内容，导入新课

1. 这节课我们继续走进契诃夫的短篇小说《凡卡》。

2. 请你打开书，浏览课文，回顾一下：课文主要写了什么？

二、深入体会凡卡的悲惨处境

1. 通过上节课的学习，对于小说中的凡卡，你最大的感受是什么？（悲惨）

2. 从课文的哪些内容，你体会到了凡卡的悲惨？

3. 交流：

第 8 自然段描写凡卡悲惨遭遇的文字。

小结：通过联想和想象，契诃夫这种生活化的，再简单不过的语言，在我们的头脑中形成了画面，给了我们一种真实的感受。

这儿的人都打我。我饿得要命，又孤零零的，难受得没法说。我老是哭。有一天，老板拿楦头打我的脑袋，我昏倒了，好容易才醒过来。我的生活没有指望了，连狗都不如！……

小结：学徒生活不仅忍饥挨饿、饱受欺凌，还十分孤独。凡卡的生活没有指望了！

4. 这就是凡卡给爷爷写的信，写信时他内心会是怎样的？

5. 出示信中凡卡对爷爷的请求，自己出声读读。

三、师生互动，体会写法

1. 凡卡的信不是一气呵成的，而是断断续续的，除了信的内容，文章中还穿插着凡卡对乡村生活的回忆。文章为什么要这样写呢？它们之间有什么联系？

生谈。

2. 下面，就让我们一起走进凡卡的内心，看看他在信中都写了什么，写信过程中又都想到了什么。我来读凡卡写的信，我的朗读一停止，说明凡卡就陷入了回忆，他会想些什么呢？谁有想法谁就站起来读凡卡可能想到的内容。

生读凡卡的回忆，并说明自己读的理由。

3. 当我们把信的内容和凡卡的回忆联系着读的时候，我们走进了凡卡的内心，捕捉到了凡卡细腻的情感变化。

4. 怀着被爷爷接回乡下的希望，凡卡将信寄出了，他还做了一个美丽的梦，文章就此完结。读到这儿的时候，你的内心有什么样的感觉？

小结：写信、回忆、希望、现实，这种反衬和穿插的表达方法在两相对比中带给我们内心更大的震动。

四、组合阅读，了解社会背景，关心人物命运

1. 插播背景：凡卡的故事就发生在沙俄统治最黑暗的时期，当时土地大量被圈占，为了生存，大量失去了土地的农民涌到了城里谋生。孩子是一个家庭的希望，涌入城里最多的就是孩子。你们在阅读契诃夫的短篇小说时，遇到过像凡卡这样的孩子吗？（瓦尔卡）

指名一人讲《渴睡》。

2. 当所有人都睡觉的时候，瓦尔卡这个 13 岁的女孩却永远不能睡，孩子一哭她就要醒。最终她掐死了老板家的婴儿，睡了。我每次读到这儿的时候心里总是一紧，怎么一个 13 岁的孩子就成了杀人犯呢？是什么让一个人灭绝了人性？（摧残、社会）

3. 小说揭示的是社会问题。当我们阅读的时候，不仅要了解文字、体会文字，更要去感受作者为了表达主题而塑造的这样的人物，这样的生活，这样的故事。契诃夫在那个时候写的这些短篇小说真的是对社会现象的揭示，让多少人警醒，也恰恰是这样的文字成了永恒的经典。

4. 此时，你又想到了哪篇契诃夫的短篇小说呢？

5. 交流。

五、总结，激发阅读兴趣

通过这节课的学习，借助《凡卡》和课堂上分享的这些文章，我们对契诃夫的创作风格有了初步的了解。评论家称契诃夫的小说："再现了小人物的不幸和软弱，劳动人民的悲惨生活和小市民的庸俗猥琐。"评论家说的是否有道理呢？课下请你继续阅读。

【板书设计】

15　凡卡

俄　契诃夫

写信

反衬　　　　　　悲惨

回忆

【教学特色】

1. 启发学生在品味语言和深度阅读中，感受凡卡的悲惨。

2. 生生对话，互相启迪，感受凡卡写信时细腻的情感和丰富的心理活动，体会文章穿插和反衬的妙处。

《为人民服务》教学设计

【学段】第三学段 　【年级】六年级 　【授课人】刘 岩

【指导思想与理论依据】

《语文课程标准》强调，语文教学要注重语言的积累、感悟和运用，阅读教学就是要凭借文本语言，为学生积累、运用语言奠定基础。作为高年级的阅读教学，要初步领悟文章基本的表达方法，因此在教学中引导学生理解内容同时更应该体会作者表达方法的运用，从而使积累与表达有机结合。

【教学背景分析】

一、对教材的认识与理解

文章论点鲜明，论述缜密，语言准确、严密。作为小学阶段学生初次接触议论文，要感受议论文的表达方式，为初中学习议论文打下一点基础，受到革命人生观的启蒙教育。

二、学情分析

这是学生接触的第一篇议论文，对于学生来说是既新鲜又陌生的。我班学生阅读量较大，思维活跃，因此，教学目标定在了体会议论文语言的特点，感受议论文以理服人的理性之美。

三、设计思考

教学要紧紧抓住议论文的特点，引导学生学习论证方法，学习逻辑严密的句间关系，学习极具气势的排比语句，将文本这个"例子"的作用发挥到极致。

【教学目标】

一、教学目标

1. 学习议论文围绕论点分层论述的表达方法，初步了解"引用、对比、举例"的论证方法。

2. 发现本文作为演讲词语言浅显易懂、结构层层递进的特点。

3. 在阅读中感悟革命前辈高尚的品格，初步理解为人民服务的内涵。

二、教学重点

学习议论文围绕论点分层论述的表达方法。

三、教学难点

在阅读中感悟革命前辈高尚的品格，初步理解为人民服务的内涵。

【教学过程】

一、复习导入，明确方向

1. 谈话引入，找准起点。

教师：通过第一课时的学习，你对这篇课文都有了哪些了解？

2. 自由汇报，找准论点。

（1）读全文论点（课文第一、第二句话）。

（2）理清文章结构。

围绕这句话文章又讲了以下方面的内容：死的意义、不怕批评、团结互助。

3. 对比发现，学习重点。

老师扮演演讲者，让学生对比发现，只发表观点的演讲行不行？

【设计意图：总结文体特点，使课堂结构更加完整，也给学生一个清晰的议论文概念，也为下一步的写作训练打下了基础。】

二、关注表达，揣摩方法

（一）学习第二自然段，出示学习要求。

1. 出自学提示：

（1）默读第二段，想一想：这一段主要围绕哪句话写的？

（2）为了说明这个道理，主席又用什么方法讲清楚的？写上批注。

2. 小组内交换自己的看法，准备在全班交流。

讨论"死的意义"。

（1）出示"人固有一死，或重于泰山，或轻于鸿毛"。说说这句话的意思。

引导学生列举关于死的价值的名言，体会作者引用的恰如其分。

（2）指导朗读。（板书：引用）

过渡：除了引用名言外，主席又用了什么方法呢？

（3）说说哪些人的死就比泰山还重呢？而哪些人又比鸿毛还轻呢？体会对比。

（4）学生结合课外资料谈张思德，体会举例子的方法。教师引导学生结合设计。

【设计意图：结合课外资料谈自己所知道的英雄人物，使抽象概念具体化了。引领学生深入思考，加深了对文本的感悟。】

（5）这段话，围绕人死的意义不同，主席是怎么把自己的观点表述清楚的？

用"先讲了……然后……接着……最后……"这样的顺序来说。

体会语言的层层深入。

（6）全班背诵。

（二）学习讨论第三自然段"不怕批评"。

1. 出示：默读第四自然段，看看每句话都讲了什么？在每句话的后面简单写写批注。

2. 汇报自学成果。

（1）课件出示前四句话，随着学生发言演示：

不怕批评。

不怕任何人的批评。

不怕任何人正确的批评。

对人民有好处我们就照办。

（2）把这几个要点连起来读读，你有什么体会？

（3）由学生的发言顺势体会关联词语、举例的作用。

3. 回忆一下，这段话主席是怎么表述自己的观点的？

【设计意图：理解这几句话之间复杂的关系是本课教学中的一个难点，也是理解作者论述缜密的重点内容。为学生搭设台阶，降低难度，很好地体会到语言内部的层层深入。】

过渡：这篇演讲发表于 1944 年，那个时候正是抗日战争最困难最关键的一年。（出示资料）在当时，对于我党和我军来说为人民服务指是什么呢？

三、自由漫谈、深化主题

1. 教师：默读课文第四自然段，思考作者围绕团结互助这个意思是怎么展开谈的？学生自读课文。

2. 以小组合作的形式进行简单的演讲。

四、拓展延伸，升华思想

1. 出示：为人民服务主要是特殊时代对军人、战士来说的，而对于我们这些在和平年代的普通人，似乎有点过时了。——一位大学生

你同意他的观点吗？今天的作业请你引用这篇文章中主席说的话，和生活中的例子，写一写你的感受。

2. 布置作业：课下读《论骨气》再次体会议论文的特点。

【设计意图：把学过的方法进行实践运用，真正做到了学以致用。课堂对话被放置到了更为广阔生活的环境中进行，与生活领域相衔接，使学生写作能力得到较好的训练。】

【板书设计】

为人民服务

完全、彻底　　毛泽东

死的意义　　　引用

不怕批评　　　对比

团结互助　　　举例

【教学特色】

以学定教，确定教学目标。教学目标是了解文章是怎样围绕中心论点论述的。通过多种读书方法，初步了解议论文的写作特点，取得了较好的效果。其次，关注文体、选择正确的教学内容。最后，依文而教，制定教学策略。老师为学生搭设台阶，针对其议论文的特点，进行行之有效的语言训练。

《千年梦圆在今朝》教学设计

【学段】第三学段　【年级】六年级　【授课人】张　颖

【指导思想与理论依据】

语文课程必须根据学生身心发展和语文学习的特点，关注学生的个体差异和不同的学习需求，爱护学生的好奇心、求知欲，充分激发学生的主动意识和进取精神。

【教学背景分析】

一、对教材的认识与理解

《千年梦圆在今朝》是六年级下册中的一篇略读课文。该单元以科学精神为主题，既是低中年级科学故事、科普文章的承接，也是上述内容的发展。

二、学情分析

六年级学生已具备了一定的自学能力，通过默读批注来感悟科学工作者的宝贵品质不难，但这种感悟是理性的，类似于答题的本能，缺少学生内心深处的情感体验。

三、设计思考

1. 唤醒学生内心深处的情感并与作者的情感产生共鸣。

2. 关注学生思维的发展，让学生的思维走向广度和深度。

【教学目标】

一、教学目标

1. 正确读记"锲而不舍"等词语。

2. 默读课文抓住主要内容，了解中国航天事业的发展历程和经过，激发民族自豪感。

3. 学习在具体事实描述中说明道理，体会中国航天人锲而不舍的科学精神。

二、教学重点

学习在具体的事实描述中说明道理，体会中国航天人锲而不舍的科学精神。

三、教学难点

学习在具体的事实描述中说明道理，体会中国航天人锲而不舍的科学精神。

【教学过程】

课前环节：

看到这些美景你会想起哪些诗句呢？

诗句引出课文——千年梦圆在今朝。

（一）预习反馈，解题质疑

1. 指名读：

载人　着陆　铺盖

积劳成疾　风华正茂　华发早生　猝然长逝

锲而不舍

看到这个词让你想到了哪些人或事呢？

嫦娥奔月　鲲鹏展翅　九天揽月

读了这组词，你发现什么了？

2. 联系这组词语，你知道题目中的"千年梦"指的是什么吗？

3. 围绕题目质疑。

（二）初读课文，整体感知

1. 如果我们要拍一个航天史的专题片，那么哪些重要事件会在你的片里呈现呢？请大家快速浏览课文，想一想。

2. 历经了这些（指板书）事件千年梦圆在今朝，把这些事串联起来，就是课文的主要内容，你能说说吗？

（三）自读自悟，感悟精神

千年的梦想今天才得以实现，除了科学技术发展的原因还有其他原因吗？请大家看自学提示，看明白了就开始默读画批吧。

为什么几千年的梦想到今朝才得以实现？默读相关段落，想想你感悟到了什么？画出相关语句，并简要批注。

1. 人造卫星（锲而不舍）。

2. 航天工程。

（1）借助词语理解，感悟：团结合作、勇于探索、无私奉献、锲而不舍。

真好！同一段文字大家却有不同的感悟，科学工作者为了圆梦，舍弃了自己的时间、家庭、健康甚至生命，能带着你的体会读读吗？

（2）孩子们你们看，原文是这样写的——从科研院所到试验基地……

师引读："他们就是这样奋斗的——有的人……"

（3）这只是千千万万工作者的缩影，其实还有很多的无名英雄，他们都在默默地奉献着。请拿出你手中的资料读一读：

（出墓图）这是酒泉卫星发射基地的一座烈士陵园，你们知道吗？他们牺牲时的平均年龄还不到 25 岁，读过课文看到这些，你有什么话想对他们说吗？把你最想说的话写在学习单上。

（4）这一座座墓碑不会说话，但它却记载着航天工作者感天动地的献身精神。此时你又想怎么读这段文字呢？

（5）师生对读第 7 自然段：

刚才，我读的是这次航天工程的难度之大，你们读的是？我读的是概括说明的难度之大的句子，你们读的是？

就是透过这一个个具体事实的描述，让我们感受到载人航天工程的困难之大，一起读——载人航天工程……

3. 小结：看，你们多棒啊，刚才你们就是通过默读、对读、交流感悟，从一个个具体事实的描述中体会到了航天工作者的这些宝贵品质，只有在科技发展到一定程度的时候，同时我们拥有了这样一批科学工作者，这千年的飞天梦才得以圆在今朝。

（1）你们看（视频）。在经历了这 21 小时的太空旅行，重回祖国大地的杨利伟说了这样三句话，指名读。

（2）神五发射成功后，有人说杨利伟是圆梦的大功臣，对此，你怎么看?

（放大事记）：中国的航天事业自新中国成立以来，从 20 世纪 50 年代开始起步……

看着欢迎自己的人群和鲜花，杨利伟想到的是几十年来为航天事业默默奉献的人们，他说——（指名读）

你觉得圆梦的功臣还应该有谁？飞天的成功，是我们中华儿女几千年来执着追求、努力的结果——一起读：中华民族几千年的梦想……

几千年的梦想，几代人的追求，在今天实现了，那身在今朝的你们什么感受？让我们带着那份自豪来读读——《炎黄飞天梦》

（四）解决质疑，回扣主题

1. 此时再看课题，你觉得哪个字或词用的妙呢？

自神舟五号成功发射之后，我们的飞天梦停止了吗？看，就像文中所说的，载人航天梦想的实现——（读）载人航天梦想的实现……

2. 结束语：希望大家有一个周而复始的学习意识，把我们的学习延伸到课下。

【板书设计】

千年梦圆在今朝

飞天之梦　勇于探索

万户上天　团结合作　具体事实

卫星上天　锲而不舍

神舟发射　无私奉献

【教学特色】

1. 三读让学习过程成为学生情感体验的过程，突破教学重难点。

默读感悟工作者的品质；拓展资料，以写促读走近工作者，获得情感体验；师生对读，领悟写法。

2. 设计开发性问题发展学生思维，让学生的思维有广度和深度。

《花的勇气》教学设计

【学段】第二学段　　【年级】四年级　　【授课人】张婉霞

【指导思想与理论依据】

《语文课程标准》指出语文课程应根据学生身心发展和语文学习的特点，注重学生语言的积累、感悟和运用，鼓励学生自主阅读、自由表达。语文课堂应重视朗读教学，以读代讲、借读解疑、重读悟情。

【教学背景分析】

一、对教材的认识与理解

《花的勇气》是人教版四年级下册第五单元中的略读课文。本文细致而又生动地描写了作者在维也纳寻花的经过以及由此产生的心理感受，寓情于景，情理交融。这是一篇发展学生语言能力、思维能力的好材料。

二、学情分析

本班学生有一定的语言积累，形成了较为稳定的阅读习惯，他们喜欢表达自己的意见。在教学中我有意识地让学生自读自悟，以读促悟，激发学生对生命的思考。

三、设计思考

"阅读是学生的个性化行为。"在教学中我充分调动学生，让学生入情入境地朗读，感悟内容，体会情感。

【教学目标】

一、教学目标

1. 认识 4 个生字。

2. 理清作者感情变化的线索及变化的原因，体会含义深刻的语句，感受语言的优美。

3. 正确、流利、有感情地朗读课文，初步树立无所畏惧的勇气和信心。

二、教学重点

体会含义深刻的语句，感受语言的优美。

三、教学难点

体会含义深刻的语句，感受语言的优美。

【教学过程】

一、导入新课，明确任务

1. 谈话导入。

孩子们，你们喜欢花吗？能说说理由吗？著名作家冯骥才先生也非常喜欢花，他喜欢花的什么呢？

2. 明确任务。

请你读一读课前导语，划出本课的学习任务。学生进行交流。

【设计意图：从学生熟悉的"花"入手导入新课，为本课学习做好了铺垫。教是为了不教，引导学生借助"课前导语"明确学习目标，使学生掌握略读课文的学习方法。】

二、自读课文，学习词语，初步了解课文内容

1. 学生自读课文。

字音读准确，句子读通顺。

2. 边读边想作者在维也纳经历了一件什么事？

三、默读课文，按心情变化理清文脉

1. 梳理文章脉络。

这篇课文有好几个场景，有情感变化，概括起来确实有难度。其实导语当中给了大家一些提示。看看哪个提示能帮我们概括、帮我们说清楚课文主要写了什么？

2. 默读课文，体会作者心情变化的原因，划出相关语句。

学生默读课文，边读边划出相关的句子。汇报交流。

3. 按照线索，说说课文讲了一件什么事。

只要我们说清楚，在什么样的情况下，心情发生着怎样的变化，这篇课文的主要内容也就说明白了。

【设计意图：让学生通过找描写心情的词句体会作者的情感变化及原因，抓住学习的主线。本环节设计循序渐进，培养学生概括文章内容的能力，不仅授人以鱼，更要授人以渔。】

四、再读课文，体验情感

1. 朗读课文，体会情感。

我们了解了作者经历了一件什么事情，接下来，我们每一个人就把自己喜欢的部分多读几遍，来体会作者内心的感受。

2. 学生汇报，提升认识。

（1）学生结合文本，读出体会。

（2）抓住"泛滥""寂寞""乏味"来读出失望的心情。

【设计意图：引导学生学会体会课文中关键词句表达情意的作用，通过关键词语感受作者的情感。】

预设一：惊奇。

（1）学生评读，读出惊奇。

（2）教师引导学生通过动作、神态体会"傲然挺立"的含义。

傲然挺立是什么样子？我们怎么样就是傲然挺立了？

【设计意图：将朗读与理解巧妙结合，将理解与表达巧妙结合，引导学生在理解的基础上进行朗读。】

预设二：震撼。

（1）学生汇报读书。

（2）回读课文，说说"如此的气魄"指什么？

（3）指名读，体会"勇气"的内涵。

【设计意图：文章最后一句话是文章的中心句，是文章中感悟作者感情的重点，从这句话中可以体会到生命的意义在于勇气，似乎让我们看到蓬勃的生命力。】

3. 配乐朗读，升华情感。

作家冯骥才在维也纳看到了不同的景象，所以他的心情就有了这样的变化。老师这里有几段不同的音乐，认真地听一听，你准备为你最喜欢的部分，配上哪一段音乐呢？

（1）学生欣赏音乐。

（2）学生配乐朗读。

【设计意图：学生在朗读中通过品味语言，选取恰当的音乐进行配乐朗读，表现自己对作者及其作品情感态度的理解，在读中悟，悟中读。】

五、拓展阅读，方法实践

读冯骥才先生《维也纳春天的三个画面》，细细体会另外两个画面，说一说主要写了什么。

【设计意图：《课标》指出，要培养学生的阅读兴趣，增加阅读量。适当拓展阅读，学生在此环节能够在学的基础上实践概括主要内容的方法。】

六、回顾内容，感悟生命

在冯骥才的眼中生命的意味是勇气，在其他人的眼中生命又意味着什么呢？让我们来一起回顾。

在你心中生命又意味着什么呢？让我们慢慢思考。

【设计意图：语文课程最重要的特点是工具性和人文性的统一，让学生在学习语言文字的同时，获得思想启迪，受到情感熏陶。】

【板书设计】

19 花的勇气

失望 遗憾 惊奇 震撼

【教学特色】

以学生为主，在学习本篇课文时，敢于放手，培养学生自主学习的能力。学生通过充分地阅读、思考、交流，完成对课文的理解。以读为主线，学生入情入境地朗读课文，品言中之意，悟言中之理，感言中之情，使学生和作者的感情融为一体。

《我多想去看看》教学设计

【学段】第一学段 【年级】一年级 【授课人】周 婷

【指导思想与理论依据】

《语文课程标准》指出："各年级都要重视朗读，充分发挥朗读对理解课文内容，发展语言，陶冶情操的作用，从一年级起，就应指导学生正确、流利、有感情地朗读课文，注意培养朗读的兴趣。"

【教学背景分析】

一、对教材的认识与理解

本文的段落结构、句式、情感表达上都有相同之处。作者选取"北京"和"新疆"两个具有代表性的地域，旨在激发学生对祖国大好河山的向往和热爱之情。

二、学情分析

学生对新疆的天山、雪莲缺乏了解。以"我多想"为开头的写话练习是学习的难点。

三、设计思考

通过多种手段指导学生读好短语。由天山到新疆，再到祖国各地，在感受祖国山河之美的同时，指导学生积累短语，运用短语，促进朗读，为写话做好铺垫。

【教学目标】

一、教学目标

1. 复习字词，流利地朗读课文，积累短语，读好感叹句。
2. 以"我多想"为开头写话。
3. 激发学生对祖国山河的热爱。

二、教学重点

复习字词，流利地朗读课文，积累短语，读好感叹句。

三、教学难点

以"我多想"为开头写话。

【教学过程】
一、复习导入

（一）整读课文，回顾内容

文中都写了谁，想去哪儿看看？（贴图）

（二）复习词语，积累短语

1. 复习词语。

2. 复习"北"字的笔顺。

3. 复习短语。

【课件出示：弯弯的小路、遥远的北京城、雄伟的天安门、壮观的升旗仪式。】

【设计意图：将第一课时中涉及的识字、写字、短语积累方面的重点内容进行梳理，为本课积累新的短语做好铺垫。】

（三）运用短语，巩固积累

1. 用积累的词语介绍北京。

2. 指导朗读。

【课件出示：我多想去看看，我多想去看看！】

【设计意图：让学生体会到积累是为了运用，为了更好地表达，鼓励学生养成主动积累的习惯。】

二、学习第二自然段

1. 整读第二自然段。

2. 理解"遥远"。

（1）在地图中找到新疆。

（2）理解"遥远"

【课件出示：飞机票、火车票。】

（3）指导读好短语。

3. 聚焦第二句话。

是什么吸引着北京的小朋友要去新疆看看呢？（板书）

4. 欣赏图片——指导读好"（美丽的）天山"。

（1）引导学生按顺序观察

【课件出示：天山图片。】

（2）这样的美景，书中用了一个什么样的词？

【课件出示：美丽的天山。】

（3）指导读好短语。

5. 欣赏图片——指导读好"（洁白）的雪莲"。

（1）美丽的天山上有什么？

【课件出示：雪莲图片。】

（2）指导读好短语

【课件出示：洁白的雪莲。】

6. 指导读第二句话。

7. 指导读好感叹句。

（1）引读：我会对爸爸说……

【课件出示：我多想去看看，我多想去看看！】

（2）"我多想去看看"已经能够表达出我特别想去看看的意思了，同样的话，为什么又说了一遍？

（3）指导朗读。

（4）回到第二自然段，北京的小朋友多想去新疆看看什么？

【课件出示：我多想去看看（　　　）的（　　　）。】

8. 延伸文本，积累运用。

（1）延伸文本：遥远的新疆不仅仅有美丽的天山，有洁白的雪莲，还有许多有意思的地方。

依次出现天池、牛羊、葡萄、火焰山，并积累相关短语，指导朗读。

【课件出示：我多想去看看，我多想去看看！】

（2）积累运用。

用上积累的词语说句子：我多想去看看什么样的什么？

9. 整读第二段。

10. 小组合作读全文。

【设计意图：这一部分是本课的新授环节，也是重点环节。最主要的是，要训练学生的朗读能力和培养学生主动积累的好习惯。一年级的学生词汇量匮乏，所以我在教学中，帮助学生积累短语，并尝试运用积累，从而达到学以致用的目的。首先是要读好文本，利用图片，让学生读好相关短语。然后将文本进行拓展，让学生走出天山，去感受新疆的魅力。在欣赏新疆著名景观的同时，帮助学生积累更多课外的短语，从而反哺朗读。】

三、拓展延伸

1. 出示学生假期去各地旅游的照片，请照片上的学生介绍自己去了什么地方，看见了什么样的什么。

2. 试着用这个句式介绍自己想去看的地方

暑假就要到来了，你想去什么地方看看什么？用上这节课我们积累的词语说句子，也可以使用在课外积累的词语。

【设计意图：由课内延伸到课外；由文本延伸到学生的生活；由天山拓展到新疆，再拓展到祖国各地；由欣赏别人想去看的景物，延伸到自己想去看的景物，层层递进。在感受新疆之美、祖国之美的同时，指导学生积累"什么样的什么"这样的短语，并以此来促进朗读。】

四、练习写话

1. 每个人的心中都有个美好的愿望，不仅仅是想去的地方，还可能是一件想做的事，一份想要的礼物，一个思念的人，一个美好的理想，还有很多很多美好的心愿……以"我多想"为开头来说一说自己的心愿。

【课件出示：我多想_____（什么样）的_____（什么）。】

2. 拿出心愿卡，把自己的心愿写下来。

要求：不会写的字可以用汉语拼音，也可以画一个小图。注意结尾要加标点。

3. 互动展示，教师订正。

【设计意图：由旅游的心愿，延伸到五花八门的心愿，为学生拓宽思路，进行写话练习。同时也鼓励学生将"什么样的什么"这样的短语运用到写作中去。】

五、小结

把你的心愿读给爸爸、妈妈听。

【板书设计】

美丽的天山　洁白的雪莲

【教学特色】

本课将积累短语，运用短语，入情入境地朗读，这些重点内容与写话融为一体，让学生知道积累是为了说好话，写好文。引导学生从天山走向新疆，由新疆到祖国各地，由一个心愿到多个心愿。在情感上，朗读上体现出层次感。

课堂：拓宽学习空间，在实践中运用语言

众所周知，再优美的语言若没有实践的参与，它永远只是语言，只不过是沙中的黄金，贝壳里的珍珠。要使语言知识通过语言训练转化为语言能力，实践是必由之路。因此，我们倡导打破课堂的界限，在教学中把语文知识的丰富内涵放到开放的语言实践中，满足学生的个性需要，鼓励学生自主地探讨，自由地交流，自信地表达。在多元的语言实践中体验语言魅力，加深学生对更深层语言内涵的理解，弥补语言的缺失，最终使语言彻底内化，形成真正意义的能指导实践的语言能力。

《千年梦圆在今朝》教学设计

【学段】第三学段　【年级】六年级　【授课人】满文莉

【指导思想与理论依据】

《语文课程标准》倡导阅读教学应尊重学生学习的自主权。在学生自读文章的过程中，让学生采用作批注的方式表达感悟，采用补充年代尺的方式延伸课堂，不仅深化了对问题的理解，还使他们掌握了"不动笔墨不读书"的方法。

【教学背景分析】

一、对教材的认识与理解

《千年梦圆在今朝》是人教版语文六年级下册第五单元的一篇略读课文。课文叙述了中华民族几千年来的飞天梦想在几代人的不懈努力下今朝得以梦圆。赞扬了中国航天人勇于探索、团结合作、默默奉献、锲而不舍的精神。

二、学情分析

这篇课文较为浅显。六年级学生能够理清课文条理，抓住主要内容。班中部分学生对航天知识很感兴趣，有着很高的学习兴趣。

三、设计思考

《语文课程标准》要求，在阅读科技内容的作品时，要注意体会作品中所体会出的科学精神和科学思想，我以此为依据，构建学思知行课堂。通过查找资料、填写年代尺，把握主要内容，使预习落到实处。通过补充年代尺，深刻体会航天人的科学精神。

【教学目标】

1. 通过预习，把握文章主要内容。

2. 默读课文，体会中国航天人团结合作、默默奉献、勇于探索、锲而不舍的科学精神。

3. 搜集整理资料，激发民族自豪感。

【教学过程】

一、解题导入

1. 齐读课题。

2. 千年梦指的是什么？

3. 读课前导语。

二、理清内容，感悟精神

1. 数千年的中华飞天梦是怎样一步一步变为现实的？交流点评预习作业。

2. 航天人身上有怎样的科学精神呢？默读课文，画出相关语句，用一个词来概括航天人的精神，批注在旁边。

【设计意图：养成良好的阅读习惯是小学阶段的一个教学重点。学生在阅读的过程中，思考、感悟、批注，养成良好的阅读习惯，同时帮助其思维品质与表达能力的提升。】

3. 交流感受，体会科学精神。

（1）预设一：勇于探索。

（2）预设二：坚持不懈。

（3）预设三：团结协作，默默奉献。

出示 PPT。

载人航天工程，是中国航天史上规模最大、技术最复杂、安全性和可靠性要求最高的跨世纪重点工程。为了顺利完成这项工程，一百一十多个单位直接承担了研制、建设和发射任务，而参与这项工程的协作单位，则多达三千多个。实验的精细与艰难，要求广大科技人员、工人和解放军官兵夜以继日地苦战攻关。有的人为了工作的及时、方便，将铺盖搬到了工厂车间；有的人积劳成疾，几次住进了医院；有的年轻人虽风华正茂却华发早生；有的人甚至为此付出了全部心血与生命，未能等到成功的那一天便猝然长逝……

- 数字感受参与人多，感受团结协作。
- 从"有的人"感受能被记下名字的少之又少后齐读这句话。
- 看视频，直观感受。

4. 师生合作读，升华情感。

师：成千上万人的不懈努力，中华飞天梦终于在 2003 年实现了，航天员杨利伟返回后用三句话概括了他 21 小时的太空旅行——

生 1：飞船飞行正常。我自我感觉良好。我为祖国骄傲。

师：简单的三句话，对无数参与航天工程建设的人们做出了崇高的评价——

生 2：没有他们的辛勤努力，就不会有这飞行正常、使人感觉良好的飞船，就不会有这次载人航天飞行的成功。

师：我国首次载人航天飞行的成功，向全世界庄严宣告——

生齐：中国已经成为第三个独立掌握载人航天技术的国家。

师：同时也充分表明——

生齐：中国几千年的梦想，几代人的执着追求，以及数十年坚持不懈、锲而不舍的奋斗，终于在今天成了美好的现实。

师：2005 年，神舟六号的发射成功，取得了又一个具有里程碑意义的重大胜利。载人航天梦想的实现，让富有激情与魄力的炎黄子孙有了更高更远更绚丽的梦想——

生齐：登临月球、探索火星，遨游于更深、更远的太空。

【设计意图：在师生对读中，升华情感。在情感递进的朗读中，引导学生领悟语言文字背后的思想内涵——航天工程的艰巨与困难和中国航天人特爱祖国、团结合作、默默奉献、勇于探索、锲而不舍的精神。】

三、拓展延伸

1. 交流资料。

2. 根据同学的发言和学习单上资料一的信息，自己试着补充年代尺。

3. 投影展示年代尺，你有什么发现吗？

4. 面对这样的成就，你有什么话想对航天人说吗？

【设计意图：时刻牢记学生是课堂的主体。课堂上通过老师的引导，让学生主动地发现，主动地发言，在这个过程中锻炼学生的思维能力、语言表达能力，同时也提高学生的胆识，增强了学生的自信心。】

5. 阅读资料二。

6. 你又读出了航天人什么精神？

7. 再读课题。

四、布置作业

1. 阅读课后链接《炎黄飞天梦》。

2. 继续了解中国载人航天事业的现状以及未来发展

【板书设计】

19　千年梦圆在今朝

坚持不懈　勇于探索

默默奉献　团结协力

【教学特色】

1. 利用年代尺，指导学生的预习，使自学环节落到实处。

2. 查找资料，提高学生搜集整理信息的能力。在课上交流资料过程中，补充知识，提升感悟，提高表达能力。

3. 借助资料，补充年代尺，既是整理运用资料的能力体现，也是知行统一的学习。

《卖火柴的小女孩》教学设计

【学段】第三学段　【年级】六年级　【授课人】孔宪梅

【指导思想与理论依据】

创设不同阅读情境，引发学生阅读期待，体味文本蕴含的深情，激发学生对表达自己的理解、认识和感悟，从而提升语文能力和语文素养。

【教学背景分析】

一、对教材的认识与理解

《卖火柴的小女孩》是六年级下册第四组课文第一篇，体会人物思想感情，关注人物命运是本组课文的训练点。这个凄美的童话故事，饱含着安徒生对弱小的同情与关爱，对美好与光明的期待与追求。

二、学情分析

六年级学生从小就阅读安徒生童话，但对于故事内涵缺乏深入感知。当它成为教材时，阅读要关注什么，恰恰是童话阅读教学所要重点关注的。

三、设计思考

如何在自读自悟中渗透阅读方法，提升学生对童话人物形象的感受及评价能力，激发阅读兴趣，受到熏陶是我教学努力寻找的落脚点。

【教学目标】

一、教学目标

1. 通过有感情地朗读，表达文字背后的情感，关注小女孩的命运。

2. 体会小女孩擦燃火柴时感到的幸福；联系悲惨处境，感受她执着追求幸福；联系全文，理解关键句中"幸福"的深刻含义，感知作家的创作思想。

3. 结合安徒生童话作品，感受安徒生童话魅力，激发学生继续深入阅读的兴趣。

二、教学重点

体会小女孩擦燃火柴时感受到的幸福；联系悲惨处境，感受小女孩执着地追求幸福。

三、教学难点

联系全文，理解关键句中"幸福"的深刻含义，感知作家的创作思想。

【教学过程】

一、谈话导入，创设情境，回忆主要内容

1. 今天这节课，让我们一起继续走进安徒生的童话世界，走进那位——（齐读课题）卖火柴的小女孩。

2. 请同学们打开书，浏览课文：想一想这个童话故事主要写了什么？（指名回答）

【设计意图：浏览课文，快速回顾课文内容。】

二、走进文本，想象画面，感受童话美好

1. 小女孩擦燃火柴，谁能把她看到的场景读给我们听？

2. 对话交流。

场景一：感受温暖。

小女孩觉得自己好像坐在一个大火炉前面，火炉装着闪亮的铜脚和铜把手，烧得旺旺的，暖烘烘的，多么舒服啊！

场景二：感受美妙。

桌上铺着雪白的台布，摆着精致的盘子和碗，肚子里填满了苹果和梅子的烤鹅正冒着香气。更妙的是这只鹅从盘子里跳下来，背上插着刀和叉，摇摇摆摆地在地板上走着，一直向这个穷苦的小女孩走来。

场景三：感受快乐。

这棵圣诞树，比她去年圣诞节透过富商家的玻璃门看到的还要大，还要美。翠绿的树枝上点着几千支明晃晃的蜡烛，许多幅美丽的彩色画片，跟挂在商店橱窗里的一个样，在向她眨眼睛。

场景四：感受亲人的疼爱。

奶奶出现在亮光里，是那么温和，那么慈爱。

预设：唯一疼她的奶奶对小女孩有着非比寻常的意义，她的心情怎样？谁能用朗读再现当时的景象。

出示：

"奶奶！"小女孩叫起来，"啊！请把我带走吧！我知道，火柴一灭，您就会不见的，像那暖和的火炉，喷香的烤鹅，美丽的圣诞树一个样，就会不见的！"

场景五：感受幸福。

奶奶从来没有像现在这样高大，这样美丽。

奶奶把小女孩抱起来，搂在怀里。她俩在光明和快乐中飞走了，越飞越高，飞到那没有寒冷，没有饥饿，也没有痛苦的地方去了。

3. 朗读体味。

三、联系处境，聚焦"火柴"，理解人物情感

1. 小女孩又是在怎样的境况下看到这一切的呢？谁能联系着前文读一读。

2. 小女孩内心的感受是怎样的？

3. 学生交流。

4. 师生合作读。

【设计意图：联系处境，走进小女孩的内心，感受美好幻象的特殊意义。】

5. 又是什么让小女孩看到这一切的呢？（火柴）

6. 学生交流。

7. 自由读火柴燃起与熄灭时的场景。

【设计意图：引发学生思考、提炼与整合，关注小女孩的悲惨境遇，感受她对美好幸福生活的追求，理解安徒生的创作意图。】

四、提升认知，体会"幸福"，感知作品主题

1. 第二天清晨，人们又看到了什么？（指名读）

2. 你眼前又浮现出一个怎样的小女孩？

3. 分享对"幸福"的理解。

随机板书：向往幸福

【设计意图：在交流中，走进作者的情感世界，感受安徒生用小小的火柴带给小女孩幸福，感受对小女孩所寄予的同情与关爱。】

五、组合阅读，内化品质，拓宽阅读视野

1. 出示叶君健先生的评论：

"他的童话是弱者的安慰所，是美的集聚地。"

2. 交流理解。

3. 请你打开自己喜欢的一篇安徒生童话，结合着评价谈一谈。

4. 学生交流。

5. 我们一起走进了安徒生的经典童话，他用 40 年精心编织了 168 篇童话故事。他向我们传递着对生活的信念，对真善美的追求。

出示——不同年龄的读者阅读安徒生童话的感受。所以说：

安徒生的童话不只属于我们的童年，更属于我们的一生。

【板书设计】

14　卖火柴的小女孩

安徒生

向往幸福

【教学特色】

1. 引导学生读中品味、想象、体会，在交流中感受小女孩对幸福的向往。

实现四读：一读回顾课文内容；二读走进文本情境；三读体会人物情感；四读感悟作品主题，引发学生深度阅读。

2. 组合阅读，进一步感受安徒生童话的审美理想和文化追求，受到熏陶。

建立大语文观立场，引导学生对自己最喜欢的一篇安徒生童话重新阅读，以此加深对安徒生童话的认识，初步理解安徒生童话"是弱者的安慰所，是美的集聚地"，激发学生阅读安徒生童话的兴趣，感受经典作品永恒的魅力。

《和时间赛跑》教学设计

【学段】第二学段 【年级】三年级 【授课人】王 华

【指导思想与理论依据】

新课标指出：语文课程致力于培养学生的语言文字运用能力，提升学生的综合素养，为学好其他课程打下基础；为学生形成正确的世界观、人生观、价值观，形成良好的个性和健全人格打下基础；为学生的全面发展和终身发展打下基础。

【教学背景分析】

一、对教材的认识与理解

《和时间赛跑》讲的是"我"因外祖母去世而忧伤不已，爸爸告诉我时光一去不复返，从而使年少的我第一次感受到了时光流逝的可怕，于是"我"开始在一件又一件小事中和时间赛跑。在这个过程中，我收获了快乐，同时明白了"假若你一直和时间赛跑，你就可以成功"的深刻道理。后来的20年里，"我"因此受益无穷。

二、学情分析

本文立意深刻，富有哲学性，内涵比较深奥，三年级的学生知道一些珍惜时间的名言警句，对于时间的意义理解很浅显，不深入。

三、设计思考

语言能力的习得过程应该是学、思、知、行的统一。在本课的教学中，我引导学生联系上下文和生活实际深入思考、积累含义深刻的语言，体会文字中所表达的情感，在对文字的潜心品读中感受情感，受到熏陶，提升情趣，在积极有效的阅读经验中获取有意义的认知经验和情感体验。

【教学目标】

一、教学目标

1. 通过多种方式，引导学生理解含义深刻的句子。

2. 有感情地朗读课文，积累语言，体会本文表达的特点。

3. 懂得时间一去不复返，要珍惜时间，培养珍惜时间的好习惯。

二、教学重点、难点

通过多种方式，引导学生理解含义深刻的句子。

【教学过程】

一、复习词语，了解主要内容

（一）复习词语

1. 齐读课题。

2. 复习词语：疼爱、忧伤、安慰、赛跑、受益无穷。

（二）复习课文重要内容

自由读课文，借助词语说说课文主要写了什么内容？

【设计意图：在复习生词的同时，引导学生通过几个关键词回忆课文内容，并根据这些词语把课文主要内容运用词语串联起来。】

二、理解含义深刻的句子，认识时间一去不复返

（一）运用积累的名言，谈自己的理解

1. 说说自己积累的珍惜时间格言。

2. 读课文中的 2 句格言，谈理解。

（二）感悟爸爸对时间的认识

1. 默读课文，找到爸爸认识时间的段落。

2. 找到爸爸认识时间的 3 个事例。

3. 师生合作读 3 个事例，体会段式结构。

（三）感悟"我"对时间的认识

1. 在以后的日子里，林清玄认真观察生活，他是怎样重新认识时间的？默读课文，找相关内容。

2. 品味两段文字，感受时间带来的变化。

【设计意图：引导学生联系上下文和生活实际深入思考、积累含义深刻的语句，体会文字中所表达的情感，在对文字的潜心品读中感受情感，体会时间一去不复返。】

三、感受如何和时间赛跑，知道如何珍惜时间

（一）感受"我"是怎样和时间赛跑的

1. 林清玄是怎么和时间赛跑的？默读相关内容。

2. 有感情地朗读相关内容。

3. 结合资料，谈在以后的 20 年里他是怎样继续和时间赛跑的。

（1）结合你查到的资料，说说他在后来的日子里，是怎样继续和时间赛跑的？

（2）出示林清玄资料。

（3）联系林清玄资料和文本，谈对"受益无穷"和含义深刻的句子的理解。

（二）结合"我"和时间赛跑的经历，联系实际谈自己如何珍惜时间

1. 读了这些文字，让你联想到自己的哪些珍惜时间，和时间赛跑的经历呢？

小组讨论。汇报交流。

2. 积累并运用，感受时间的珍贵。

出示：一日之计在于晨，一年之计在于春。

时间就像海绵里的水，只要愿挤，总还是有的。

……

【设计意图：结合搜集的资料和生活实际，在积极有效的阅读经验中获取有意义的认知经验和情感体验，在积累和运用中促进学生对于为什么要珍惜时间的深切认识。】

四、积累运用，懂得珍惜时间

（一）积累含义深刻的语句

1. 读含义深刻，让自己深受启发的句子。

2. 背诵积累这些含义深刻的句子。

3. 创设情境，运用积累的句子和格言。

出示：

原来的我很贪玩，不知道珍惜时间。现在，我会对自己说：＿＿＿＿＿

原来的我认为自己是跑不过时间的。现在，我会对自己说：＿＿＿＿＿

（1）自读体会。

（2）小组讨论。

（3）汇报交流。

4. 小结。

【设计意图：在理解全文的基础上，创设情境，围绕怎样珍惜时间，和时间赛跑进行交流，激发学生对养成珍惜时间的好习惯的向往和追求。】

五、作业

1. 课后，有兴趣的同学可以找来朱自清的散文《匆匆》读一读。

2. 继续积累自己喜欢的段落。

【板书设计】

13　和时间赛跑

认识时间　一去不复返

珍惜时间　受益无穷

【教学特色】

1. 体现了"学、思、知、行"的理念。

"学思结合、知行统一"是学生习得语言的基本规律。在语文课堂上，我重视含义深刻的语句的理解，结合上下文，联系生活实际，加深学生的情感体验，产生共情，突破重点和难点。

2. 努力把积累和运用相结合进行教学。

学生对珍惜时间的名言有一定的积累，但积累语言的目的，是为了更好地帮助学生去运用。在教学的尾声，请学生再次回到文本，背诵含义深刻的语句，鼓励学生和时间赛跑，打造高效的语文课堂。接着，创设情境引导学生把积累的语句，运用到实际生活中，让学生在实践中发展语言。

《狐狸分奶酪》教学设计

【学段】第一学段　　【年级】二年级　　【授课人】杨晓雅

【指导思想与理论依据】

《语文课程标准》指出，"阅读浅近的童话、寓言、故事，对感兴趣的人物和事件有自己的感受和想法，并乐于与人交流"，是低段培养学生阅读能力的目标。学生能够有依据、有条理地表达自己的观点也是语文核心素养的重要内容。

【教学背景分析】

一、对教材的认识与理解

《狐狸分奶酪》是部编版语文二年级上册第八单元的内容，本单元是围绕"相处"这个主题组编的。本课是一篇匈牙利民间故事，采用对话的形式推进故事发展，并且告诉我们同伴之间斤斤计较，就会让别有用心的人有机可乘。

二、学情分析

二年级学生已能通过课文内容明白一些浅显的道理。但在理解课文基础上清楚地表达自己的观点还需要教师的引导。

三、设计思考

本节课我通过多种形式的读来帮助学生进一步理解课文内容。再利用简洁、有条理的板书帮助学生梳理故事发展的脉络，让学生对狐狸的做法有更清晰的判断，并能表达自己的想法。

【教学目标】

一、教学目标

1. 复习生字词，会写"第、公"2个生字。

2. 分角色朗读课文，想象情境，理解课文内容。

3. 能对狐狸的说法做出判断，初步表达自己的想法。

二、教学重点

分角色朗读课文，想象情境，理解课文内容。

三、教学难点

能对狐狸的说法做出判断，初步表达自己的想法。

【教学过程】

一、回顾课文，复习词语

（一）读课题，引入新课。

回顾第 1 自然段内容，说说围绕这块奶酪发生了什么事情。

（二）由学生回答的内容引出复习的词语，出示词语卡片进行复习。

哥儿俩　　开始　　拌嘴

二、多种形式朗读，逐层理解课文内容

（一）学习课文中狐狸分奶酪过程的部分

自由读第 2~9 自然段。思考：谁来帮它们解决问题了，又是怎么解决的？那狐狸到底是怎么分的，请同学用波浪线画出狐狸说的话，用直线画出小熊哥儿俩说的话，看看小熊哥儿俩是什么反应。

1. 学习狐狸第一次分奶酪的内容。

（1）指名读相关语句。请学生说说一开始狐狸是怎么分奶酪的？并指导学生借助课文插图，观察狐狸的表情，感受狐狸有主意、有办法的肯定语气。

（2）观察图片中小熊哥儿俩的表情和动作，说说它们在干什么。读一读描写小熊哥儿俩的反应的语句。引导学生理解"嚷"的意思，读出着急的心情，及小熊哥儿俩对第一次分的结果不满意在哪里。

2. 学习狐狸第二次分奶酪的内容。

（1）请学生说说狐狸接着又是怎么分的奶酪，读一读狐狸的话。

（2）指名读读小熊哥儿俩说的话。引导学生通过对重点词语"又嚷"的理解，体会熊兄弟着急的心情，以及再领悟小熊哥儿俩在意的一直是分给自己的奶酪的多少，就怕自己吃亏。

（3）指名读小熊兄弟的语言，指导再读，把学生的理解读出来。

3. 回顾两次分奶酪的过程，分角色朗读，再次感悟文本。

（1）小组分角色朗读第5~8自然段。

小组自由练习朗读，教师巡视指导。

（2）小组分角色朗读汇报。

学生互评，教师指导，学生通过有感情朗读，感悟人物内心世界。

4. 创设情境，师生配合，理解狐狸后续分奶酪的方法。

（1）带入情境，教师扮演的狐狸与学生扮演的小熊兄弟展开互动对话。

（2）想象第9自然段中小熊哥儿俩的反应和可能会对狐狸说的话，让学生体会出小熊哥儿俩越来越着急，不愿让自己吃亏的心情。

（二）学习狐狸分奶酪结果的部分

1. 出示第10自然段内容，引导学生有感情朗读。

过渡语：奶酪都被狐狸吃光了，一点儿也没剩下。小熊哥儿俩你们眼睁睁地看着奶酪在你们眼前被吃光，你们现在什么心情，快来读一读。

2. 出示第11自然段内容，指导朗读。

（三）回扣全文，梳理人物关系，揭示文章主旨

1. 回顾狐狸分奶酪的过程，发现狐狸的狡猾并思考狐狸所说的"公平"是否有道理。

2. 通过板书回顾小熊兄弟在分奶酪过程中的表现，了解小熊兄弟在分奶酪时计较分得多与少的想法。

3. 代入角色，进一步理解文章主旨。

如果你是熊哥哥或熊弟弟，你怎么做才能让两个人都吃能到奶酪呢？

【设计意图：此环节通过分角色、师生配合等多种形式的读来帮助学生了解人物特点，体会人物的心情，从而进一步理解课文内容，让学生对狐狸的做法、熊兄弟的想法有更清晰的认识和判断，并能表达自己的想法。】

三、拓展延伸，传承文化

看来，兄弟和朋友之间都需要相互谦让，相互理解，这是一种美德。中国几千年的传统文化就是这样教导我们，看看三字经"孔融让梨"、弟子规。自己来读一读。

四、学习生字"第、公"

这节课还有两个生字要学呢！"第"和"公"两个生字该如何书写呢？我们一起来学习。

1. 读生字，组词。

2. 观察生字，有什么相同点、不同点。（结构，宽窄）

3. 重点笔画。

4. 教师范写。

5. 学生书写，生生互评。

【板书设计】

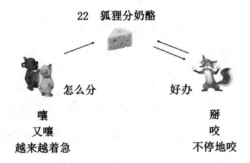

【教学特色】

1. 通过多种形式的读来帮助学生进一步理解课文内容，代入角色和情境，感受人物的情感和课文中蕴含的道理。

2. 充分利用清晰、有条理的板书引导学生回扣全文，帮助学生梳理人物关系和故事发展的脉络，揭示文章主旨。

《科技发展：利大还是弊大》教学设计

【学段】第三学段　　【年级】六年级　　【授课人】丁笑迎

【指导思想与理论依据】

《语文课程标准》指出：口语交际能力是现代公民的必备能力，培养学生倾听、表达和应对的能力，使学生具有文明和谐地进行人际交流的素养。

此次口语交际让学生对辩驳内容产生兴趣，并主动投入，敢于表达观点，体验学习乐趣。

【教学背景分析】

一、对教材的认识与理解

这次口语交际训练选自人教版小学语文六年级下册口语交际·习作五，是第五组教材专题"科学精神"的有机组成部分。辩题是"科技发展：利大还是弊大"，正方的立场是"利大"，反方的立场是"弊大"。

二、学情分析

高年级学生已具备主动学习，自主探究的能力。对于学习任务他们能根据具体要求有序地展开思考、讨论获得丰富的知识。他们有能力将尚不清晰的有关知识加以整理，内化整合，形成体系。

三、设计思考

本课主要采用师生、生生互动的教学法，通过对比生活中科技带来变化的图片和视频，让学生成为自己思考的主人，深刻理解本节课的知识要点。

【教学目标】

一、教学目标

1. 培养学生有目的搜集整理材料的能力；培养认真倾听的好习惯和多角度思考问题的能力。

2. 通过辩论，指导学生学会举恰当事例条理清楚地阐释观点。

3. 使学生对科技发展对人的生活影响有较全面、客观、理性的认识。

二、教学重点

培养学生有目的搜集整理材料的能力；培养认真倾听的好习惯和多角度思考问题的能力。

三、教学难点

通过辩论，指导学生学会举恰当事例条理清楚地阐释观点。

【教学过程】

一、引出辩题

上节课我们讨论了许多关于科技发展的话题，同学们的发言给我留下了深刻印象，对有一些问题争执不下，那么今天我们就"科技发展：利大还是弊大"这个问题继续来辩一辩！（板书：科技发展：利大还是弊大）

二、一次辩论

（一）分组讨论，筛选信息

出示活动要求：

1. 选取材料袋及课前搜集资料中的恰当事例练习陈述。

2. 活动前明确分工，辩手、记录梳理人员各司其职。最后推选出一名代表就本方观点进行陈述。

每组材料袋中的内容既有具体事例，又有数据和图片，请大家认真筛选积极练习。

（二）教师巡视，适时指导

（三）开篇立论

主持人宣布辩论会开始；公布辩论的题目和正、反方的基本观点；介绍双方辩手的发言次序。思考：哪位辩手给你留下了深刻印象？

（四）点评优点

指名点评并说理由。（板书：礼仪　清楚，有序　恰当）

三、二次辩论

（一）调整观点

听了"开篇立论"环节中各位辩手的论述，请思考你还坚持之前的观点吗？如坚持，请继续坐在原地；如改变了，请坐到对方任一小组中；如还不确定，可以暂时坐到中立区继续思考。

（二）小组辩论

1. 出示小组活动要求：

（1）小组派一名代表抽取材料袋。

（2）小组再次讨论时注意刚才总结出的辩论细节。在坚定或调整自己的观点后，派一名同学依据本方观点再次来抽取材料袋。

2. 学生分组辩论，教师相机指导。

（三）自由辩论

1. 宣布规则。

大家发现这次拿到的材料与之前材料袋中的材料有什么不同？是呀，既有正方材料，又有反方材料，更丰富了。让我们进入"自由辩论"环节。在这个环节中每名同学都将成为辩手，就你方的观点进行论述。

2. 教师适时点评。

3. 学习反驳技巧。

（1）老师给大家带来了一段"全国大学生辩论赛"的视频片段，让我们一起来看一看这位辩手运用了什么样的辩论技巧？（播放视频）

（2）我们能不能也学着刚才辩手的样子，在对方辩手陈述时认真倾听，抓住漏洞进行反驳，做到"以理服人"呢？

（3）分组辩论。

请同学们注意，这次在组内准备论述时大家既要准备好自己的发言，又要考虑对方会说些什么？

（4）自由辩论。

谁的观点更有道理，让我们继续辩论见高低。双方辩手请注意：认真倾听，抓住漏洞，及时反驳。

【设计意图：本环节，教师退到一边，给了学生更大的表达空间，但教师的退后并非放任自流，而是在学生需要提升时，遇到困惑时加以点拨。学生经历了一个思考、交流、表达的完整思维过程。】

（四）教师小结。

想成功说服别人，就可以像这些同学一样充分运用身边事例、数据、图片证明自己的观点、想法，做到言之有理。

四、课堂反馈，总结提高

（一）课堂反馈

双方辩手今天用恰当事例充分展示出科技发展的利与弊。整个辩论下来大家的收获一定也很多，愿意谈谈吗？

（二）课后延伸

任何事物都有两面性，科技也是一把双刃剑，有利也有弊。我们要学会辩证地看待它，扬长避短，只有这样科技才能更好地为人类服务。

　　课下各位辩手可以就自己的观点及理由和身边的小伙伴、爸爸妈妈继续来说一说，听听他们又是怎么看待这个辩题的。同时也请你夸一夸你心中的"最佳小辩手"。

【板书设计】

科技发展：利大还是弊大

礼仪

清楚 { 有序
　　　恰当

【教学特色】

　　新课标指出：语文课程必须根据学生身心发展和语文学习的特点，爱护学生的好奇心，求知欲，鼓励自由表达，充分激发他们的问题意识和进取精神，积极倡导自主、合作、探究的学习方式。在课堂教学中有效落实了这一要求。

《宝葫芦的秘密》阅读导读课教学设计

　　【学段】第二学段　　**【年级】**三年级　　**【授课人】**齐丽嘉

【指导思想与理论依据】

　　《语文课程标准》指出："小学语文必须重视引导学生进行课外阅读，中年级不少于 40 万字。"作为导读课，重要的是引起学生阅读这本书的兴趣。让孩子静静阅读精彩片段来感受人物，养成阅读习惯，塑造学生良好个性与健全的人格。

【教学背景分析】

一、对教材的认识与理解

　　《宝葫芦的秘密》语言通俗易懂，告诉孩子们不能不劳而获。这本书是引导塑造学生具有良好个性与健全的人格的好素材，以达到课内与课外学习的促进与互补。

二、学情分析

孩子的课外阅读量不够多，阅读视野不够宽，尤其对经典名著阅读严重不足，但学生愿意在联想、猜测中去阅读。

三、设计思考

本节课的设计力求激发学生的阅读兴趣，通过猜测故事情节，使学生存疑，从而推进阅读欲望，提升阅读能力。并且，整节课还要教给孩子猜测、联想、批注的阅读方法。

【教学目标】

一、教学目标

1. 初步了解故事梗概。

2. 通过猜测故事情节，使学生存疑，引发阅读兴趣。

3. 教给学生简单批注的阅读方法。

二、教学重点

1. 通过猜测故事情节，使学生存疑，引发阅读的兴趣。

2. 教给学生简单批注的阅读方法。

三、教学难点

通过猜测故事情节，使学生存疑，引发阅读兴趣。

【教学过程】

一、了解封面信息，引发猜测

1. 趣味导入，了解"宝葫芦"。

（1）出示故事传说中的人物形象，了解"宝葫芦"的本领。

（PPT 出图）　寿星老　葫芦娃　金角大王

（板书：宝葫芦）

在我们中国的故事传说里葫芦可是一样了不起的宝物，它千般本领，万般变化，所以我们常叫它"宝葫芦"。

（2）引出阅读图书。（板书书名）（学生齐读书名）

2. 由书名展开猜想。

这宝葫芦有什么秘密？（学生自由猜测）

3. 了解作者，激发学生对《宝葫芦的秘密》的阅读期待。

（1）（PPT 作者简介）通过对作家作品的介绍，了解这部书写于 1958 年，距今已有 60 年的历史了，在这么长的时间里，《宝葫芦的秘密》一直是孩子们所喜爱的。（再出示 PPT 郑渊洁）通过学生熟识并喜爱的故事大王郑渊洁对此书的喜爱，让学生从侧面感受《宝葫芦的秘密》的文学价值，激发想读这本书的情趣。

（2）解读封面"百年百部中国儿童文学经典书系"的标志语。

【设计意图：结合封面"百年百部中国儿童文学作品经典书系"这一信息的了解；通过印制外文的信息，使学生感受到《宝葫芦的秘密》是世界各国儿童喜爱的文学作品，以此激发学生的阅读情趣。】

二、初识故事，猜测、联想，感受宝葫芦的神奇，有阅读整本书的愿望

1. 结合书中片段提取信息，使学生了解故事主人公。

（PPT 出示小说片段） （板书：王葆）

2. 了解故事中的宝葫芦，感受宝葫芦的神奇。

（PPT 出示书中选段）

3. 联系自己引发联想：如果你有一个宝葫芦，想让它帮你做什么呢？设计意图：在联想、猜测中感觉宝葫芦没有办不到的事，自己的愿望没有不能实现的，感受宝葫芦好神奇。

（自由发言）

4. 依次出示王葆的 3 个愿望，学生在猜想宝葫芦能否完成他的心愿中，出示书中的结果，一一呈现王葆的愿望都能实现，再次使学生的猜测与联想得到印证，将宝葫芦的神奇放大到极致。

PPT 出示王葆的愿望；愿望得以实现的片段内容。

（指名朗读、合作朗读、师生合作读）多种形式的读，加深理解，感受宝葫芦的无所不能。

5. 观看宝葫芦完成王葆第一次心愿的电影《宝葫芦的秘密》的视频剪

辑，在视像中感受中宝葫芦的神奇，体会王葆此刻愉悦的心情。

三、设置悬疑，使学生的阅读期待推向高潮

1. 通过学生自身若拥有宝葫芦的联想、加之片段节选、视频感受宝葫芦一次次完成王葆的心愿，让学生继续猜想王葆有了宝葫芦以后的日子会怎样？

板书：快乐极了（幸福极了）（轻松极了）……

2. 书中插图的出示，学生的猜测、联想与文中片段节选的结果形成冲突，学生急迫想得知缘由，使学生对《宝葫芦的秘密》整本书的阅读期待推向高潮。

（PPT 出示书中插图）（学生观察，提出疑问。）（板书:???）

四、初识人物，学习批注，获得运用批注的理解内容的阅读方法。

1. 王葆是个怎样的孩子呢？学生阅读选段，初步学习批注。

2. 出示《学习单》，填写印象圈。开启阅读之旅。

【板书设计】

《宝葫芦的秘密》

幸福极了　　猜测

王葆　　　???　　　联想

批注

【教学特色】

1. 学生通过猜测故事情节，步步存疑，激发阅读兴趣。并联系自己实际，把书读进心里，从而推进阅读欲望，提升阅读能力。

2. 学生初步学习批注的阅读方法，将课外与课内融合，从而更好地帮助理解课内文本。

第 **3** 部分

叙事·反思

第 10 章

教 学 探 索

戏剧与语文对接　让语文课堂活起来

张书娟　张京利

在"整合"理念的指导下，我们结合自己的班级和教学进行了尝试。

一、画面引入话题

这两张照片是同学们在热烈讨论着怎样更好地改编课本剧《"精彩极了"和"糟糕透了"》。上学期，学校开设了戏剧课，孩子们经过一轮的排演，开始喜欢上了戏剧，他们聊剧情、聊演出，甚至迷上了戏剧。

于是我们在班级里做了一份问卷调查，调查发现，100%的学生选择非常喜欢戏剧课，他们愿意参与戏剧课的活动；有48%的学生愿意参与剧本编写；71%的学生愿意参与角色表演。由此可见学生对戏剧的喜欢程度。我们想，怎么能在语文课学习中基于学生的兴趣点，满足学生的需求，提高语文素养？带着这种思考，我们开始了尝试。

二、回顾实践历程

（一）梳理

我们和学生一起对本册教材进行了梳理，找到适合进行戏剧改编的几篇课文：

课　文	特　点
《窃读记》	画面再现
《秋思》	情景补白
《"精彩极了"和"糟糕透了"》	对话表现
《钓鱼的启示》	内心独白　凸显主题

这些课文都是按事情发展推动情节，但各具特点，从不同角度改编剧本，孩子们从中获益。

（二）长效作业，体验剧本改编与排演

学生有了上学期的初步戏剧表演经验，本学期又在传媒课上学习剧本创编，一些学有余力的学生便开始尝试了改编课本剧。

如《窃读记》，一开始，学生仅仅是把课本简单变成剧本的形式，并不符合创作的要求，但是就是这简单的转换，给了孩子们极大的信心和提升空间。于是在老师们的指导下，他们又升级了自己的剧本，排演了"冲突版"的《窃读记》。在剧本中除了书中的主人公外，还设计了一个人物——小弟弟，通过人物之间的所谓冲突，升华了"读书使我们长大"这个主题。

比如《秋思》这首古诗，讲的是诗人客居洛阳城时的思乡之情，诗句语言并不难懂。学生在学完了另外两首诗的基础上，把这首诗改编成课本剧，在排练的时候，只是泛泛地通过动作来表现当时情景，有的还笑场，觉得好玩儿。但是当他们深入研读文本走进古诗的时候，抓住了"意恐"和"说不尽"做文章，补充了人物的心理活动："冬天到了，家里暖和么？""不知家里的孩子书读得怎么样？""家乡的父母可否安康？""父母年纪大了，可要当心啊！"……就是这些补白，使故事有了情节，诗人一次次地"又拆封"便淋漓尽致地表现出来。

孩子们就是这样在老师的指导下，尝试运用冲突深化主题，尝试用补白来表现人物的内心，用环境烘托气氛，有目的地阅读资料、筛选资料，等等。

（三）及时再现，捕捉课堂生成

戏剧排演是提供机会让学生在真实的情境中探索阅读理解的过程，在表演的情境中丰富读写资料。要表演好一个角色，不仅仅是背台词，他们必须深入研读文本，把握角色的心理主线，再把他们表现出来。学生们在课堂上及时再现，更提高了要求，通过课堂生成促思维的碰撞。

三、戏剧带给我们的思考

戏剧的剧本创编与表演热热闹闹，学生喜欢，但是我们在思考他与语文课的真正对接在何处，只有弄清楚对接点，才能更好地引导孩子深入探究实践，才能真正提高语文素养。

1. 提高阅读能力、有目的地搜集信息整理信息的能力

不论是编写剧本还是表演，都必须在深入研读文本上下足功夫。为了了解时代背景、创作背景，为了走进人物，了解人物，把握人物形象，就必须要大量地阅读相关资料，而这个过程，是在学生自主满足需求的前提下进行的，他们有针对性地阅读，有目的地筛选，阅读能力自然而然地得到锻炼。

2. 提高写作能力

在剧本创编的过程中，学生的思维品质也得到进一步锻炼。他们根据文本确定主题，在主题表达的需要下，再有重点地选材组材，通过动作、语言等刻画，传达人物内心，表达主题思想，凸显人物形象，其实这与写作是有异曲同工之处的。孩子们在这个过程中自主体验，自主发现与探究，写作能力会逐步得到提高。

3. 表演中提升综合能力

演员的表演更是锻炼孩子的综合能力，他需要了解文本，深入人物，把握角色，更难的是要把自己的理解外化出来。这个过程丝毫不比剧本创编简单，同样需要经历一个深入研读的全过程。在这个过程中不仅语文能力得到锻炼，而且从剧本编写到排演，孩子们互相讨论、思维碰撞、互相补台、互相促进，沟通合作能力在加强，综合能力在提升。

我们会继续深入研讨下去，拓宽视野，在语文与戏剧对接的领域中更好地研究教学策略，提升学生核心素养。

艺术润养课程　戏剧提升自信
——史家小学戏剧课程实施情况
祖学军

一、实施背景

1. 《语文课程标准》的要求

《语文课程标准》指出："语文是实践性很强的课程，应着重培养学生的语文实践能力，而培养这种能力的主要途径也应是语文实践。""能在教师指导下组织有趣味的语文活动，在活动中学习语文，学会合作。"

2. 北京市东城区贯彻落实《北京市实施教育部设置实验方案》的要求

方案对我们语文课提出的要求就是落实综合实践课，语文综合实践既有学科内的，又有跨学科的，学科内的综合实践活动在区里有统一的安排、规划，我们的着力点就放在跨学科综合实践活动上，并根据本校学生的特点，决定开发戏剧课程。

3. 学校的要求

史家小学王欢校长对老师们提出要让每个学生优势潜能得到充分发挥，个性得到全面和谐发展，要拓宽学生知识面，开阔学生视野，进一步培养学生的创新精神和实践能力。让每一个孩子在史家小学都能充分地绽放个性、共享精彩。

二、课程目标

1. 通过本课程的学习，学生深入了解文本，与作品进行深层次的交流，进行体验式学习，全面提升学生的语文素养和综合能力，提高学生的审美能力。

2. 让同学们初步了解有关戏剧和戏剧表演的基础知识；培养学生的基本表演能力、基本塑造角色能力和基本解读剧本能力，简称为"三基能力"。

3. 引导学生进行"二度创作"，激发同学们的创造性，同时进行合理化指导，最终排演出一部"小课本剧"。在这一过程中培养他们团结协作的精神，培养他们的交往沟通能力。

三、课程内容

（一）基础训练

前四周时，每次课用半个小时的时间，对学生进行"三基能力"的培训。具体内容围绕表演四要素"声台形表"展开，即声音、台词、形体和表演，见表1。

表1　　　　　　　　　　　　　　表演四要素

要　素	声　音	台　词	形　体	表　演
课时安排	第一周	第二周	第三周	第四周
具体内容	为学生讲解发声原理，传授正确的发音方法，让同学们用洪亮的、正确的声音进行自我介绍	传授同学们绕口令，训练同学们的口齿，结合汉语拼音和舞台表演，纠正同学们的发音错误	传授同学们一些基本的戏曲身段，例如山膀、云手、圆场等等，以达到训练学生形体的目的	演员的交流、表情变换、注意力集中和内心情感处理等

（二）课本剧表演

我们选定《中彩那天》与《渔夫的故事》这两篇课文做剧本。现在已经完成《中彩那天》这个剧本。在语文课上，老师让孩子们了解故事内容，熟悉人物形象，分析人物的内心变化，达成语文课的教学目标。然后，戏剧课的老师在此基础上，指导学生用戏剧化的手段表演出来。由于是同一故事内容，为了避免雷同，我们将《中彩那天》进行解构，多角度、多方位地探讨诚信与尊严的问题，编写出不同版本的剧本。更融入了多种戏剧元素，加入很多角色，让更多的学生参与其中。

四、实施方法

1. 成立戏剧课程小组

学校成立了以陈燕、范汝梅校长为首，中国儿艺的领导、教研组长、戏剧专职老师组成的戏剧课程组。制定戏剧课程的内容、目标、评价标准、老师的职责等内容。

2. 课程面向全体学生

要求班级每一位学生在自荐他荐的基础上，担任剧中的角色或担任幕后工作，做到全员参与。

3. 课程体现跨学科的特点

在戏剧表演过程中，我们还和音乐、信息、劳技、美术等学科进行整合。如信息课上，老师教学生制作演出用的 PPT。劳技课上，老师教孩子们制作演出的道具；音乐课上，老师指导教学生选择剧中适合的音乐；美术课上，老师教孩子们设计宣传海报……

五、评价标准

戏剧课给学生的评判标准我们从以下几方面考虑：即纪律、天赋和参与投入程度，并设计了这样的评价标准，见表 2。

表 2　　　　2015～2016 学年度第二学期四年级语文综合实践活动评价标准

年级	主题	评价要素	评价标准	分值	得分	总分
四年级	课本剧《中彩那天》《渔夫的故事》	（1）课堂纪律　学生在上课期间需保证良好的课堂纪律。集中注意力，专心听讲，配合老师推进教学内容	①自觉遵守纪律，集中注意力听讲，能够就老师提出的问题进行思考，积极发言	2.5		
			②能够遵守纪律，大部分时间注意力集中，能够在老师的指导下认真练习	1.5		
		（2）天赋才能　老师根据学生特长安排其剧中合适位置，使每个孩子都能从各个角度参与到一部戏的创作中来	能够在老师的指导下充分发挥自身的才能，为课本剧的呈现尽力	2		
		（3）参与投入程度　戏剧表演课程是对学生表演方面的训练，更是对学生的担当意识、责任意识的培养过程	①能够揣摩角色内心，认真塑造角色，积极做好？相应的幕后工作，有责任心和担当意识	2.5		
			②能够在老师的指导下将角色表演到位，做相应的幕后工作，有一定的责任心	1.5		

六、汇报演出

2016 年 5 月 12 日，史家小学王欢校长、中国儿艺的闪增宏副院长、北京市东城区教研员老师以及学校各位领导等亲临现场，观看了四年级学生的汇报演出。参加汇报演出的八个班的同学，全部发挥出了自己的最高水平，在舞台上绽放了自己的能力与才艺，得到了全场观众的掌声与喝彩声。

在戏剧课程的实施过程中，也发现了一些问题，不过我们会继续深入研究、实践、反思，不断地调整，一定会让戏剧课程更加精彩，让更多的孩子爱上戏剧。

利用班级特色活动，把作文与活动感受整合的尝试

温 程

一、整合的初衷

多年的教学中，我发现，现行的作文教学在实际操作中，还没能做到为学生的自主写作提供有利的条件和广阔的空间，习作与实际生活相脱离，忽视了学生身边社会、自然及其他课程中写作资源的开发和利用。加强作文教学与班级特色活动整合，让学生的习作训练从一开始就参与生活，服务于生活，在生活体验中"用"起来，更能激活学生心中需要表达的体验、感受，以及想说的强烈愿望。

二、整合的意义

作文教学由于长期处于封闭的课堂之中，学生写作的兴趣日趋减弱，写作能力得不到很好的提升与发展。通过班级特色活动课与写作教学的有机整合，可以将封闭的课堂打开，引导学生在参与活动的过程中收集写作的素材，并在活动的过程中获得作文所必需的真实感受与情感体验。

三、整合的好处

在活动中，孩子们是活动的主角，推动着活动的发展，每个人都能充

分地发挥主人翁意识，调动多种感官，甚至手脚并用。在写感受时，因为活动是他们自己做主宰，所以可说的太多，无论是成功还是失败，无论是收获还是感悟，都能表达出最真实的、最个性的、最与众不同甚至超出人想象的语言。这种语言是灵动的、真实的、带着温度的。因为我们的活动具有班级唯一性，所以很巧妙地规避了到网上找、到作文选搜、直接"拿来主义"的抄袭的现象。因为班级活动是唯一的，孩子作为主体也是唯一的，这个文章只能他自己写。

另外，当孩子的作品出现在班级公众号，孩子们的成就感油然而生，那种写作带来的快乐和自豪无与伦比。他们每人都期待更多人看到他们的作品，因此下次作文会更下功夫。同时，把作文文字所描述的场景，用照片配合起来，图文并茂，相得益彰，更增加了可读性。在班级中这种互动的、交叉的阅读形式，让孩子对彼此增加了了解，互相吸纳彼此的优点，互相感动。最后连家长也参与进来，家长们的转发，在朋友圈也引起很多大人朋友的共鸣，在评论互动中，不知不觉家长们也完成了对孩子作文的评价，甚至家长也写出了小文，这个单一的学生作业，变成了一个全班性的写作习惯，甚至是写作生活。

四、作文整合举例（观察日记系列）

关于种植观察日记作文要求

1. 边种植，边观察。

2. 在家先种植，然后写观察日记。

3. 图文并茂，图片总篇幅不超过全篇的1/2，希望是一种自由灵活的状态呈现，文字和图片请自己做好排版。

4. 文字要求：认真观察你所选取的中草药，注意细节变化。必须有持续观察的地方，比如颜色、高度、味道、形状、质感，等等，这些地方，每次写观察日记的时候都要提及，最终让读者看到发展变化。要注意整体和局部，尽量生动具体，可参照上学期的《爬山虎的脚》。除了视觉感官，也要写清自己在观察时候的感受。图片要求：对于草药，可以是整体绘画，也可以就某一部位进行特写。

作文成品展示举例

观察日记（第一周）

四2班　张壹茗　36号

　　周日爸爸妈妈带我来到了花卉市场，我们在这里挑选好种植、容易成熟的种子品种。经过妈妈的详细询问，卖种子的摊主向妈妈推荐了紫根韭菜、上海青、大叶空心菜。摊主说这三种是比较好种，成活率高的种子。为了将种子种好，我们还买了种植花卉的专业营养土。提着重重的一袋东西我已经按捺不住激动的心情想要马上栽种。

图1　我和表妹小心翼翼地播撒种子　　　图2　我叮嘱妹妹不能浇太多水

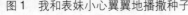

　　我们来到姥姥家，向姥姥姥爷请教种植方法。小表妹也在，她也兴奋地围着我转来转去嘴里还念叨着"姐姐我要帮你一起种"。

　　首先我拿出来买好的大花盆，将花卉营养土铺满在花盆里，因为很重，妹妹帮我一起扶着袋子将土往花盆里倒。等土差不多铺到花盆的一半时，我用捡来的小瓦片分出了三区域，好将三种种子区分种植。

　　土铺好之后我就要开始撒种了，小表妹一刻不停地嚷着"我要帮姐姐，我要帮姐姐"，所以我让她帮我把种子的袋子剪开，她小心翼翼地拿着剪刀开始帮我剪开种子的袋子，生怕自己会剪到种子了。

　　我和妹妹小心地将不同的种子撒在花盆里的三个区域中，在种子上又薄薄地覆盖了一层营养土，像是给种子们盖上了一层被子，让它们暖暖和和地睡觉，等它们一觉醒来，就能长大发芽了！

铺好土后，我用喷壶浇水，细细的水雾喷到了土上很快就被土壤吸收了。妹妹也抢着喷水，我真害怕她把水给浇多了，我种下的小种子们可能会被"淹死"，于是就哄着妹妹，跟她说："好了，好了。咱们不浇水了，小种子们已经喝饱水了，水浇的太多它们就不会长大了。"一听我这么说妹妹果然乖乖地放下喷壶。看着爸爸将花盆抱进屋里，放到了暖气旁边，我才放了下一颗悬着的心。

祝愿我和妹妹种下的小种子能够茁壮成长，快快地破土而出，我时刻都盼望着能看到小小的嫩芽出现，小种子们要加油啊！

人教版一上语文学科实践活动设想

潘　璇

一、第五单元

第五单元是识字单元，教材将识字寓于生动形象、充满童趣的情境之中，内容浅显，内含丰富，形式多样，渗透对比识字、会意字识字、归类识字等多种识字方法。孩子们学完了拼音，又学习了一个单元的课文，正是对识字有浓厚兴趣的时候，我们可以抓住这个契机，设计几种跟识字紧密相关的学科实践活动。

（一）情景化识字活动

孩子们学会了拼音，对借助拼音识字有很大的兴趣，他们在生活中接触了各种各样的商品，在汉语拼音的帮助下，在家人的指导下，在课外认识了不少汉字。我们利用这个契机给学生搭一个平台，可以举办一个"大采购活动"，分为：准备货物——分类摆放货——选购货物三大步骤。先让孩子们课下充分做好准备，在生活中借助拼音都认识了哪些汉字，例如：从商品的包装上（吃的商标、玩具商标、药盒）认的字。把这些简单的包装带到学校。老师做出几个带拼音的字卡，分别是"零食部""水果部""蔬菜部""玩具部""药品部""体育用品部"放到六组桌子上，再让孩子们拿着自己带来的字卡或者包装盒，分门别类地放到所对应的桌子上。每一个部门选出两个孩子当售货员，剩下的孩子作为顾客，利用拼音识字，挑选商品。在摆商品和挑选商品的过程中，孩子们既复习巩固了拼音，又认识了更多的汉字，收获满满。

（二）文化传承活动

第6课《画》这是一首五言谜语诗，配合谜语诗进行随文识字。谜面描述了山、水、花、鸟等景物均可在画中一一找到，也是对谜底的暗示。孩子通过学习谜语诗认识了10个汉字。结合课文特点，进行组合阅读，这里出示"数字诗"《一去二三里》，从诗歌里认识一些简单的常用汉字。古诗中识字：园地五中的日积月累借助拼音朗读古诗，并能背诵，懂得要爱惜粮食。从古诗中认字，例如："汗"字，流汗有水，三点水旁；"禾"字，从图中画的禾苗认识了这个"禾"字。通过上述的课堂体验，我们设计了"诵诗会"的活动，孩子们可以把从生活中学会的古诗中认识的字，带到活动中来，可以是字画中的古诗、笔筒外面的古诗、文化衫中出现的古诗，扇面上出现的古诗，如果不方便带来，可以做成图片放到 PPT 中和大家分享。对于零起点的孩子，可以用在课堂中学到的古诗中认识的字，跟大家分享。展示的时候，展示认识的汉字就可以了，对于字形不做要求。

二、第六单元

这个单元以儿童的视角，对自然界、生活中的一些现象进行了生动的描绘，充满儿童情趣，能激发孩子对自然、对生活的热爱。

多学科实践活动："我不是小迷糊，我能弄清方位词。"

孩子们在学习第5课《影子》时，通过儿歌中的字词知道了"前后左右"，在学习园地六中的"读一读，背一背"之后，知道了方位词"东南西北"，在这两个学习的基础上，我们可以设一个语文、数学、美术、体育的等多学科实践活动："我不是小迷糊，我能弄清方位词。"在入学教育的时候，我们学校对孩子们进行了"爱学校，爱老师，爱同学"的三爱教育，并进行了"说一说画一画我们的校园"的活动。利用这两点，美术课上学生通过画自己眼中的操场、教室、楼道，等等，来表达对学校的喜爱。我们可以让孩子们讲一讲，讲的时候试着用一用"前后左右，东南西北"这样的词语来说一说，画中各个地方的位置。除此之外，孩子们还可以动手画一画自己的家、书桌、书柜，试着利用知道的、学过的方位词为大家进行介绍。在这个活动中，我们采取了多种方式、多种角度进行实践活动，可以培养孩子的综合能力、听、说的能力、表达的能力。

三、第七单元

第七单元是"成长"。它包含了《明天要远足》《大还是小》《项链》等三篇课文。

《大还是小》是一篇非常有趣的课文，课文从变化中非常风趣地谈论孩子的成长。我们可以开展一个"我长大了"的发布会，用一两个理由说明自己确确实实一天天在长大，说完之后小组里可以评一评"谁的最有趣"。

四、第八单元

这个单元是联系学生的生活实际，理解课文内容，从学生的经验世界入手，调动他们的情感，结合生活实例，加深体验和感受，留心观察，生活中处处都有学问。

首先要跟学生有一个交流，聊一聊在生活中遇到了哪些小麻烦，有哪些需要解决的问题，提出来，大家想想办法。例如：有的同学在家里吃瓜子的时候，总是把瓜子皮弄得满桌子都是，妈妈总是说他，大家集思广益，想出了一个办法，用纸折了一个小盒子来装瓜子皮。这个可以和美术课进行跨学科的实践活动，在美术课上，用彩纸折个纸盒，再画些小装饰。这个活动中，孩子们可以相互交流提问，做手工的孩子可以给大家介绍，"这个小盒子是谁教自己做的？""用它可以做什么呢？"听的同学可以提问"你可以教教我怎么折吗？"孩子们既动手实践了，又锻炼了口语表达能力，发展了语言。

语文学科实践活动要依据课标，源于教材，又高于教材，基于生活体验的语文学科实践活动。在活动中要有所提升，使学生的语文功底得到发展。

读书社里读《端午节的故事》

张 滢

"读书社"课程作为史家小学的语文综合实践课，关注学生的个性差异和不同的学习需求，以学习共同体为载体，通过阅读进行表达能力的培养。对于小学低年级的学生，开展好第一次的"读书社"课程的活动尤为重要。

一、研究背景

我所执教班级一直在做整书阅读的课题研究。从阅读绘本故事开始，到读罗素的系列儿童小说，再到《城南旧事》，二年级的学生们逐渐学会了阅读从阅读封面、浏览目录、细读序言开始，阅读过程中能够使用简单的批注、撰写思维导图以及读书笔记记录自己独特的读书体会，也养成了喜爱读书的良好习惯。但是如何让学生们在读书社的课程中，在细品自己的阅读体验之余，能够广泛的和同龄的小伙伴一起交流，通过各种形式表达自己的见解，促进思维的发展，培养创新精神和传承传统文化呢？

二、踏踏实实做好低年级初始阶段的准备工作

1. 确定阅读内容

考虑到低年级孩子的年龄和心理特点，本学期的传统文化读本我选择了"传统节日"系列。这种贴近孩子们生活经验的读本，既能增强他们的阅读兴趣，也能使他们和小伙伴充分交流。因为端午节即将到来，所以我选择了传统文化绘本故事《端午节的故事》。

2. 分配角色

根据本班学生实际，选择了五种角色。

（1）朗诵家（社长），负责主持研讨，准备讨论问题，讨论进展顺利，并在讨论中及时让离题的成员回到话题上来，鼓励成员积极参与，并为讨论做记录。还要负责把书本中特别有意义的文句、段落挑选出，大声朗诵给其他同学听。

（2）摘要员，负责用简短的语言，把所读的故事做摘要式重点报告。

（3）小神探，负责挖掘文本中所介绍的故事，收集与作者的生平背景及任何与本作品相关的周边故事。

（4）小画家，负责用图形、符号或素描方式，把作品的情节用绘画方式呈现出来，讲给大家听。

（5）智慧星，负责把故事的内容与自己的生活经验相连接，找出关联性。

我先把每一种角色的要求跟同学们讲清楚，然后让他们和小伙伴以及家长一起商量喜欢哪个角色，可以在这个角色上最大限度地发挥自己的优势，再在课堂上自愿申请，经老师协调后，最终确定自己的角色。然后，开始课下独立阅读。使用自己喜欢的方式积累，做批注，撰写读书记录卡，思维导图。

三、精心设计读书社的第一次活动

1. 课上进行交流讨论，创意表达

读书社的第一次实践活动，同学们在表达自己的时候也在学着如何倾听，如何磨合适应，如何选择。在充分讨论交流的情况下，请一个小组进行展示，展示后引导学生们讨论：他们的优点，需要改进的方向。

2. 再次独立阅读

在之前交流的基础上，孩子们努力调整自己的表达。

3. 评价总结，各读书社创意展示。

在前次指导的基础上，孩子们的表达精彩纷呈，带给我惊喜不断。

（1）展示的编排巧妙。有扮演家长给孩子们讲故事的，有到博物馆参观讲解员组织孩子们交流的，有做游戏互相竞猜的，有以诵读古诗开篇，也有以齐唱童谣结束的，整个展示活动中孩子们表现的自然大方，信心满满。

（2）个人表达精彩。朗诵家能够声情并茂地背诵故事中的精彩段落，获得小伙伴们热烈的掌声。小画家在同组伙伴的出谋划策下，分别以端午节的龙船、屈原先生等为主题，绘制了故事思维导图，清晰地介绍了端午

节的来历、习俗，以及自家过节的趣事。小神探们查找的关于端午节的资料，既有图片说明，还有实物展示，精彩有趣。智慧星为了自己的表达，采访了家中的长辈，更是联系了远在他乡的亲朋好友，让同学们知道了端午节要吃"五黄"，带彩线，熏艾草。更有同学亲自演示并传授如何包粽子，还把自己家包的粽子带来和大家分享。

（3）学会评价。在评价环节，孩子们能够结合自己的表达，清楚地发现别人的长处和自己需要改进的地方，并有创意地修改自己的下一次尝试。

（4）精彩表达。撰写读书卡的时候，谈到自己的读书体会，孩子们侃侃而谈，精彩纷呈。

四、感受和思考

在这次的初步尝试中，虽收获多多，但也有很多不足和遗憾。

1. 书目的选择是合适的，同学们能够结合自己的认知和生活实际，深入阅读，精彩的表达。

2. 角色的自主选择，极大地促进了孩子们读书、表达的热情。在选择角色的过程中，也是一次合作意识的培养。自己喜欢是一回事，能不能发挥好又是一回事，自己的意愿和别人相冲突，如何选择，怎样取舍，培养了孩子们谦让共荣的品质。

3. 他们自信表达，认真聆听，也因为关注自己的角色，做了很多思考和创意准备，在聆听别人的表达时，能够很好地学习别人的经验，达到了互助提升的目的。

4. 因为年纪还小，在读书社的讨论交流中，针对不同的看法还不能够冷静表达，主动配合协助的意识还有待加强。

万事开头难，低年级的学生在"读书社"的语文综合实践课程中，需要教师耐心、充分地指导，在充分尊重学生的自主性的基础上，使每一个孩子都敢于表达，乐于展示，在和伙伴的交流中，提升他们的阅读兴趣和表达能力。

中年级"读书社"课程探索

——以《名家文学读本》为例

蔡　琳

"读书社"课程是史家小学语文校本课程。它基于学生自身发展和语文学习的特点，关注学生的个性差异和不同的学习需求，以阅读为载体，以学习共同体为组织形式，以表达为外显内容，指向学生人文底蕴、科学精神、学会学习、实践创新等核心素养的培养。

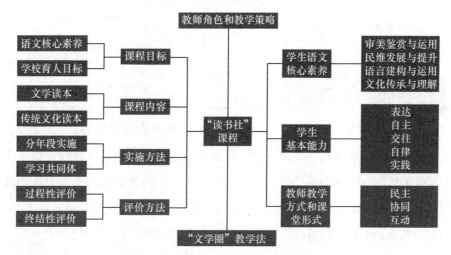

图 1　小学语文"读书社"课程框架图

"读书社"课程以阅读为基础，以表达为目的，课程以"读书·表达"为系列，所选书目分为"文学"系列读本、"传统文化"系列读本，各年级每学期至少选择两本"名家名篇"，指向学生表达能力的培养，综合语文素养的提升。

表 1 是中段的课程目标。它是在总目标之下，针对学生的年龄特点，按照年级对课程目标进行的细化和分解，每个年级各有侧重，呈现序列培养。

下面以四年级《名家文学读本——小学生丰子恺读本》为例，来说说"读书社"课程的实施情况。

确定阅读书目后，学生们自愿结合，组成读书社分组阅读，每个读书社有自己的名字、社徽。一个读书社大约有 4～6 名孩子，各有分工：社长

表1　　　　　　　小学语文"读书社"课程分级目标（中年级）

三年级	学生学会合作，培养创新品质，积极的人生态度	
	发展学生语文素养	理解词句，把握段落内容
		对作品中的形象有初步评价，能感悟道理，有独特的阅读体验
		学会倾听，能够围绕主题表达清楚
		了解中国童话及传说
	改变传统阅读教学模式	自愿结组，角色轮换、互动提升
		能够通过读书对话、读者剧场、角色日志等形式表达出自己的阅读体会
四年级	培养学生合作与创新品质，良好的情感、态度、价值观	
	发展学生语文素养	粗知大意，体会关键词句作用，体会思想感情
		积累经典，形成语感，感悟情怀
		学会倾听，把握内容。表达想法，与人商讨
		了解中国民间故事
	改变传统阅读教学模式	自愿结组，角色轮换、互动提升
		能够通过排演小剧、读书报告、角色日志等形式表达出自己的阅读体会

负责统筹社员的分工，细化读书计划，针对阅读内容提出值得讨论的问题。绘画员抓住文中感兴趣的情节，融入自己的想象，进行创作。摘抄员摘录文中的好词佳句、优秀段落，并写下摘录的理由。小演员选择文中感兴趣的部分加入自己的理解进行表演，并写下表演过程。其他还有朗读员、评论员、仿写员等角色，孩子们可以根据自己的特长和喜好自由选择和创造角色。

一、课程实施

1. 教学目标

（1）能初步把握文章主要内容，体会文章表达的思想感情。能对文中不理解的地方提出疑问。

（2）能联系上下文，理解词句的意思，体会文中关键词句表达情意的作用。

其中第二点，既是教学重点也是教学难点。

二、课堂实例

下面以《"不喝肉汤"的杨柳》一文阅读中的几个课堂实例来跟大家交

流。

1. 深入理解关键词句

在这篇文章中，丰子恺从柳树的外形，柳树的贱而有用，柳树的高而能下、高而不忘本这三方面层层递进来赞美柳树。

首先是共享读书社的绘画员汇报。他介绍这幅画是自己结合文章想象到的人们在柳树下做着各种各样的事情。首先我肯定他的想象力，但是可以感受到这位绘画员并没有理解到丰子恺所要赞美的柳树的品质，所以他的理解层次浅。

于是，我引导其他读书社的同学都来讨论这一篇文章，跟这个组进行对话。文鑫晔桐读书社的仿写员就选择了文中描写柳树贱而有用一部分进行了仿写。这个学生在介绍自己的仿写时说她很喜欢这段描写，明着说杨柳贱，但实际上是在夸杨柳朴实、有用。所以她就选择了土狗这种好养活又能看家护院的狗来写。我们可以从中看到这个孩子是把握住了作者赞美的杨柳的品质之一。

但是，她对于本文表达的中心说得还不够透彻。这时候，文鑫晔桐读书社的评论员进行补充：她是跟白杨做的对比，体会到了作者所写的柳树高而能下、高而不忘本的品质。

由这个同学所说的，我问学生们，你是怎么理解这"高而能下、高而不忘本"的？另外一个社的同学联想到钱学森放弃在美国的优厚条件回当时贫穷落后的祖国研究火箭及导弹的事，来谈对作者所说的"不忘本"的理解。

就这样，通过几个读书社的对话，学生把握住文章主要内容，体会了作者表达的思想感情。并且联系生活实际，理解了文中关键词句的意思。在文学圈教学模式中完成了与文本的对话，与作者的对话。

2. 反思调整

在读书社交流的课堂上，我们不仅要做这样的穿针引线人，还要注意积累经验，发现问题。

例如，共享读书社的一位小演员选择了《引蚊深入》这篇文章进行表演，他记录了表演的过程。

　　但在课堂上表演汇报时，学生们都觉得看他所写的表演过程没有能够帮助他们理解他的表演。他到底要演什么？为什么要这样演？大家不清楚。我反思学习单的制定，感觉确实有不明确的地方，于是对学习单进行了调整。新的学习单上有选择的段落、选择的理由、表演的过程，以及对作者的认识，解决了之前的问题，也让我认识到我们要在这一过程中不断发现问题、解决问题，才能更好建设课程。

　　当然，积累经验也很重要。我们可以收集优秀的学习单，把学生学习之后的读后感结集成册，这些都是我们课程开发中的宝贵财富。

第 11 章

教 学 反 思

为学生搭好理解文本内容的"脚手架"

——《飞向蓝天的恐龙》第二课时教学反思

车 雨

《飞向蓝天的恐龙》是四年级上册第八单元的一篇科普文章，主要向学生介绍了科学家们根据研究提出的一种假说：鸟类很可能是一种小型恐龙的后裔。文章既揭示了科学家们在古生物研究方面的重大发现，也向学生开启了一扇探索古生物的科学之门，唤起他们对科学的浓厚兴趣。

接到做课任务，在备课伊始，我就发现这篇课文的题目非常有趣。文章以"飞向蓝天的恐龙"为题，这可是个非常有新意的题目啊！绝对可以破除孩子们头脑中对恐龙的固有印象。于是我推测这篇课文对于学生来说应该非常具有吸引力。而且据我平时的观察，班上有不少同学都对恐龙类的书籍很感兴趣，为此我还专门做了调查，班里34位同学中竟然有27位同学家里都有至少一本恐龙题材书籍，全班34位同学都阅读过和恐龙有关的文章，20位同学表示对恐龙"非常感兴趣"。就这样，我主观断定学生学习课文的过程会非常顺畅。

我要执教的是31课《飞向蓝天的恐龙》的第二课时。在第一课时的教学中，我帮助学生扫清了字词障碍，了解课文主要讲了哪些内容，并学习了前两个自然段。第一堂课讲得非常顺利，在自己已经充分预判学生学情的基础上，我结合教参设计了第二课时的教学目标，即：

（1）复习重点词语，回顾课文内容；

（2）理解一支恐龙演化成鸟类的过程，并学习有条理地复述恐龙飞向蓝天的演化过程；

（3）激发学生热爱科学、探索求知的浓厚兴趣。

没想到，在第二课时的试讲过程中，学生并没有按照我的设想，顺畅地完成我设定的教学目标。他们在学习第四自然段的过程中出乎我意料地陷入了沉默，几乎就是只听我一个人在不停地引导、启发。但是，令我百思不得其解的是，问题到底出现在哪儿呢？明明学生对课文充满了兴趣，明明他们也有关于恐龙知识的积累，为什么一到课堂上，平时生龙活虎的孩子们就陷入一片沉静当中了呢？到底问题出在了哪儿？……

我反复琢磨，又向听课的高校长请教，终于明白是由于课文第 4 自然段篇幅较长，又是科普性质的说明文，内容繁杂，所以学生理解和复述段落内容都存在着相当大的困难。因此，如何让学生理解一只恐龙演化成鸟类的过程是这一课时的重点，学习有条理地复述恐龙飞向蓝天的演化过程是这一课时的难点。给我触动的是，这并不是看教参得来的答案，而是真正通过分析学生在学习中遇到的困难揣摩出来的，这才是真正的"生本位"啊！

有了从学生中来的教学目标，自然就有了为实现教学目标服务的教学策略。于是，为了突破这一课时的重难点，我为学生搭建了便于理解文本内容的脚手架。说是脚手架，其实就是基于维果斯基"最近发展区"理论基础上的"支架式教学"。在教学设计时，我将第 4 自然段分为三个层次，引导学生循序渐进地逐层学习。这样既能将复杂的问题具体化，降低学生学习的难度，又能在学生学习的过程中进行方法的渗透，帮助学生借助思维支架学习内容繁杂的段落，为学生未来的学习做好铺垫。

在具体的教学过程中，学生的知识获得是通过师生对话交流、生生评价等多种方式的学习活动在课堂上建构起来的，在那堂学区课的课堂上，学生通过和老师以及同伴的配合朗读，充分了解了恐龙庞大家族的特点，所以在后面的复述过程中比较顺利地达成了预期的效果。在学生学习的过程中，我还引导他们进行对文字的细致阅读，在这个过程中既锻炼了学生提取信息的能力，又帮助他们体会课文中关键词句表达情意的作用。无论是分层学习的学习方法还是师生对话交流的学习活动，都帮助学生顺利完成了本课课后的学习目标，让学生在潜移默化的语文实践活动中锻炼了自己的思维能力。

在授课的最后，我还引入了一段徐星的视频文字资料。我认为如果只把目光停留在课文的文本上，仅能够让学生知道恐龙是怎样演化的，不能激发学生探索和求知的欲望。而最后资料引入的环节，让学生在提取信息的过程中了解到了恐龙飞向蓝天的课题还远远没有结束，还等待着更多的人去研究，从而激发了学生热爱科学、探索求知的浓厚兴趣，实现了本课的教学目标。

这虽然只是一节普通的学区课，但是这节课让我有了很大的收获。教学策略是为教学目标服务，但是教学目标从哪儿来？绝对不是照搬教学参考书上的内容就可以了。教学目标要从学生中来，要从学生的需求中来，因为说到底，教学的起点是学生，教学的终点也是学生。只有充分了解学生的学习需求，才能真正为学生搭好理解文本内容的"脚手架"。

《美丽的小路》说课反思

李　洋

语文教学，应在丰富的听说读写等语文活动中，积累语言文字材料、语言运用样式与经验，积累生活经验与情感体验，经过梳理、整合、建构，形成语文素养。

对于一年级的学生来说，课上丰富的活动更易于他们接受。因此，在本课的教学中我依托文本，设计了多个实践活动帮助学生在活动中理解语言，体会情感变化，感悟环保责任，进而提升自己的语言表达能力。

一、朗读实践

本文采取分角色朗读、表演朗读等形式，帮助学生抓住重点词句体验人物情感及情感变化，培养学生语感。

本篇课文有三位主人公，分别是鸭先生、兔姑娘和鹿先生。他们围绕着小路的变化，用不同的语言表达了内心情感的变化。主人公多、语言多，

是之前学生没有接触到的。因此在第一课时的学习中，我引导学生动笔画
出他们的语言并分别进行了朗读的指导。而在本节课，我则采用了分角色
表演朗读的策略，引导学生在角色扮演中了解课文内容，在有感情朗读中
体验角色内心的变化。

1. 结合插图，走进文本

在学生回顾全文的基础上，我引导学生观察插图，请学生结合原文交
流"原来这条小路什么样？后来发生了什么？为什么呢？"

教师相机出示第1~8自然段。

2. 分角色朗读，体会情感

这一环节我分四个层次进行处理。

（1）第一次整读，正确流利。

请学生都来正确流利、声音洪亮地读一读第1~8段，并且选出你喜欢
的角色。

（2）第二次整读关注语气。

教师将人物对话标红，提问学生"这几句话你想用什么样的语气来读
呢？"指名读，并相机指导学生关注每一句的标点符号的不同，语气不同。

接下来请每位同学都来读一读。为接下来的分角色朗读做准备。

（3）第三次表演读体会情感。

请一组同学分角色朗读。引导学生结合情境生生互评，提示学生关注
不同人物前后语句的情感变化。对于第8段鸭先生的话，教师相机进行示范
朗读，请学生思考此时鸭先生为什么要这样说。

（4）第四次整读回文实践。

请全体同学都来进行分角色朗读的实践，体会不同人物的不同情感
变化。

在这一环节中，我通过几次整读对话，将学生带入到文本的情境中，
经历了走进角色——体验情感——内化理解——感情朗读的过程。在整个
过程中学生的情感体验与文本产生共鸣，逐步升华为自己的情感，很自然
地通过读将情感流泻出来。

二、表达实践

新课标对于低年级学段的口语交际要求是：有表达的自信心，积极参加讨论，敢于发表自己的意见。由于环保理念对于学生而言过于抽象，不易被学生理解。因此本课结合教学情境，为学生创设综合实践机会。学生从文本的小路中走出，走进自己布置的课堂中的小路，通过小组合作讨论的方式向彼此介绍小路，赞美小路。在充分激发学生表达兴趣的同时，兼顾学生表达能力的差异；为学生提供语言素材，同时不限制学生的创造性表达。

小路的美丽需要每一个小动物共同维护。为帮助学生更好地理解这一内容，我将文中小路拓展到学生身边，与课文形成互文。请学生以身边小路为素材开展口语表达活动。本环节既能够辅助学生理解课文内容、突破本课教学难点，同时能在文本情境与生活实际之间构建联系，训练学生的语言表达。

我邀请每位同学都来布置自己的小路，而后采取小组合作交流的方式，夸夸自己的小路。由于取材于生活实际，学生都有较为丰富的表达素材。鉴于学生的表达能力发展程度不同，我在要求时设计了不同的梯度：学生可以结合课文中的对话进行交流，更鼓励学生用自己的语言来赞美这条小路。

三、写字实践

为培养学生主动识字写字的兴趣，本课将写字教学也融入课文情境当中。孩子们通过学习生字，就可以马上完成一幅环保海报，来保护自己布置的小路。不仅在趣味中学习了新的生字，同时也突破了本课难点，帮助学生理解美丽环境需要人人维护，人人有责。让语文实践不止步于课堂，更能逐步走进生活。

我将识字写字教学置于童话情境中进行。美丽的小路不仅需要巧手布置更需要人人维护。我融生字教学于实践，让学生能够在短暂的学习之后马上运用到实践中，亲手完成一张属于自己的环保海报。在激发学生兴趣的同时，学习和巩固了生字知识。

1. 过渡引导，欣赏世界最美小路

在生字教学环节之前，我先请同学们欣赏一组有关美丽小路的图片。由班级小路延伸到世界各地美丽的小路，请同学们思考这些小路有什么共同的特点？

2. 学习生字，填写环保海报

继而联系原文，引导学生理解环保需要呼吁每一个人的支持。我们可以通过制作环保海报的方式来引起更多人的关注。而制作这张海报需要写好两个生字"明、净"，而后进行"明、净"两个字的生字教学。

经过练习和展示评价，请同学们在学习单（环保海报）上，把空出的几个本课生字填写到田字格当中。

以文本为起点，由孩子脚下最熟悉的小路铺展开，世界上的每一条小路都有其独特的美。在学生欣赏美景的同时，也激发着孩子们爱护和保护这些美丽小路的愿望。同时，与实践相结合的写字教学能够激发学生的学习愿望，鼓励学生在生活中主动认读生字、实践写字。

让语文识字课堂生动有趣

刘梦媛

在 2017 年的 7 月，我有幸参加了北京市第一届"启航杯"风采展示大赛，并荣获了二等奖。现在回想起来，当时备课时的情景都历历在目。

我所参赛的这篇课文是部编本一年级下课的一篇识字课文。这篇课文借鉴古代蒙学读物《声律启蒙》的形式，以对对子的形式识字，读起来朗朗上口。课文描绘的是四季气候及景物特点，内容生动有趣，特别适合一年级的孩子们去学习。

在进行课程设计时，我与组里的老师们一起钻研教材，研究教学策略，力求在教学上有新的突破，让识字课不仅仅是"单纯识字"的教学，更让其识字呈现"趣味性"和"文化味"，为孩子们带来一节生动有趣的识字课程。

一、多种策略，以"趣"来安排教学活动

在教学本节课时，我在不同的小节中采取不同的教学策略。在教学第一小节时，我借助图片并联系孩子们自己的生活实际进行教学。图片对于孩子们来说是最直观和形象的，有了图片中火热的太阳、漫天纷飞的鹅毛大雪作依托，很自然便勾起了孩子们的生活经验，让他们很自然地联想到了自己的生活，从而引起了他们想要表达的欲望。孩子们在思考、用自己的话进行表达的过程中，理解了"严寒""酷暑"等词的含义。

在教学第二小节时，我充分地体现了将课堂交给孩子们的这一教学理念。在教学第二小节时，学生在读完第二小节后，自己提出质疑，当小老师来解决课文当中的词语。同时我们利用生词卡片，进行拼贴，在游戏中识记生字。

最让我印象深刻的便是第三小节的教学。在教学第三小节时，我运用了定位联想了解词语的策略。定位联想这一策略贯穿于整个第三小节的教学。在小节引入的环节时，我出示一幅春天的景色图画，请学生们观察：春天到了都有哪些植物发芽、开花了？又有哪些可爱的小动物们出来玩了？孩子们在看到图片后，提起了很大的兴趣，都积极地举手回答问题。在图片的帮助下，我帮助学生建立字与图之间的联系，从而理解字的含义。在了解"莺歌燕舞"一词时，我将教学与课中操巧妙地结合在了一起。通过播放动画，带领孩子们和小鸟一起唱歌、跳舞，感受语言描述的动态之美。在之后教学"鸟语花香"一词时，我利用多媒体设备出示小鸟的图片并播放小鸟的叫声，孩子们在图和音频的帮助下，展开想象，从而理解词语的意思。

二、以读代讲，在诵读中渗透、感受传统文化的魅力

我在初读基础上引导学生自主发现每句中都含有"对"字，并以此为节点，画出每句中相对的词。这样，在师生灵动的交流中，使学生发现文本特点，并依据特点大胆寻找文中相对的词语，并利用多种形式、反复多次地让孩子们诵读课文，例如指名读、师生对读、同桌对读、男女生对读

等。这样孩子们不仅能很好地识记生字，也能在反复的诵读中渗透"对子"这一传统文化形式，潜移默化地引领学生感悟中华文化的丰厚博大，汲取民族文化智慧。

三、整体教学，教学中积累语言，生活中运用知识

语文是一门实践性很强的课程，语言的积累也是学习语文的基础，因此在本节课的教学中，我重视学生字词的积累，并尝试着让孩子们去运用，将所学的知识还原至生活。

例如，在本节课的教学中，最后的一个环节时向孩子们出示一幅春天的美丽图画，让他们用课文中学过的词语描述一下春天的美丽。孩子们都能用莺歌燕语、鸟语花香、五颜六色等词语进行描述，有的孩子还可以进行完整的一段话的表达，达到了很好的教学效果。

因此，整个课堂的教学过程都是生动有趣的，孩子们的课堂积极性被充分地调动了起来，孩子们在思考与讨论中全方位的了解、积累了词语，达成了较好的学习效果。

但由于我教学经验的不足，在学生朗读课文出现语气不到位时，没有及时纠正。当学生的回答问题超出我的预设时，我没有机智地抓住生成资源，进行引导。这都是我在今后的教学中要进一步努力和改进的地方。

承袭文之魂，创新源之本
——《景阳冈》教学反思
刘　欣

一、把握教材，制定行之有效的教学目标

独具匠心的教学设计，回味无穷的教学片段，深入浅出的教学效果是我们时常追求关注的，孰不知这背后的功臣当属教学目标的有效制定。教学目标好比"鱼骨"，层次清晰，融会贯通，是开展教学活动的基础。一堂课，若能令听者品出教学目标这条"鱼骨"，当属好课。有时，为了打造完

美课堂，我们一味盲目追求课堂的展现成果，无数次的添枝加叶，却忘记了"根"是否应该承受之重，忽略了本真。在东兴杯赛课的磨砺中，我开始慢慢感觉到了理念和实践那千丝万缕的关系，领悟到了教学目标有效确立的重要性，而非本末倒置。

《景阳冈》是人教版五年级下册第五单元"中国古典名著"这一主题下的一篇略读课文，文章出自古典小说《水浒传》第二十三回。众所周知，中国古典名著是中华灿烂文化的重要组成部分，因此，借助这篇文章引导学生激情诵读、含英咀华，感受古典名著的魅力，激发学生阅读名著的兴趣成为本课的教学的重难点。

二、掌握学情，找准师生情感的共鸣点

轻松的对话，渐进的思辨，无痕的熏陶，这是身为教育者的我们所追寻的课堂。记得苏霍姆林斯基曾经说过："在每个孩子心中最隐秘的一角，都有一根独特的琴弦，拨动它就会产生特有的音响，要使孩子的心灵同我讲的话发生共鸣，我自身就需要同孩子的心弦对准音调。"可见，备课时教师要了解和揣摩学生的情感需要，用学生的心态和眼光去解读教材，以学生的认知水平和生活经验去设想他们在阅读时哪里会出现情感的"碰撞点"。学生、老师、作者之间的情感在文本语言的对接碰撞中激活、共鸣，让学生博取"乐学"的养料，真情灵动的课堂才会自然流淌。

《景阳冈》中"武松打虎"这跌宕起伏的故事情节可谓是家喻户晓，对于五年级的孩子来说读懂故事内容并非难事，但文章篇幅冗长，且古典白话文的语言风格学生并不常见，如何从语言、一系列的动作，神态以及心理活动去把握武松形象，揣摩他的性格，感受他机敏、勇武的性格特点，对学生来说有一定的难度。因此在教学中我力求做到以下三点。

（一）把握语言特点，明确学习方法

由于该篇文章的语言风格与现代文不同，学生读起来有些难度，为了扫清学生这一阅读障碍，我力求在预习反馈这一环节中充分调动学生学习古诗、文言文的已有经验，借助书下注释、联系上下文、查字典等方法来解决难以理解的词句，以推动课下学生去读整本名著时能轻松自如。

（二）感悟人物形象，为学生搭建语言实践平台

语文是运用语言文字的综合性、实践性课程，语文教学更注重语言的积累、感悟和运用。这是一篇略读课文，略读课教学重在为学生搭建语言实践平台。在平日课堂上我们经常会发现，五年级学生已经有了丰富的语言积累，但在学生表达交流时，词语误用的现象非常严重。如在提炼小标题、概括文章的主要内容时，要做到语言的简洁、全面、精准、凝练。所以，如何借助在略读课的交流中，训练学生精准凝练的表达，从而掌握方法，自如运用，有效提高阅读能力是我们急需解决的问题。

课堂上，学生运用精读课文中习得的掌握人物形象的方法，结合"打虎"情节中的重点语句，用自己积累的词汇来表达自己心目中的武松形象。在阅读感悟中，孩子们对武松这一人物形象的感悟是多元化的，有力大、勇敢、灵活等等。但是我们仔细思考会发现，这些词语只能反映武松人物性格的某一个方面，虽然我们要珍视学生的个性化阅读体验，但作为高年级学生，更要让他们的表达做到准确、凝练。因此在这环节中，我设计话题："在你们丰富的词语积累中，能不能选出一个词，把我们体会到的这些武松的性格都概括进去呢？"

一石激起千层浪，此刻，不论孩子说与不说，说的对与不对，都不重要，因为，每一个孩子的思维都是活跃着的，要么思考，要么表达，就在这或静静思考、或充分表达的思维碰撞中，孩子们明确了在阅读批注或语言表达时，就应该达到语言凝练、准确这样的目标。

（三）关注个性化阅读，珍视学生的独特感受

《语文课标》中指出：阅读是学生的个性化行为，要珍视学生独特的感受、体验和理解。正如我们常说的"一千个人心中有一千个哈姆雷特"。因此，在学习《景阳冈》这篇文章中，对武松这个人物形象的感悟，应尊重学生的喜好。所以我在感悟人物形象后提出了开放性问题："你喜欢武松吗？说出自己的理由。"让学生畅谈自己的感受。此时，为了激发不喜欢武松的同学也去品读名著，我借助组合阅读，从《水浒传》120回当中提炼出描写武松的10回故事，并从中摘取一回中的选段，让学生从另一个角度去

认识武松，使武松的形象在学生心中渐渐丰满起来。在这种丰满当中，让学生明确一篇文章不足以涵盖人物形象的全部特征，要想更全面地了解他，就要走进经典名著《水浒传》。而在《水浒传》这部书中，每一个个性鲜明的人物形象都各具特色，充满传奇色彩，激发他去品读其他人物的故事，继而达成阅读体验教学名著的教学目标。

"学理如筑塔，学文如聚沙"，语文学习是一个长期积累、潜移默化的习染过程。作为老师，我也将继续不断求索，与学生同进步，共成长。

一次"名师工作坊"做研究课后的点滴反思

刘 蕊

《比尾巴》是一篇有关动物尾巴特点的儿歌，课文以三问三答的形式，介绍了六种小动物尾巴的特点。本课的教学目标为：（1）会写"巴、把"两个字。（2）朗读课文，读好问句的语气。背诵课文。（3）模仿课文的问答形式，积累语言表达。为了达成教学目标，激发学生学习的热情，培养语文实践能力，提高本课的教学实效性，我采取了多种教学策略。下面我从"情境创设""词语教学""朗读训练""拓展延伸"等方面进行反思。

一、情景创设

对于刚步入课堂的一年级学生来说，在课堂上创设一种情景，让孩子们在愉悦的课堂氛围中乐学、好学、会学尤为重要。于是在复习词语环节时我对孩子们说："小动物们为了能参加比赛，有几只小动物出家门时太着急了，居然把参赛证忘在家里啦。刘老师知道我们班的同学都是乐于助人的好孩子，谁想帮忙送过去啊？对啦，你可一定要看清参赛证是谁的（参赛证上印好了上节课学习的有关动物名称的新词语），千万别送错了。"就这样在愉悦的乐于帮助他人的情景创设中进行了原本枯燥的词语复习，达到了让学生乐学的初衷。

二、词语教学

低年级是进行词语教学的重要阶段，而词语教学深层次的目的其实还在于为日后的阅读和写作奠定基础。在课堂中，我把抽象的文字符号与具体事物建立有机的联系，让孩子在具体的情境、直观的形象中达到四会：会认、会写、知意、运用。我采用以下几种教学方式。

1. 利用形象直观的图片或实物，帮助学生领会词义。如猴子的尾巴长，与兔子的尾巴短。长与短一目了然，同时也使学生知道这是一组反义词。

2. 利用看图做动作的方法识字。图上公鸡的尾巴弯，鸭子的尾巴扁，用手比画"弯""扁"是什么样，学生就不难领会意思了。

3. 通过比较和视频，帮助学生领会词语的用法。如"最"，我先出示其他动物的尾巴，再出示孔雀开屏的图片和视频，使学生直观地感受孔雀尾巴的美，不仅颜色多五彩缤纷，而且形状像扇子一样，由此领会"最"的意思和用法。在领会词义的基础上指导朗读，效果事半功倍！

三、朗读训练

课标指出"朗读、默读贯穿小学的整个阶段"，朗读对提高学生表达能力、发展学生智力、提高自身能力有着重要的意义。本篇课文整体的朗读基调是轻松、欢快的，就好像两个小朋友在一问一答，做猜谜游戏。因此，在安排全文朗读时，我除了让每位学生自由读外，还安排了师生对读、同桌互读、男女生读等多种不同形式的读。

上课伊始，我让学生自读课文和指名读课文的环节。通过这两次的读，让学生整体感知课文。而后出示了第一句问话："谁的尾巴长？"从问号入手，让每名学生掌握以问号结束的句子是问句，要用问别人问题的语气来读。每个学生自己试着读一读，而后指名读，抓住学生读的过程中的闪光点，重点体会"谁"与"长"，要读清楚，问句语调要上扬。在学生自己充分练读的基础上，我适当的范读，使学生能更好地体会问句的读法，而后，再让每位学生试一试，再指名读，学生经过了反复的练习，自信心十足，这时候给他们展示的机会，学生的兴趣极高。在学生第一次接触问句的时候就打下坚实的基础。接下来让学生用同样的读法练习读第二句"谁的尾巴短？"和长句的问句"谁的尾巴好像一把伞？"我适当指导并范读。之后又以师生对读的方式，让学生体会到回答也要说清楚谁的尾巴有什么特点，问句与答语要一一对应。在学生掌握了问句与答句的读法后，我出示课文的第一、第二小节，同桌一问一答，巩固了刚刚所学到的内容，还读好了问句和答句的语气。

课文的一、二小节学生通过自己读，听范读，师生对读，同桌互读，展示读等多种形式掌握读好问话的语气，并有一定的语言文字的训练。

第三、四小节的语法重复第一、第二小节，因此在这一环节的教学上，我没有进行任何的讲解，学生通过自主学习与合作，看书上的插图、表演读、男女生对读、师生共同读等形式练习读好对话。

四、拓展延伸

语文是实践性很强的课程，语文学习重在运用。作为语文老师我要创设一切可以让学生运用的平台，让语文的学习富有活力与生机。因此在学习完课文后，我安排了让学生观看动物图片，并仿照课文出示了例句："谁的尾巴像？"学生小组合作，试着问一问答一答。就这样，我把课堂学习与生活经验相结合并延伸到课外："同学们，相信你们在生活中观察过，知道好多动物尾巴的特点，你能试着用这样的句式说一说吗？同时出示句式"谁的尾巴？"

就是这样一个问题为学生开拓了极为宽广的想象和创造的空间，提高了学生的思维独立性和创造性，学生的综合能力被激活了，也自然培养了学生语文实践能力。

以上就是我在本次"名师工作坊"做课后的点滴体会与感悟，相信，这样一次次的做课与反思会促使我更加明确语文课堂的根在于学生的发展和语文学科的本质。

综合实践活动《遨游汉字王国》教学案例

——汉字的演变及发展

刘 丹

一、问题的提出

综合实践活动《遨游汉字王国》是人教版教材小学语文五年级上册第五单元综合性学习第二板块的内容。我组织本班的学生开展了一系列的语文实践活动，孩子们制定的主题包含着这组教材中所有的知识点，唯独汉字的演变这一内容未曾涉及。尤其在这个变化的过程中，隶书是古今文字的分水岭是学生不易察觉。汉字变圆为方、变曲为直、去繁就简、从象形到线条再到笔画的变化趋向学生也不能一下子就观察出来，每一种字体的特点需要老师进行引导讲解，才能知道。为了直观形象地了解汉字的字体特点，汉字是怎么演变的，我们走进国家博物馆，来到一件件文物面前，观察文物上的字体，获得直接的认识和理解。

二、具体实施过程

师：谁认识？

生：它是西汉时期的木简《仪礼·士相见之礼》。

师：请仔细观察这件文物，你还有什么发现吗？

生：这是用木头做的。

师：同学们真会观察。在西汉时期，书写材料最普遍的就是我们现在看到的木简，还有竹简。你们知道什么是木简、竹简吗？

生：古人用来写字的木条或竹条称为木简或竹简。

师：对，当时人们将字写在木简或竹简上，与秦代以前书写在龟甲、兽骨、青铜、石头比较，你们觉得怎样啊？

生：我觉得书写的材料越来越方便了，更加便于写字了。

生：老师，我发现写字的材料不一样，写字的行为也不一样。龟甲、兽骨上是用刀刻出甲骨文，在青铜器上的金文是铸出的，石头上的小篆是刻出的，而这个木简上是用毛笔写出字来。

师：可见，在木简或者竹简上写字的确是给当时的人们带来了很大的方便。大家看，这个木简共 16 枚，上面一共 939 个字。仔细看这些字，你们能读出他们吗？

生：我认识这个字是"人""之"，字太小了，看不清楚。

师：我们能大致读出几个字，说明这种字体与现代的汉字结构基本相同，我们能够识读。知道他们是什么字体吗？

生：我猜是隶书。

师：这种字体就是隶书。传说隶书是程邈所创造的。隶书这种汉字有着怎样的特点呢？同学们可以借助学习单，观察"雨"字的小篆和隶书，对比看这两种字体，你们就能发现隶书的特点了。

生：我发现小篆的"雨"字是瘦长，而隶书的"雨"字扁方。

生：我发现小篆有横、有竖，有曲线条，隶书有横、有竖、有撇、有点。有了明显的笔画了。

生：我发现小篆的笔画粗细一致，隶书粗细有了变化。

师：的确，从小篆到隶书，字体已经破圆为方，讲究"蚕头雁尾""一波三折"。为什么会有这样的变化呢？

生：我猜是不是因为用毛笔写字，比用刀刻字在石头上，省事方便呢？

生：我猜原来的小篆写起来太烦琐，笔画太多了，不方便，为了提高写字速度，因此圆转不断的线条变为方折的断笔，就有了点、横、竖、捺、钩、折等笔画。

师：的确是这样的，本着去繁就简的原则，古文字小篆逐渐退出了历史的舞台。隶书的出现，标志着今文字的开始。

三、活动感受和收获

语文是听说读写思多种语文实践能力的综合学习。课堂不仅仅是坐在教室里学习知识。这节语文综合实践学习活动，让学生们的学习不再停留于一本语文书，眼光不再局限于现在，知识不再单一。学生们走进国家博物馆，亲自与历史握手，在历史的长河中学习中国上下五千年的文字。文字是我们的历史，我们的现在，我们的未来，学生们在一件件文物上看到了历史留下的痕迹，这些痕迹就是闪烁的一个个文化符号。学生与历史握手，与文化握手。而这正是无边界课程的大语文观。学生自主走进了国家博物馆，通过观察，发现书写材料发生了变化。由书写在龟甲、兽骨、青铜、石头上，到木简，再到纸绢，通过比较，学生发现书写材料越来越方便了，更加便于携带和方便写字。这是对书写材料的近距离观察所得，学生还发现字体的演变中，一个汉字的变化就有自己的特点。学生带着问题开始研究。发现小篆的"雨"字瘦长；有横、有竖，有曲线条；笔画粗细一致。隶书的"雨"字扁方；有横、竖、撇、点这些明显的笔画，并且，笔画的粗细也有了变化。通过对比观察，发现了小篆到隶书，字体破圆为方，讲究"蚕头雁尾""一波三折"的特点。为什么会有这样的变化呢？学生继续思考，从而发现小篆写起来太烦琐，笔画太多了，不方便，为了提高写字速度，本着去繁就简的原则，圆转不断的线条变为方折的断笔，就有了点、横、竖、捺、钩、折等笔画。也因此，古文字小篆逐渐退出了历史的舞台，隶书的出现，标志着今文字的开始。课内＋课外的学习，大大扩宽了学生的知识视野，打开了学生思维的广度，获取知识的途径也变得更加广泛，这为学生们更好的学习知识注入了无穷的动力。

古文字学家、历史学家李学勤说："中国文字的特征之一就是它始终没有走向拼音文字，因此，它从一开始，就和书法相结合。"李学勤道出了文字和书法之间的关系。而这堂语文综合实践课，我想，它道出了语文不再是单一的语文，它是语文和多学科的融会贯通，是时间与空间的结合，是古与今的结合，是培养学生获取多种能力的最直接有效的手段，这正是无边界的大语文观。

开放的环节　深入的思考

高金芳

　　语文的阅读教学能够帮助学生提升思维品质。思维品质反映了每个人个体智力或思维水平的差异，主要包括深刻性、灵活性、独创性、批判性、敏捷性和系统性六个方面。优秀的思维品质来源于优秀的逻辑思维能力。思维存在于学生们的大脑中，上课的时候作为老师，我们既看不见，也摸不着，根本无法掌控它，更不要说提升它了？

　　静下心来思考，你会发现要在平时的课堂教学过程中训练学生的思维，就需要找到一个载体，一条"传输带"。语言是思维工具和交际工具，它同思维有密切的联系，是思维的载体、物质外壳和表现形式。课堂思维的训练，往往要通过语言"对话"的形式来完成。也就是我们说的课堂上师生、生生之间的对话。

　　教师依据思维规律，有目的地反复训练，不断矫正学生不良的思维习惯，使思维主体逐渐形成主动探究知识，多方面、多角度、创造性地解决问题的能力。比如，学生在课堂上经常会说半句话。老师提问，文章讲了一件什么事？学生急于说出答案，往往就是半句话"桑娜收养了两个孩子"。

　　遇到这种情况就需要教师尝试进行"思维对话"型课堂教学。就是以思维为主线，以对话为思维载体的阅读教学新课型，充分体现了"提高学生活动的思维品质"这一教学策略进而培养学生的思维深刻性。

　　王静老师的课堂上，注重了学生思维深刻性的培养。以《金色的脚印》一课为例。这篇课文的最后一句是："迎着耀眼的朝阳，狐狸们的脚印闪着金色的光芒，一直延伸到密林深处。"学生一读到这句马上想到，这是文章的中心句。这就是学生最直接的感性的认识。

　　但是为什么这就是中心句，它表达了怎样的思想情感？是学生并不明白的，也恰恰是王老师教学中的难点，通过引导学生回文寻找答案，关注语言文字。学生在交流的过程中，从狐狸对正太郎的角度，从狐狸一家的角度，从正太郎对狐狸的角度分别谈出了理解。学生提到遇到小狐狸时"阴冷的环境"衬托出人物的心情差引申出来，发现了环境色彩描写也是能表达心情的。学生从"老狐狸刚被发现的时候哀求、警惕的眼神和对小狐狸充满慈爱的态度"理解到狐狸像人一样，具有复杂的情感，他们希望得到帮助，解救小狐狸。老师在学生发言的基础上引导学生思考，后来狐狸一家对正太郎的态度又是怎样的呢？将学生引导到语言文字中进行反复的思考和讨论。

通过同伴的交流和教师的点拨，学生发现随着情节的发展，人与动物的情感越来越亲密，环境描写也变得越来越美好，进而发现这句话与题目的照应的关系。在反复的鉴赏，在不断的语言交流和思维的碰撞中学生抽象出了对中心句理性的认识。

最后王老师要求在习作实践中尝试运用这样的结尾，写出自己的感受和认识，在这样得意得言的过程中，将学生的思维从浅层的感性认识，到深入思考后的理性认识，再次回归到了感性的语言应用。这样的过程让思维的训练成了一个完整的体系，体现了学思知行的课堂模式。

王老师就是通过这样开放的环节，引导学生通篇阅读，同时又紧紧围绕小说的写作特色，不断地将环境、情节、心理变化整合在共同的问题之下进行思考、交流，通过对话提升了学生的思维品质。

关于语文综合实践课的一些思考

许爱华

综合性学习作为语文课程改革的新内容，反映了语文课程的进步。《基础教育课程改革纲要（草案）》指出："倡导学生主动参与、乐于探究、勤于动手，培养学生搜集和处理信息的能力、获取新知识的能力、分析和解决问题的能力以及交流与合作的能力。"语文的综合性学习能较好地帮助学生掌握"自主、探究、合作"的学习方式，有利于学生在整体性的听说读写活动中提高语文素养，有利于语文知识能力的学以致用，有利于培养学生的综合表达能力、人际交往能力、搜集信息能力、组织策划能力以及互助合作和团队精神。它对于培养学生的创新精神和实践能力，有着深远意义。

《语文课程标准》第二学段综合性学习中提出：

1. 能提出学习和生活中的问题，有目的地搜集资料，共同讨论。

2. 结合语文学习，观察大自然，观察社会，用书面或口头方式表达自己的观察所得。

3. 能在教师指导下组织有趣的语文活动，在活动中学习语文，学会合作。

本学期的综合实践活动进一步学习新课程标准，明确"综合实践活动"课程的实施目标，通过一年的研究、实践，继续将理论与实践结合起来，让学生亲历运用知识，解决问题的过程；获得深切的体验，产生积极的情感；激发研究科学的欲望，培养创新精神和实践能力，提高发现问题和解决问题的能力；增强团队合作意识，从而进一步加强人际交往的能力。

为了更好地引导学生走进"综合实践活动"，我们认真学习新课程标准，明确了综合实践活动课程的实施目标。平时我们还学习了有关综合实践活动理论丛书，讨论活动中出现的问题。这节综合实践活动课达到了预想目标，且趋于完善，我们全体师生会让这学科逐步向形成比较完整规范的课程努力。

在教研组集体备课的基础上，每个教师可以结合自己的教学实际来创造性地使用语文教材。并遵循这样的原则：尊重教材，"活"而不"虚"；源于教材，高于教材；服务教学，法无定法。

基于这样的认识，我们在本学期第三单元开展的《大自然的启示》这个主题活动中，沙焱琦老师在专家卢老师和陈燕副校长的直接指导下多次备课，反复研讨，五易其稿，三次试讲，最终呈现了今天这样一节综合实践课的展示课，希望能抛砖引玉，给老师们以启发。

与以往综合性课程展示课主要展示汇报环节的课不同的是，这节课是本单元综合性学习的第一课时，呈现的是综合性实践活动启动的过程。全面真实地反映了学生明确研究任务和研究方法，落实小组分工与活动安排，拟定初步的活动方案的全过程。本节课试图达成以下几个教学目标：

（1）引导学生在语文综合实践活动中观察大自然，增长知识，了解大自然。

（2）通过对"大自然的启示"的研究。进一步培养学生搜集、筛选、整理资料的能力，并运用口头语言或书面语言交流综合性学习的收获，培养学生倾听、交流、表达等能力。

（3）通过小组合作学习的方式培养学生交流合作的意识。

这节课的学习特别突出学生的自主性，重视学生主动积极的参与精神，特别注重探索和研究的过程，特别强调合作精神。教师在教学的各环节加强指导作用。课堂上呈现了这样喜人的场景：学生探索兴趣浓厚，大胆提问，大胆质疑，不断深入地思考、发散思维。学生在好奇心和求知欲的吸引下，主动地去获取知识，积极踊跃地表达。通过四次小组合作学习和汇报交流，学生思维得到不断提升，由不会选题到学会提出研究问题，初步制定研究方案，对课题研究产生了浓厚的学习兴趣。

综合实践活动为他们打开了想象的翅膀，也为他们搭建了展示自我的平台。长期这样可培养良好的学习习惯。学生不仅可以在活动中获取知识，培养能力，而且在思想上能够得到纯化，心灵得到升华。同时他们的实践操作能力、分析问题的能力、综合表达的能力、与人交往的能力等等方面都得到了提高。

综合实践活动课程是师生共同成长的摇篮。

学生的学习方式得以转变，多种学习方式的综合运用，不同水平的学生都有实践活动过程的切身体验。实践活动的组织形式也呈多样性，如课前的个人独立探究、课堂上的小组合作探究、师生共同探究、班级集体探究等。

因为随机的评价较多，需要教师变成自觉的评价行为——即关注学生的参与态度，关注学生有新意的表现，关注学生的听说读写等等。对这些表现与结果及时作出诊断，使用"激励、调整、引导、示范"等各种方式，促其发展。

在课程的具体实施过程中，十分注重教师的角色把握，老师与学生一样，平等对话，首先是实践活动的参与者，其次才是实践活动的指导者。

教材的真正价值需要在生动的教学实践中得到实现，我们对它不能采取"本本主义"的态度。再好的教材也不应抹杀教师的教学个性，不能取代教师的创造性劳动，教师应敢于和善于在教材的使用中，拓展思想的空间，让自己的智慧闪耀光芒！

由一次不成熟的整合阅读引发的思考

刘　迎

我们教研组这个学期研究的重点是单元整合教学，我和史晓娇老师也积极地参与其中，认真学习，努力实践。

首先，我们听了组里三位老师的课，迟佳老师的课让我们感受到了她破除了课与课之间的壁垒，发现了情节和情感上的关联，培养了学生归纳总结的能力；乔淅老师在课堂上大胆鼓励孩子质疑，让学生在生生互动中学习古诗，引导学生思考揣摩，在表达中绽放；满文莉老师的课上学生的阅读热情极高，她通过学习单的运用将课外阅读引入课内，对课文内容进行了补白延伸，而这一切的安排，都源于满老师对教材内容的深刻理解。

三位老师的尝试让我们对于史老师即将讲授的课有了新的思考，老师们的授课在实际教学中的操作性都很强，提供了单元整合教学的良好范例。虽说史老师成为教师只有三个月的时间，但看了老师们的课，学习了一些理论之后，也想在自己的课堂上尝试课与课之间的整合。当时恰逢专家卢筱玲老师来我校听课，我们就想将收获运用到课堂实践之中。

我们选择将第 27 课《青山处处埋忠骨》和第 28 课《毛主席在花山》整合在一起。之所以这样做是因为：

1. 从两篇课文在本单元的排放位置看编者的意图，安排在《七律长征》和《开国大典》之后两篇讲读课文之后，目的是让学生从多个角度走进毛主席，了解伟人情怀。即从另一侧面了解伟人的高尚品质，感受伟人的精神及情怀。

2. 从教材来讲，两篇课文均为星号课文，即要求学生较为独立地阅读，以这两篇课文作为本单元学习效果的反馈和阅读能力的提升。

3. 从学生角度讲，五年级学生应当也可以具备这样快速阅读的能力，也是学生今后无边界阅读的一种需求。

基于以上思考，我们以从故事中体现主席的凡人情怀为切入点进行了课程设计，大致流程如下。

一、导入

前几节课上我们学习了第八组课文的前两课《七律长征》和《开国大典》。今天我们就共同走入伟人的生活，从两篇课文中感受一下主席的凡人情怀。

二、生字汇报

将两课书中的生字集中在一起，让学生把预习中认为需要注意的字和词和大家分享一下。

三、速读浏览

分别阅读两篇课文，想一想这两篇课文分别讲了毛主席的什么事？

四、默读思考

默读课文，这次要细细地读，边读边标出你深受感动或特别喜欢的句子，批注自己的感受。

经过小组交流和讨论之后，大家分享这些句子，体会写法，感悟其中的感情。之后对课文进行简单总结，主要从描写方法和体会情感这两个方面。

五、拓展延伸

自由读读学习单上的故事，思考一下，故事体现了主席怎样的情怀？

六、开放思考：主席印象图

你心中毛主席的形象是怎样的？请同学们结合本单元的学习，写下几个关键词。

七、阅读推荐

推荐介绍毛泽东的书籍，影视作品和动画。

课上完了，但是效果并没有想象中的完美。于是我们进行了反思。首先从教学的效果看：

1. 学生用一课时能够半独立阅读好两篇课文，基本上完成了教学任务。

2. 通过课堂实践，我们反思应该改进地方有以下三点：

（1）字词教学可再扎实，学生读不准的字要即时标记在书上，不能一带而过。教改不论怎么改，基础知识必须夯实。

（2）概括主要内容效果还不理想，可以再提示思路和框架。应当允许学生选择其中一篇去说主要内容，这样可以体现出以课文为例，培养学生概括主要内容的能力。使学生在过程中会听别人的发言，并进行思辨和借鉴。这样，比两课都泛泛去说可能效果更好。

（3）关于学习单的运用。我们不应该设计这样一个黑框，"几个关键词"这样的说法就限制了学生的思维。我们应该从单元整合的主导思想出发，不限制学生以什么方式写出本单元学习后自己对主席的印象。例如：引用本单元的诗词、词语、一句话、一段话均可，也可以引用本单元各课的拓展阅读材料，可以达到积累运用的目的。还可以自己去归纳总结，表达和抒发，这样就不会对学生有禁锢了。现在看来，这么粗重黑的一个框框圈住了学生的思维，也就不奇怪学生会写出"牛""帅"之类让人哭笑不得的词语了。这和我们整合阅读，表达无边界的初衷不相符，今后引以为戒。

由于史老师刚刚任职三个月，有尝试课与课之间整合阅读的想法和勇气值得鼓励，但是两篇课文再加上两篇支撑材料，无论是对学生还是对于她自己驾驭起来的确有些困难，于是我们思考：整合阅读一定要结合学情，不可人云亦云。再有就是一定要在之前的学习中夯实阅读基础，不然囫囵吞枣，拔苗助长，反而得不偿失。

《黄河是怎样变化的》教学案例中的实践与思考

闫仕豪

在 2017 年年中，我有幸参加了北京市举办的首届"启航杯"教师风采展示活动。在活动中，我在史家学校领导、师父和四年级组老师的帮助下，进行了精心的准备，完成了四年级下册第三单元的《黄河是怎样变化的》一课的说课展示。上完这一课，我的心里涌动着一种激动，洋溢着一种感动，为自己，也为学生。（自己成长，学生成长）

一、备课备的到底是什么

作为新教师，很多具体的教学工作对我来说仅仅是停留在纸面上的一个个名词。有的不明其意，有的不谙其道。"备课"二字亦如是。

通过这次的展示活动，我知道了研读教材、了解学生学情的重要性。

在备课过程中，我与老师们深入研读教材：课文先写黄河给两岸人民带来的苦难，是一条多灾多难的祸河，但它又是中华民族的"摇篮"；接着，从黄河含沙量的现状，分析黄河变化的原因；最后写科学家设计治理黄河的方案。告诉人们要保护大自然，保护环境。

本文还是一篇略读课文，结构严谨，语言精准简洁，易于学生抓住主要内容，适合学生自主探究学习，在交流对话中，加深对文本的理解和感悟，在品读中受到情感熏陶。

在课前，我通过前测对学生的学情有了充分的了解：

- 83％的学生对什么是河水改道，很了解。
- 90％以上的学生对黄河流域的历史和现状了解一些，但说不清楚。
- 94.4％的学生对什么是悬河不了解。

基于以上学情，我制定了引导学生了解黄河是怎样变化的、悬河是怎样形成的，进而感受黄河对中华民族的重要意义的整体教学思路。

二、学生是学习和发展的主体

在深入学习了《语文课程标准》后，在教学中紧扣课标思想进行设计、实践。

通过自主批画、自主交流体会、想象表达等多种形式，掌握整个学习过程，自发、自觉地投身学习，自己对自己负责，大大增强学习的主动性。

结合单元综合实践主题，重点培养学生搜集、交流、思维能力。学生在丰富的语言实践中，主动的积累、梳理和整合，成为有效的交流依据。在阅读与品悟、表达与交流、梳理与探究活动中，有依据、有条理地表达自己的观点，形成系列的，有序的，不断深刻的思考。

结合文后资料袋，引导学生了解，"保护母亲河行动"开展了系列活动。学生在对话交流中发现，活动都是植树造林，这引发了学生进一步的思考。学生带着问题，走出课堂，自主关注社会问题，关注民族未来。

师生在语言文字中共同品味、感受、体验，从语言现象中得出自己的认知，运用想象，丰富自己对现实生活和语言文字的感受与理解。对语言有见解、有联系，并形成个体的言语经验，实现了由语言到思维再到情感的升华。从而感受语言的魅力、领悟自然之道，关注社会问题，增强其社会责任感。

在整个教学过程中，我始终尊重学生独特情感，和已有的认知水平，围绕学生如何设计教学活动，体现以学生为主体，力图营造一个充满活力的课堂。

教 学 策 略

围绕阅读鉴赏展开教学，
学会阅读方法，提高阅读兴趣

魏晓梅

阅读不仅是一次信息的摄入过程，也是调动学生情智与文本的对话过程，与作者情感的交流过程。《语文课程标准》指出：语文阅读"应让学生在主动积极的思维和情感活动中，加深理解和体验，有所感悟和思考，受到情感熏陶，获得思想启迪，享受审美乐趣"。阅读教学是小学语文教学的重要组成部分，也是培养小学生综合能力的重要方面。在一定意义上讲，一个人的阅读习惯的好坏和阅读欣赏能力的高低，无不与小学语文阅读教学有关。

为此，小学阅读教学中，教师要高度重视学生良好阅读习惯，特别是阅读欣赏能力的培养，坚决纠正漫无目的式的随意、消遣性的阅读和浅尝辄止式的一般、了解性阅读，积极引导学生把阅读过程变为一次体验和发现的旅程，教会学生欣赏性阅读的方法，以积极的审美心态，集中全部的心志去感受、理解、欣赏、评价每一篇阅读文章中的人与事、景与物、情与理，观其"言"，品其味，悟其神，使阅读成为一种精神体验，一种审美欣赏。这里，我结合教学实际，就如何在小学语文阅读教学中培养学生鉴赏能力谈一点认识。

一、让学生在阅读中鉴赏，在鉴赏中积累

我采用课内导读和推荐的办法。在语文必修课本里，选取像《桂花雨》

《匆匆》《桃花心木》那样的散文，指导学生通过朗读和分析，领悟文章的美感，并指导学生掌握一些鉴赏文学作品的方法。不过，课本里的美文数量很有限，要让学生提高审美鉴赏水平，积累语言文学材料，就要把学生的阅读引向课外。于是，我向学生推荐阅读《古今诗文鉴赏学典》，我还要求学生利用课内外时间阅读《语文读本》，这书是课堂教学课本的延伸，体现鉴赏性和知识性的统一，有助学生的文化积淀，增进文学素养。为了扩大学生阅读的空间，我把鲁迅、冰心等作家的散文和诗歌推荐给学生，还建议学生订阅一些报刊。在早读时，听见学生朗读美文的声音，感受到学生喜欢美文的程度。

在鉴赏中积累，光靠读，是实现不了积累的。要"积累"就要"做"。新大纲就提出过"重视积累"的要求，而且规定了小学阶段必背的诗文。为了达到这一要求，我从接班一开始，就制定了长远的教学计划。让学生每人准备一本读书笔记簿，定名为"美文采风"，假期间，可以读长篇小说，平时就读短篇的诗文。在阅读过程中，让学生在读中思，在读中写。把好词、好句抄在本子上，做简短的评论，再进行仿写练习。

"积累"的做法看起来好像很复杂，学生一开始也不能形成习惯。要经常检查督促，等学生形成习惯后，就减少检查的次数，并及时鼓励。一方面我把他们的"美文采风"簿拿到班上让同学传阅、欣赏，充分肯定他们的做法；另一方面奖励一些他们喜欢看的杂志给他们，如《读者》《意林》《美文》《思维与智慧》等。在学习美文，鉴赏美文过程中，学生的积累就会渐渐多起来。

二、鼓励学生自主挑选，自由阅读

一位哲人说，学习的最好刺激，是对所学材料的兴趣。这种欣赏评价能力的培养，如果仅仅依靠现有教材是无法完成的。因此我们就要从教材外部寻找材料进行教学，让学生自主寻找材料，师生共同探究、学习和品味。我尊重学生个人阅读的选择，每星期都要抽出一个午休时段，让学生自主阅读，要求学生每月挑选一篇美文推荐给大家，贴在班级墙报栏上，使同学们能欣赏积累到更多的美文。自主挑选，自由阅读，大大提高了学生的阅读兴趣，许多同学为了表现自己的阅读鉴赏品位，设法把自己认为最好的文章"亮"出来，这就逐渐培养了自身的文学鉴赏能力，在此当中，也逐渐地积累了语感，积厚了文化的底蕴。

三、深入分析，巩固提高

这一步是阅读的升华阶段，是系统培养学生阅读素养的重点。这一训练环节中，我们可指导学生从文章背景、作者介绍、写作技巧、结构层次、重点词句理解、修辞等方面入手，让学生通过查、引、评、用完成对选文进行分析学习。师生共同研讨，深入其中挖掘学习。

阅读是个性化的认识活动，小学生阅读欣赏能力的培养既需要感情的体验，又需要思想认识的共鸣。我在指导学生欣赏阅读时，努力搭好学生与作者沟通的桥梁，使学生加深对课文的理解和体验；搞好作者思想与学生思想"碰撞"的对接，促进学生有所感悟和思考，使学生实现认识和思想的变化与飞跃，受到情感熏陶，获得思想启迪，享受审美乐趣。

这样，学生接受阅读、参与阅读、乐于阅读，提高了他们的阅读鉴赏能力，从而使他们学会分析一篇文章，鉴别一本书的好坏，为以后的阅读奠定基础。

夯实基础 提高课堂实效 在反思中前行
——《大自然的启示》教学评课
陶淑磊

很高兴和大家交流一下我在听完李梦裙老师的第 12 课教学的感受。这课的备课、试讲及讲课录像过程，我都参与了。参与的过程也是我学习和提高的过程。下面我就从以下三点粗浅谈一下我的听课感受。

一、依托教材 夯实基础

1. 依托教材，明确训练重点

李老师所教学的第 12 课是语文四年级下册第三单元的第四篇课文。通过前三课的教学，孩子们在归纳主要内容方面感悟到了段意串联法。培养学生的概括能力是本年段的一个训练重点。在前三课的教学基础上，李老师在钻研教材后，感到第 12 课可以在概括主要内容方面，依托教材对学生深入训练指导。于是便把概括课文的主要内容作为了教学的一个目标。

2. 适时点拨，提升学生能力

第 12 课含有两篇课文，在第一篇《"打扫"森林》的教学中，李老师让学生在回顾前三课主要内容的同时还让学生说出自己的概括方法，这一设计就是在强化学生的学习方法。

李老师让学生默读第一篇课文后思考如何概括主要内容，并想想运用什么方法概括。当学生较顺利地用段意串连法概括完第一篇课文的主要内容后，李老师说道："你用段意串连法概括的不错，希望同学们在以后的学习中都能运用段意串连法来概括一些课文的主要内容。"

后来在学习第二篇课文时，李老师也让学生概括主要内容，学生发现课文的最后一段中的一句话"科学家从蜻蜓、鲸等动物身上得到启示，有所发明，有所创造"可以作为课文的主要内容。于是，李老师说："当文章中出现能够直接概括主要内容的句子后，抓住这样的句子来概括主要内容，这种方法叫抓重点句概括法。大家以后在学习中可以尝试运用。"

这样的适时点拨，说明李老师在教学中注重培养学生的学习能力，教学生学习方法。这也启迪我们，在备课时要预设各种学生课堂生成，设计好总结语、过度语、评价语。每个学生的发言都是宝贵的学生课堂生成，教师好的评价语言能够更好地推进课堂教学，能够更好地促进学生成长。其实我们培养学生各种学习能力，就是要在日常教学中不断渗透、点拨，循序渐进。我们的每个教学环节的设计，都是有目的的。我们的最终目的就是学生独立学习能力能够不断提升，学生的综合素养整体得到提高。

通过本课的教学，孩子们在概括主要内容方面又有所提高。教师的一个教学目标顺利达成。

我想在今后的教学中，李老师一定会在依托教材，培养学生的各种学习能力方面继续探讨。

二、教法创新，提高课堂实效

第 12 课第一篇课文的重点句"原来大自然中的一切事物都是相互联系的。这样，才能保持大自然的生态平衡"，是学生要重点理解的，这也是本篇课文所揭示的大自然的启示。

如何才能更好地让学生理解这句话，深刻感悟大自然的启示呢？

通过研究教材，李老师改变了以往的结合实际分析文中重点词语的教学方法，而是一步步引导学生运用思维导图理解林务官的做法给森林带来灾害的原因。李老师先是用板书说明森林间事物间的密切联系，再随着学生的发言删除板书中的部分内容。从教学效果看，孩子们借助思维导图较好地理解了大自然中的一切事物是相互关联的。教学重难点顺利突破。

在学习第二篇课文时，李老师运用表格让学生感悟到了大自然的动物、植物都是人类的老师。特别是补充材料设计得好，既有动物的例子，又有植物的例子，较好的对课文进行了补充。从教学效果看，孩子们通过填表格，更好地感悟到了生物是人类的好老师，要充分利用大自然，这一大自然的启示，而且一些学生对仿生学进一步产生了兴趣。

这样两篇课文蕴含的启示，学生很顺利地就理解了，有水到渠成之感。创新的教法，提高了课堂的教学实效。

这样的教学设计让学生不但对本单元的教材主题"大自然的启示"有了更深的感悟，而且对于理解课文中的内容，品味重点语句，又多掌握了两种方法即思维导图法和表格法。

有了这课的教学实践，我相信李老师在今后的教学中一定会在钻研教材，揣摩更高效的教法方面更上一层楼。

三、在不断实践、反思中前行，促进教为学服务

李老师在准备第 12 课的教学汇报过程中，不断在调整教学设计。两次试讲后更是根据课堂反映的问题，及时反思，及时修改教学细节。每一次修改都是为了更好地提高课堂实效，为了更好地体现教为学服务。每一次反思后的修改都是教师以学生为主、尊重学生认知规律意识的增强。例如，

第 12 课思维导图的呈现及运用过程和表格的运用过程设计，在每次试讲后变动较大。因而最终在录课时，教学效果不错，达到了初步教学目的。在录课时因实物投影不能正常使用，李老师又临时调整课件及板书运用方式。我们发现只要把握住备课的精髓，一切教学方式都是可微调的。所有的问题都会有更好的解决办法。办法总比困难多。

在录课后，非常认真、善于思考的李老师自己又发现了问题。这也说明，我们的课堂教学永远是一门遗憾的艺术，没有最好，只有更好。不断优化课堂教学的过程，也是教师真正提高的过程，最终更是让学生更加受益的过程。教为学服务，不是口号，而是教师永恒的优化课堂的动力。依托无边界的课程理念，在如何更好地培养学生的语文综合素养的探讨之路上，我们会继续努力前行！

突出单元训练重点　关注学生实际获得

——单元整合教学反思

孔继英

长期以来，小学语文教学都是以教材中的"篇"为训练单位，以"篇"中某一课时为课堂教学研究的着力点。这样做的结果导致很多教师一直在一节课内"打转转"，胸中没有全文，更没有整个单元。由于缺乏对单元教学全程的研究，学生难以得到不同课例、不同课型、不同教学内容所承担的不同训练。训练不到位，学生语文能力难以得到较快提高。

新学期我们开始了语文单元整合教学的尝试，着力思考如何突出单元训练重点（不仅仅是课文内容方面，更重要的是语文能力方面），在大的框架下突出年段特点，落实能力训练。探索符合学生实际，具有特色、课内外沟通、校内外联系的语文教育体系，探索实施新课标教学的具体途径和操作办法，不断提高教学实效。

如六年级上册第四组的教学，我们首先确定了单元创意表达与综合实践活动的结合点：在本组教材的教学中，紧紧扣住"人间真情"这一专题，整合单元教学资源，把阅读、口语交际、习作等有机结合起来。教学时引导学生读好书，读整本的书，进一步扩展学生读书的视野，使学生得到异域文化精华的滋养。通过阅读了解不同国家多样的文化，关心人物命运，进一步培养学生把握主要内容，体会作品中人物思想感情的能力。口语交际教学时注意两点：一是教师在学生辩论过程中要进行调控、指导，使学生在良好的环境中发挥出色的水平；二是引导学生善于倾听、接受人合理的见解，不断完善对知识的认识。习作教学时，引导学生回忆本单元课文的表达方法，然后针对实例或举例进行指导。本单元四篇课文的学习过程中均安排了练笔：《卖火柴的小女孩》建议写读后感。《凡卡》建议练习结尾续写。《鲁滨孙漂流记》练写读书笔记，积累文中名言。《汤姆·索亚历险记》建议对比原著与电影写读后、观后感。

针对单元教学目标及重难点，我们对课时做了如下安排。

课　时	阅读（7）	表达（4）
1～3	2	1
4～5	1.5	0.5
6～7	1.5	0.5
8～9	1	1
10～11	1	1

1～3课时学习《卖火柴的小女孩》，把握课文内容，关注人物命运，体会作者的思想感情，了解虚实结合的表达方法。完成单元习作（读后感）。

4～5课时学习《凡卡》，整体把握主要内容，了解凡卡悲惨生活，体会他极度痛苦的心情。揣摩课文叙述、信的内容和回忆插叙结合的表达方法。练习续写结尾。

6～7课时学习《鲁滨孙漂流记》，关注人物命运，体会鲁滨孙不怕困难、顽强生存、积极乐观的人生态度，激发学生阅读原著的愿望。完成日积月累（读书笔记）。

8～9课时学习《汤姆·索亚历险记》，关注人物命运，体会汤姆敢于探险、追求自由的性格特点。激发学生阅读原著的愿望。完成交流平台。

10～11课时完成单元测试、进行反馈。

根据单元构成的不同方式方法，我们进行课程整合的侧重点也有所不同。"主题"型的单元：它主要用不同的材料、不同的方式来表达同一个主题。这种单元除把一个大主题细化、具体化外，还能供学生学习如何用不同的材料来表达同一主题。"话题"型的单元：它主要呈现的是不同作家对同一话题的不同理解，它有利于提升学生对这个话题的认识深度，拓展学生对这个话题的认识广度，把话题型的单元整合成提升学生思维品质深度和广度的课程是比较合适的。"体裁"型的单元：它主要是为某种体裁的文章提供范例，让学生能理解并把握这种体裁文章的文体特点。这种形式的单元，最好把它整合成完善学生知识结构的课程。

根据实际的学情，我们从主题内容、修辞手法、写作手法、表达方式等不同角度进行单元整合。教法由学法决定，学生需要什么，教师就结合教学内容确定什么样的教学目标，从而使学生产生强烈的学习动机和学习兴趣。例如，教师可以根据学生的实际需求，对文本中刻画人物所用的心理描写进行整合，学习运用心理描写刻画人物形象的方法。学生由于得到了具体的指导，并联系到自己的生活经验和切身感受，就有可能写出感人至深的事件表达自己强烈或微妙的心理感受。以学法和写法相结合进行单元整合设计也是这次教学实践的一次有益尝试，它实现了新课程所倡导的目标，即在阅读教学过程中，教师要努力整合教学内容，优化教学结构，构建多边互动，强化阅读实践，引导学生探究、思考，全面提高学生的语文素养。整合教学可以为传统的教学实践提供新的视角，也将在语文教学实践中得到检验。

在教学过程中，我们注意迁移运用。一课学方法，两课做运用，以一课带多课。通过这样的训练点和系列训练过程，学生能力得到提高。

在单元整合教学实践过程中，略显遗憾的是整合设计的预设痕迹有点儿明显，学生较少有自由拓展的空间，课堂张力略显不足。在以后的实践过程中还需要加强研究，逐步完善。小学语文单元整合教学在教学实际中不断地运用策略，不断地总结策略，不断地修正策略，以让策略更好地为教学服务，从而有效地提高教学效率和质量。

单元整合 对比阅读

——《妈妈的账单》课评

霍维东

范欣楠老师执教的《妈妈的账单》一课，是第五单元最后的一篇略读课文。我就从以下几方面简单介绍一下这节课的设计思路，并做简要的点评。

一、立足单元角度挖掘教材，进行整合教学，深入解读文本

本单元的单元导语提示了两方面的内容：一是生活中是否想到过报答父母的爱，能否向他人献爱心。二是在学习课文的进程中，感受人间真情。在整个单元的学习中，这两方面的内容是紧密结合在一起的。在教学中，范老师从五单元整体进，最后从五单元整体出，潜移默化地让学生感受这一主题在单元的每一篇课文中是怎样表达的，以及在整组课文中又是怎样联系起来的。

另一方面，范老师在教学中将文本的学习与本单元的综合性学习活动相结合。使学生在学习文本的过程中，融入自己的切身体验，真切地感受到了妈妈那无私无价的爱。在将这份"爱与真情"传递给学生后，再次对接学生的生活，在不断的丰富的联想、补白与自己生活的对接中，发展学生的情感，引发出他们对妈妈的爱的深层的理解、诗意的表达。引导学生感悟父母的爱，懂得关怀他人。

二、研读账单，感受母爱的无私与无价

这堂课，范老师通过两份账单的对比，引导学生阅读、思考、感受、体悟母爱的伟大与无私。教学中，围绕账单三次回环上升地学习，环环相扣、层层深入。

第一次，在学生概括文章大意后，揭示账单，通过生生读、指名读，让学生在浅层体验的基础上，对比发现两张账单在数量、事件、时间跨度

等方面的不同，初步感受母爱的无价。

第二次，在学生初步感知的基础上，带领学生再读妈妈的账单。在静心品读、潜心思考的过程中，引导学生深入体会妈妈的账单文字背后所蕴藏的深意。

第三次，学生在联系生活实际后再来回读妈妈的账单，此时文本已经与学生的生活实际紧密结合，在学生面前展现的是一幕幕真实生活的画面。在这一过程中，学生的认识在不断地发展，学生在不断地发现、再发现的过程中，深入体会了 0 芬尼，这一妈妈的账单中最本质的情感体现。

三、联系生活，使学生与文本产生情感共鸣

为了让学生更好地解读文本，理解文中作者所表达的真意，范老师在带领学生研读账单的过程中与单元综合实践活动进行整合，联系学生的生活实际，引导学生体会和感悟这些文字背后的一个又一个场景，和一个又一个感人的故事。让学生回忆这么多年来自己的妈妈一直在为自己做些什么。通过和自己生活的勾连，更深刻地体会什么叫无价，什么叫无私。学生在文本、场景、画面、生活，以及生活背后的认识等多角度、多层次的体会中感受母爱的厚重。通过唤醒学生生活中真实的体验，把握文章的思想感情和主题，达到了学生、文本、教师三者之间对话的和谐统一。让学生同小彼得一起透过一纸薄薄的账单，不禁想起了十年里，自己在妈妈的精心呵护下成长的点点滴滴。

当然，作为青年教师，范老师在对于学生课堂生成的捕捉与把控上还需要不断地积累经验。

范老师每一次试讲、专家听课都非常重视也很紧张。我们在进行教学设计的过程中，也是几易其稿。在此，也要特别感谢王超男老师和陈燕校长在听过试讲后，帮我们进行了梳理，使情感线更加清晰，教学环节更加严谨。同时，也要感谢我们的组长鲍老师及全组老师，大家共同听课、共同研讨，和谐向上的治学氛围为青年教师的成长搭建了良好的平台。

史家小学是一个和谐校园，为青年教师的成长搭建了良好的平台。学校为每一位青年教师都聘请了师傅，以同课异构、主题研讨、案例交流等

方式，把先进的教学理念、精妙的教学技巧、灵活的教学方法，渗透到青年教师的课堂教学中去。在一次次的备课、磨课的过程中，每一位师傅都秉承着倾其所有、竭尽全力的态度，指导、引领青年教师，希望这些小苗能早日绽放在史家小学这片教育沃土上。

与外国文学难忘的邂逅

——谈组合阅读在小学语文课堂上的作用

李　静

阅读是获取知识的必要途径，也是体现语文交际能力的一个十分重要的窗口。语文教学的实践证明，要使学生学好语文，培养和提高语文能力，单靠教材内有限的课文篇章是远远不够的，必须树立"大语文教育观"，把"小课堂"与"大课堂"紧密结合起来。汉代文艺理论家刘勰所谓"操千曲而后晓声，观千剑而后识器"，就是告诫后人要通过大量阅读去培养和获得对语言文字的感受力，去熟悉和掌握语言规律，增强语文修养、提高运用语文的能力。

无论是传统的阅读教学，还是现在课改之后的新形势下，多读书、多积累一直都是语文阅读教学的一个遵旨。尤其是小学阶段，大量的阅读和积累对于学生阅读能力的提升以及今后的阅读学习都是非常有帮助且重要的。"教材无非是个例子"，如果我们在教学中只重视、只局限于教材中的阅读文本，不仅远远达不到新课改标准中规定的"不少于100万字"的阅读量要求，而且也不能满足学生对于阅读的需要。组合阅读，就是要求教师在课堂上引导学生尽量多地阅读相关文章，不仅可以增加学生的阅读量，而且还能拓展学生的见闻。

组合阅读中，会选择具有关联性、相似性的文章进行阅读，同时教师也会布置相关的阅读任务，同时给予必要的指导。这样，学生在阅读过程中，自主完成任务，使思考能力得到有效提升。我们在六年级下册第四单元学习了丹麦作家安徒生的《卖火柴的小女孩》，俄国作家契诃夫的《凡卡》，英国作家笛福的《鲁滨孙漂流记》，美国作家马克·吐温的《汤姆·

索亚历险记》。在教学实践中，我利用课文《凡卡》，有意识地尝试了组合阅读教学，在课堂上取得了意想不到的效果。在学习《凡卡》一课时，我将《凡卡》与《卖火柴的小女孩》进行组合，在课堂上，我引导学生思考——两篇文章有什么相通之处？这既是对教材课后问题的回应，又是帮助学生自主地发现两个文本在写作手法方面的共同点。两篇文章虽是不同文体，却在写作手法上有异曲同工之妙——"以乐景写哀"，都用饱含深情的笔墨塑造了一个命运悲苦的儿童形象，通过儿童的命运折射出社会的黑暗现实。

中外名著是作家智慧和思想的结晶，不但文字优美、语言隽永，而且富含深意，值得学生们细细研读和体会。过早地接触中外名著，对于学生形成正确的人生观、价值观，提升自己的文化素养和品位有着不容小觑的作用。俗话说，独乐乐不如众乐乐。学生有了阅读体会，享受到了阅读乐趣，应该及时把这种感觉和同伴们分享，达到共享阅读快乐的目的。接着开展了欣赏交流课，为了使阅读成为一种自觉的活动，我们应该给学生创设更多条件，使学生有一个展示阅读成果、阅读感受的平台。

师：《鲁滨孙漂流记》和《汤姆·索亚历险记》是我们第一次出现的故事梗概加精彩片段的文章。据老师了解，我们有很多同学已经看过，或者正在看这些书。能把你近期阅读的与"外国名篇名著"主题相关的书籍或者阅读感受做一个交流和展示吗？

生 1：我了解马克·吐温的作品如《金钱的魔力》《汤姆·索亚历险记》和《哈克贝里·芬历险记》，都具有幽默讽刺意味，因为他本身就是一位颇有名气的幽默作家。

生 2：马克·吐温的亲身经历，蕴含了作者对童年生活的深刻怀念。他写《汤姆·索亚历险记》主要是为了娱乐孩子们，但希望大人们不要因为这是本小孩看的书就将它束之高阁。因为这本小说能让成年人从中想起当年的自己。我在阅读中就想到自己的调皮，所以这是一本不分年龄段的喜闻乐见的书。

生 3：马克·吐温的《汤姆·索亚历险记》讲述了贪玩但乐于助人的汤姆多彩的童年，笛福的《鲁滨孙漂流记》讲述了鲁滨孙在无人岛独立生活的故事，两本书共同赞扬了主人公勇于探索、敢于独立思考、积极进取、自强不息的独立精神，同时赞叹了童年的美好与纯真。

学生的呈现启发了我！孩子们引入书评这样的形式，从不同方面、不同角度来展示，让学生感受同一位作者不同时期，不同的心境、不同的风格，以及不同作家的相似写作风格，提高了学生的鉴赏能力。让我看到了：原来的教师讲学生听的师生关系，现在变成了群体的互动关系，老师只是位引导者，学生是真正的主体。有句话说得好，一个人走可以走得快，一群人走可以走得远。读一篇文章可以读得快，读一组文章可以看得远。这样的组合阅读，是一群人相伴而读，持久力更强，因为有自我促进，有分享交流。

小学阶段学生们的阅读重在兴趣的培养，让阅读成为学生生活中的一种习惯和爱好，为语文打好基础，而组合阅读教学，给教师和学生带来了新的发展空间，把阅读的主动权交给学生，让学生绽放精彩，尽情品味阅读，享受阅读。

在古诗语境中培养学生的表达能力

——以《泊船瓜洲》为例

杨　丽

古诗是中华灿烂文化的瑰宝，《语文课程标准》指出：既要重视语文课程的工具性，又要重视人文性。语文课程要培养学生具有正确理解和运用祖国语言文字的能力，也要重视培养学生高尚的道德情操和健康的审美情趣，在阅读教学中应该让学生充分地读，在读中整体感知，从字词读到内容读到情感再读到思想，在读中受到情感的熏陶。怎样用好古诗文本？除了传统的诵读、理解、背诵，还可以做些什么？在古诗教学中，不仅要解读文本内容，接受思想情感的熏陶，还要在教学中注意语言的理解、积累、运用；不仅要感悟文本内容，还要注意领会文本的形式，使学生文意兼得，学会表达。

在教学《泊船瓜洲》这首古诗时，我根据学生已有的学习经验，在一上课就出示一幅画面,"一轮明月嵌在蓝蓝的天空中"。请学生猜一猜画面中描绘的是哪首古诗?五年级学生已经积累了一定数量的诗歌作品,学生很容易想到脍炙人口的《静夜思》。以明月为引,通过积累而引出思乡主题,为学生初步感知新课的教学重难点埋下了伏笔,激发学生学习古诗的兴趣。

以师生共研的形式学习《泊船瓜洲》,围绕着"透过诗中哪些词语,能体会到作者对故乡的思念?"这一中心问题整体感知文本,充分调动了学生的求知欲。通过引入背景,创设情境,发挥学生想象等品味语言。

一、引入背景资料理解"一水""只隔"

针对学生对诗中出现的三个地名比较模糊的情况,我用课件来展现地图,使学生通过地图来了解三地之间是什么关系,在此基础上进行点拨:在交通不便的古代,这山高水长,路途遥远,为什么诗人却觉得只是"一水""只隔"呢?这时适时引入作者的背景资料,帮助学生领悟作者王安石,与故乡的实际距离和他内心的距离产生的巨大反差,感悟诗人对家乡的眷恋与不舍,并读出自己的感受。

二、发挥学生想象分层品味"绿"

为了突破难点,我准备采用读诗、换词、想象画面等手段体会"春风又绿江南岸"中的"绿"的精妙。先让学生理解"绿"的原意,再理解它在诗中的意思,接着通过换词,再引用王安石的典故,诗人王安石在作《泊船瓜洲》时,先写的是"春风又到江南岸",后来他觉得"到"字不好,就改为"过",接着又改为"入""满"等字。经过十多次修改,才决定改用"绿"字。利用课后资料袋的引入,体会"绿"的精妙。

再让学生自由练读,再把脑海中的画面用自己的语言描述出来,接着点击春天"鸟语花香"的音乐,追问学生:你脑海中浮现的画面能不能用我们积累的诗句来说一说,从而整合了其他描写春天的诗句,有利于创设诗韵的课堂,还激起学生对学习古诗的兴趣。

学生分别吟诵描写春天的诗句:两个黄鹂鸣翠柳,一行白鹭上青天。

碧玉妆成一树高，万条垂下绿丝绦。不知绿叶谁裁出，二月春风似剪刀。

在想象基础上感悟诵读，追问学生：这个绿只是绿色吗？其实一个绿字不仅使我看到了满眼的绿色，还让我看到了江南的花红柳绿，莺歌燕舞，一派生机勃勃、春意盎然的景象。看着这家乡无限的美景，诗人却要离开，正因如此，诗人才会发出这样的感慨，出示"春风又绿江南岸，明月何时照我还"，学生齐读。

三、教师引读促进感情升华

年逾五旬的作者站在瓜州渡口，他遥望故乡，不忍离去，因为

——他一旦离开，不知何时再见家乡的春色，他怎能不感叹——引读（春风又绿江南岸，明月何时照我还）。

——他一旦离开，不知何时才能与好友踏青郊游，他怎能不感叹——引读（春风又绿江南岸，明月何时照我还）。

——他一旦离开，不知何时才能与家人共享天伦，他怎能不感叹——引读（春风又绿江南岸，明月何时照我还）。

900 年前，诗人王安石站在瓜州渡口，带着对家乡深深的依恋，含着对前途无法预知的迷茫，千般愁绪，万般滋味，无法言说，只化作一首诗，让我们和作者共诉心声——学生接读全诗。

此时出示古人思乡名句，让学生思考这些诗人又是怎样表达思乡情的。在思乡人的眼中，故乡的月亮是最明亮的！难怪杜甫说——露从今夜白，月是故乡明。四处漂泊的游子再苦再累也只是默默承受，只因为不愿让家人担心。就像岑参说——马上相逢无纸笔，凭君传语报平安。这一环节让学生在品读这些思乡名句，体会思乡情和作者的表达方法。

之后出示现代诗《乡愁》，穿越古今感受不同朝代不同的作者以自己不同的方式表达的思乡之情。古人思念家乡，今天的人们远离家乡又何尝不思念？读余光中《乡愁》，写写你的感受，大家一起交流。

本课教学中，我通过图画示意、音乐与图片的渲染、资料的补充、教师的语言描绘，创设多种场景，让学生走近诗人，走进诗境，从而更深刻地领悟作品所表达的情感，自由表达自己的感受。挖掘教材资源，进行语

言文字训练，适时适度地进行语言拓展，丰富学生语言积累，学生能够生动、具体地表达自己的想法。创设自主合作探究的学习方式，把课堂还给学生，让学生学会学习，乐于表达，同时感受到语言文字的魅力及对中国传统文化的热爱。

教 学 叙 事

让中文在远离故土的地方长叶开花

罗　曦

2014 年 9 月，我受外交部与国家汉办联合委派，带着学校的重托与期待，远赴位于伦敦的中国驻英国使馆，开始担任阳光学校的语文教学工作。两年的海外教学是一次不寻常的经历，让我深深体会到了中文学习的意义之所在，同时，对于这样一群特殊的孩子们来说，他们的学习过程也让我感受到了那不可言说的困难与坚持。

驻英国使馆阳光学校的学生水平不一，跨度较大，涉及从三四岁到十五六岁每一个年龄层，大多是自幼便在英国生活，相对于中文来说，英文更像是他们的母语，学校所教授的第二外语（如拉丁文、法语、西班牙语等）更让他们感到亲切和容易。经过探索与沟通，我发现孩子们是对中文有着一定的向往的，但是由于中文的字词句结构相对复杂，导致孩子们对于学习中文存在着畏难情绪。没有需求，也就没有了学习的动力，中文课自然就成为他们的一种负担，这就导致孩子们不但会磨灭仅有的热情，甚至产生了部分抵触情绪。

基于以上情况，我采取了以下积极的应对措施。

一、文化浸润，多元互动

由于孩子们对于中华文化知之甚少，我从孩子们最直观的感受出发，播放了纪录片《舌尖上的新年》。在我的预设中，孩子们只要能从本片中感受到华夏大地有各式美食即可。但是孩子们的反应却大大超出了我的想象，他们向我和爸爸妈妈们提出了许多问题，比如天气有多冷才能做出莱芜大糖瓜，湘西腊肉真的能保存很久很久吗……孩子们这样的反应，就是一份送给家长们的惊喜，有很多人第一次听到了孩子们主动提出要在假期回到国内的请求。孩子们的欢呼让我知道，在海外的中文教育上，我迈出了正确的第一步。

二、中英互译，增进沟通

对于高年级的孩子，尤其是马上面临回国就读的孩子来说，中文学习显得尤为紧迫，面临的困难也就更大。这些孩子的中文基础极其薄弱，只限于基本的阅读和交流能力。如果按照国内学生要求进行练习，几乎是一件不可能完成的事情。于是，我首先让这些孩子在阅读短文之后，用英语将全文大声讲述一遍，而我也能从中判断他们是否已经理解文章大意，如果大意无误，才会进入到回答问题环节。我帮助孩子们由词汇入手，连词成句，调整语序，并且要求孩子们大声朗读出自己的答案，帮助孩子们克服思维定式，树立起面对此类题目的自信心，从而摆脱对自己中文水平的固有评价。

三、鼓励阅读，以读促讲

在阳光学校，孩子们拥有自己的图书馆，但是由于缺乏对于阅读的有效指导，孩子们在面对种类繁多的书籍的时候，往往难以选择。于是，每当看到有孩子在书架前徘徊，我都会貌似无意地走过去，通过聊天了解孩子的兴趣点，并且根据孩子的中文水平进行图书的筛选推荐。使孩子们的阅读难度能够保持在"跳一跳，够得到"的高度，既不会因为过易而沾沾自喜，也不会因为过难而磨灭兴趣。孩子们喜欢读，愿意想，我也随之"借力打力"，鼓励孩子们写出梦中曾出现的故事，记述生活中的各种美好。这些举措使孩子们的阅读充满着对未知的拓展，让孩子们在阅读世界中开始了无穷无尽的探险之旅，让几近枯燥的中文学习变得妙趣横生，让我们的课堂获得了重生。

四、字形解析，归类学习

正如前文所说，由于中文的字词句结构相对复杂，无法像英语一样用同一词根做出无限扩展，导致孩子们对于学习中文存在着畏难情绪。和国内进行形声字教学相比，国外的教学要调换教学顺序，即先进行拆分识记，再组合得义。我在引领孩子们认识基本汉字的基础上，首先将基本汉字转化成偏旁部首，如木字旁，草字头，女字旁等。再讲识字卡片拼接，制作成可转动的走马灯模式，将偏旁与较简单的独体字相结合，进行进一步识记。在孩子们进行充分识记的基础上，告诉他们这其实是和英文学校里所教授的"affix"（即词缀）是同一道理。使孩子们亲身了解到语言的融会贯通，识字量的增加提升了孩子们阅读中文文学作品的兴趣。这样的良性循环是可喜的，孩子们的学习氛围渐浓，学习能力就在这样的潜移默化中得到逐步提升。

五、家校配合，创造环境

中文学习离不开家庭教育的配合，而很多海外的华人家庭往往都面临着孩子不愿意用汉语表达，家长们也随之迁就，使用英文进行交流的窘境。在和家长们进行充分的沟通后，我们达成了初步的一致：即家长坚持说汉语，孩子努力说汉语。这样的举措其实就是为孩子们创造一个良好的语言环境，使孩子们可以有大段的时间脱离英文的氛围，真正回归到"中国人的生活"中来。

在我们的共同的努力下，孩子们的中文有了明显的进步。在使馆繁忙的工作节奏中，在打印机与电脑单调枯燥的声音里，孩子们的琅琅童声带来的是别样的轻松与畅快。正是这样的努力与付出，让孩子们不仅不再惧怕中文，更学会了享受阅读。在他们的交谈中，那个最终的目的地已经由最初的"去中国"变成了"回家"，那种对于家乡的期待与憧憬，正如我们对他们的成长与进步所希冀的那样。孩子们不再是小游子，中文也不再是大怪兽，他们如同丁香的种子，在远离故土的地方蜿蜒向上，长叶开花，不论花的颜色是粉还是白，都有着同样的绽放，同样的香飘四海。

让写一手好字成为习惯

郭　红

我们都知道一个词"字如其人"，由此可见，写一手好看的字有多重要。一手漂亮好看的字也不是一朝一夕就能促成的，必须从小抓书写态度，养成认真书写的好习惯。

著名文学家郭沫若先生为《人民教育》的题词："我们从低段开始加强写字指导，不一定要人人都成为书法家，总要把字写得合乎规格，比较端正、干净，容易认，这样养成了习惯有好处，能够使人细心，容易集中意志，善于体贴人。若草草了事，粗枝大叶，独行专断，是容易误事的。练习写字还可以逐渐免除这些毛病。"从郭沫若先生的题词中，我们可以清楚地明白练字的初衷，并不是要成为书法家，而是在练字的过程中，我们可以收获更重要，更有价值的东西——一种认真、细心的习惯。这样的习惯一旦养成，受益一生！

对于小学生来说，写好字主要有以下两点好处。

1. 提高学习成绩

小学阶段的知识量不大，也不会太难。通常成绩高的试卷，都有一个共性：卷面一定是整洁干净的，字体一定是端正规范的，尽管有些字写得不好看，但是能看出来是在认真写。写字的过程中，培养小学生认真仔细观察的习惯，减少在以后考试中出现因粗心而扣分的现象，间接提高了学习成绩。

2. 开发大脑

我们都知道：人的大脑分为左脑和右脑，分工不一样，支配的也就不一样。左脑主要负责逻辑、分析、数学一类的；而右脑主要负责颜色、想象、记忆力等等。长期以来，我们的教育只重视左脑的发展，即计算、分析、逻辑等，而忽视了右脑的训练，这种现象阻碍了大脑的均衡发展，不利于小学生智力的全面发展。

而认真写字的过程中，就是动手、动脑的过程。"动手即动脑"，二者是分不开的。人的大脑是越用越灵活的，从而锻炼了右脑，小学生的记忆力会有一个质的提高。

总的来说，小学生写一手好字考试能拿高分！会获得同学们的羡慕！会得到老师的喜爱！一手好字是重要且必要的，除了"实用"，更重要的是对于培养人的身心素质、智能素质及养成良好的学习和生活习惯，这些都是要伴随着我们一生的。

"让优秀成为习惯"是植根于每一名史家人心中的共同信念，更是我们史家语文人的不懈追求。一个志存高远的人，必定将追求优秀作为自己的人生目标，作为一种近乎本能的习惯。这种优秀就体现在老师们的一言一行，甚至是在他们为孩子们书写的一笔一画之中。

对于一年级的孩子来说，能否写出一笔工整的汉字，是他们在学习之路上要翻越的第一座山。我们的责任是拉着他们的手，和他们一起踏下扎实的每一步。

一、史家传统特色：写字头，画波浪线

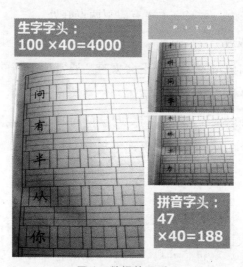

图1　数据的温暖

一年级上册有生字 100 个，拼音字母 47 个，平均每班有 40 人，我们每位语文老师要给每个孩子写 4000 个生字字头，1880 个拼音字头，合计 5880 个字头。我们不但要写这么多的字头，给学生做好字如其人的榜样作用，

让学生便于观察范字的笔画位置易于写字。而且判作业时，还要在每个学生合格的字迹下面都画上红波浪线，不合格的字在老师反复指导下继续修改，直到过关为止。老师们担负如此巨大的工作量，依然关爱每一个孩子的成长，其中的辛苦可见一斑。

二、指导写字方法：因材施教，分层指导

1. 优秀的学生采取"放"的方法

他们生字写得既快又好，当堂就能书写过关，字迹经常被展示表扬，成为榜样。

2. 中等的学生采取"扶"的方法

每行指导一个字：我一边讲解笔画位置，一边用红笔在原字上修改。这样降低了难度，孩子能够逐步提高书写能力。

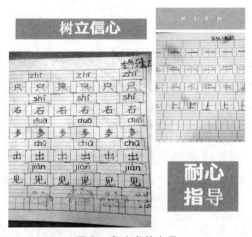

图 2　魔法桌的力量

3. 落后的学生采取"教"的方法

对比上图两次作业，看出这个孩子进步还是很大的。看了他第一天写的字，我就把他叫到我的身边单独指导，先把字都擦了，我一边教，一边写范字，例如"三"的第二横最短写在横中线上，三个横的间距要相等才好看；"上"的竖写在竖中线上，短横写在横中线上面一点。然后让他描我写的字，描好了再自己写一个，写不好再指导再修改，只有过关了一个字才能再写下一个字。每一行字都是用这样的方法写的。只用了两天，他的

生字就全过关了。于是，我跟全班说，我的桌子是"魔法桌"，谁主动追着我在这张桌子上改生字，谁就会改得很快。从此大家以抢先在讲台桌上改生字为荣，字迹也越写越好。一切的努力都是为了每一个孩子的成长，这其中，老师们要付出辛劳、智慧和情怀。

学期末，我们把每个学生的第一次作业与自认为最好的一次作业采集下来，家长们看到孩子们一个学期的进步，纷纷感恩老师和学校。自觉写好每一个字，将成为史家人永远的习惯！

聚焦整本书有效阅读　关注学生语文素养提升
——"读书社"校本课程之《俗世奇人》教学案例

范晓丽

一、背景与主题

语文综合实践校本课程之读书社课程的课堂模式主要以"课下阅读 + 课上表达"的思路，按照"书目选择——角色分配——课下阅读——课上小组讨论——课后反思——汇报总结"为基本流程展开，每本书六课时。学生在第一课时中成立读书社、分配角色、纂写角色日志，第二课时到第五课时中围绕课下阅读内容和纂写的角色日志，课堂上进行话题讨论、交流分享，第六课时中将教师点拨与学生讨论相结合，对整本书进行整合与阅读指导的学习。

本教学案例内容为五年级第二学期传统文化系列推荐读本《俗世奇人》第六课时的交流与点拨总结。目标在于教师通过梳理，让学生将课内外阅读相结合，从走进一部文学作品到深入走进一个作家，纵向上再则走进作家的多部作品，横向上走进多个作家的同类作品，引导学生在文化中浸润，在阅读中表达，在专注中绽放。

二、课堂实录

（一）观"俗世"

（出示《俗世奇人·序》）

师：短短一篇序，《俗世奇人》之"俗"该怎样理解呢？所谓的"奇"又指的什么呢？

生 1："燕赵故地，血气刚烈；水咸土碱，风习强悍"说明天津当地人性格的复杂，从而也就有了种种奇事奇人。

生 2："居民五方杂处，性格迥然相异"说明"俗世"就是普通民间。

（二）品"奇人"

师：冯骥才在序中曾说："每人一篇，各不相关。"你觉得这些人物形象之间有共同点吗？

生 1：我觉得奇人的外号可以分类，泥人张、刷子李、张大力都是体现了这些"奇人"的技艺；苏七块、酒婆、蓝眼、背头杨都是从他们的外号上就能看出这个人的特点，比如"酒婆"就是爱喝酒。

生 2：我们读书社是从这些奇人的故事进行比较分类的。"奇人"中技艺高超的有刷子李、泥人张、张大力、认牙的华大夫等；"奇人"中古怪的人物有苏七块、酒婆、背头杨和刘道元等；还有一部分"奇人"是反面人物，比如绝盗里的盗贼、冯五爷饭店里的胖厨子。

（三）"赏"作品

师：奇的人物，奇的故事，作者是怎么表达的呢？故事以及故事中的人之精彩体现在哪些方面呢？请各读书社结合本社的角色日志，讨论。

生 1：我是风云轻读书社社长，我们觉得这部书的语言很幽默感，很多故事中都出现了天津方言，让我们社的小演员给大家展示。

生 2（小演员）："炸麻花梆硬，弄不好硌牙"（《好嘴杨巴》）；"他要是给您刷好一间屋子，屋里任嘛甭放，单坐着，就赛升天一般美"（《刷子李》）。

生 3：我是卓越社的摘要员，我们也同意他们社的想法，如《酒婆》中这句"天天下晌，这老婆子一准来到小酒馆，衣衫破烂，赛叫花子；头发乱，脸色黯，没人说清她嘛长相，更没人知道她姓嘛叫嘛"；还有《死鸟》中"他对鸟儿们的事全懂，无论嘛鸟，经他那双小胖手一摆弄，毛儿鲜亮，活蹦乱跳，嗓子个个赛得过在天福茶园里那个唱落子的一毛旦"这句也很鲜明。

师：很精彩，我想听听别的读书社还有新的思考和发现吗？

生4：我是翰墨读书社的小记者，我在整理角色日志时发现这本书中每个人物出场都很有意思，作者对每个奇人外貌描写，我脑海里就出现了这个奇人的形象。比如《苏七块》中苏金散："他人高袍长，手瘦有劲，五十开外，红唇皓齿，眸子赛灯，下巴颏儿一绺山羊须，浸了油赛的乌黑锃亮。"再如《青云楼主》中对"青云楼主"的刻画："此君脸窄身簿，皮黄肉干，胳膊大腿又细又长，远瞧赛几根竹竿子上凉着的一张豆皮。"

生5：我是北斗七星读书社的社长，我们觉得这本书中奇人的故事让我们读到结尾不是一笑，反而觉得故事有了"反转"的效果。比如苏七块的故事在最后他把钱还给了华大夫，"规矩是死的，人是活的"，我们就觉得情节和我们预想的不同。

生6：《蓝眼》中读完故事突然觉得原来造假画以假乱真耍得鉴定专家蓝眼丢了饭碗的黄三爷，同样也是奇人一个。

三、分析与反思

叶圣陶先生说："书是读懂的，而不是教师讲懂的。"阅读教学是语文教学的重要内容之一，尤其在小学高年级的语文教学中更成为教师的研究与关注点。

这节读书社课程读本的深入阅读探讨中，一方面看到学生的理解与感知正是基于平时课外阅读时学生对读书社角色日志的认真写以及前面几堂课各读书社的充分讨论，学生在今天的总结梳理发言中才能够纵观整本书，将故事与人物进行横向的关联，甚至将故事情节进行横向的对比，从而让教师在指导文学作品特色时能够水到渠成地从学生的习得中来，自然生成，学生也收获扎实。另一方面，梳理与点拨学生表达这部文学作品的精彩之处时也发现了读书社"角色"对于不同层次学生的一个能力提升。文学的魅力是无穷的，学生在专注的学习中大胆表达，精彩的课堂语言是他们语文素养的良好积淀。

反思本节课，我也存在着疑惑与探索，那就是关注学生对整本书的阅读指导，这个尺度如何把握？比如《俗世奇人》这部微小说，我在给学生的阅读梳理点拨中是否可以渗透关于小说这一文体的特点呢？如小说三要素，这部书的天津卫正是环境这一要素。这也成为我在今后对学生整本书阅读指导中需要探索的重要一点。

三毫米的希望

杜建萍

我今天要向大家介绍的主人公是小红。她是我们班一个个子不高的小女孩儿，戴着一副厚厚的小眼镜，我很少听到她和同学说话，有时都想不出她说话的声音到底是什么样，好听不好听。对她的关注是从我们动笔写字开始的。

还记得第一天写字时，大家都能把一个字准确地放到规定的格中，字形不会出现太大的改变，是一个我们能看懂的汉字。而小红却写出了我根本不认识的符号，每一笔和每一笔都没有关系，我以为是由于她的视力问题造成的，所以，就决定手把手教她。我把她带到办公室，和她坐在一起，大手握着她的小手，一笔一划地写。本以为写过几个以后，她能自己独立完成了，谁知让她自己写时，仍然是不见改变，还是那些看不懂的符号。

一旁的万老师一语道破，小红应该是读写障碍。我虽然曾经听说过读写障碍，但还没有真正接触过，于是便上网查找资粮。读写困难的孩子，在看字的时候，总是会漏掉笔画，或者将部件的左右、上下颠倒，所以她写的字都是错的。面对这样一个孩子，用和大家一样的标准要求她，是不可能的。怎么办？每一个孩子都是一颗种子，都是一个希望，我唯一能做的就是不要让这颗种子在我手里失去生命。我把小红的妈妈请到学校，进行了长时间的沟通。我了解到，妈妈在生孩子时，曾一度有过危险，宫内缺氧，也许这就是孩子目前这种状况的主要原因。

先天不足，后天弥补。我们能做的，就是付出比别人更多的努力，期待孩子的每天、每周、每月的微小进步。每天一有时间，我就把小红带到办公室，和她一起练习。我们先从横练起，从 3 毫米到 10 毫米，看着她哆哆嗦嗦的小手把我们看似很简单的一条直线画直，这真的是一个非常艰难而漫长的过程。我们写横时虽然不能写得多直，但至少可以是在一个平面内的，而小红的横永远是向下写的，每一条横都像一条要爬走的虫子，弯弯曲曲。为了把横写直，我给她专门准备了一个田格本，每天描上面的横虚线。一个本子描完之后，我们继续独立写横。这时候，她的小横已经能准确地放在规定的位置而且没有了弯弯曲曲。每一个基本笔画都是我们写好汉字的基础，练完了横，我们又继续练习竖。

现在，小红虽说不能写出多么漂亮的字，但跟她自己比，已经进步很大了。从3毫米的直线，让我看到了希望。我相信，这个孩子一定有她和别人不一样的地方，只是我们还不曾发现。作为她的启蒙老师，我不能给她下什么定义，不能在她刚刚走进学校的大门后，就无情地把这扇门关闭。每天的课间操，是小红最快乐的时候，她总是面带笑容地做着自己认为很标准的广播操，那种快乐，是从内心深处发出的。

随着学习内容的增多，我们的单元测试也开始了。还记得小红的第一份试卷，是我从教近20年来从没见过的，整张卷子里，找不出一个对的答案，所有学过的内容在她的头脑里丝毫没有留下痕迹。怎么办？是把孩子叫过来，大声训斥一顿？还是把家长请来，批评一顿？这些都不行，因为我知道，妈妈也很努力了，她比我更着急，我不能再给她施加压力了。孩子也不是有意要记不住这些知识的，对孩子发火，只会让孩子惧怕，对学习产生厌恶情绪。

整理好自己的思绪，调整好心态，把小红想成是自己的孩子，再一次迎接新的挑战。每一次测试时，我都会让她和大家一起先独立完成，之后再利用课余时间，把她叫到自己身边，一道题一道题地带着她重新完成，只要她能答对，我就会及时鼓励她；如果不对，我也会说，没关系，别着急，好好想想；就是在这样的平等交流中，我和小红建立起了对彼此充分的信任。楼道里，教室里，办公室里，只要她看到我，总是友好地和我打招呼。

万老师组织的美德故事广播，更是极大地吸引着她，每天她都会追着万老师，询问该哪个班讲美德故事了，什么时候轮到我们班呀？为了鼓励她，我和万老师申请，请小红到广播中，讲自己的美德故事，她开心的不得了。这是她的发言稿：还记得我刚上学时，一个字都不认识，更不会书写。可是我知道用功就会有收获，所以我坚持用功学习，现在我不仅能认识很多字，还能写很多字。就是这短短的几句朴实的话，让我看到了希望，我知道她是一个不怕困难的小姑娘，她会努力向着阳光生长的。听妈妈说，她在家准备的别提有多认真了，一遍又一遍地念自己的稿子，通过微信发给我时，我震惊了，我在课堂上，从没有听到过这么好的声音。我知道，这颗小种子会在某一天发芽的。

以上就是我和大家分享的教育小故事。

同一个词语，不同的味道

孙宇鹤

叶圣陶老先生曾说："吟诵就是口、耳、心、眼并用的一种学习方法。亲切的体会在不知不觉之间，内容与理解化为自己的东西，这是一种可贵的境界。"确实，吟诵、阅读这种最为基础的能力，在小学阶段的学习中是十分重要的。我认为除此之外，配合表演的阅读更能体现每个孩子的不同。我们往往在孩子的个性化朗读中可以真实地感受到他们的内心世界是那么的纯真与美好。

二年级上册书中有一篇诗歌——《"红领巾"真好》。在讲这篇课文时，孩子们的个性化朗读与表演让我欣喜与感动。

复习过本课基本词语后，我带着孩子们开始细读文章，体会情感。"请同学们自己读读第一、二小节，用横线画出描写小鸟动作的词语，再用圆圈圈出描写小鸟声音的词语。"话音刚落，孩子们便拿起小铅笔迅速画了起来。两分钟后，孩子们纷纷举手想要说出自己所画的词语，一位可爱的小姑娘干脆说道："我画的描写小鸟动作的词语有飞来飞去、蹦蹦跳跳、唱歌……"紧接着一名男同学说："我画的描写小鸟声音的词语有叽叽喳喳、扑棱棱。"这准确的答案得到了全班同学们的认同，同时我也欣喜于他们那双善于发现的眼睛！"好了，孩子们，在这首诗歌里诗人就是运用了这么多描写声音和动作的词语写出了小鸟的生动和活泼。诗歌的语言很美很美，有时候，一个词语就是一个画面。我们要读好诗歌，首先要把诗歌里的词读生动。你能试着读读'蹦蹦跳跳'这个词么？想想眼前看到了一幅怎样的画面，谁在做什么？"这时，班里最活跃的一个男孩子举手了。"你来上前面给大家演一演好不好？边读边做动作。"小男孩大步走到讲台前，显然是高兴地接受了我的邀请。毕竟对于二年级的孩子来说，在别人面前展示自己他们还是十分乐意的，要时刻抓住孩子的心理以此来调动学习积极性。"我来说'蹦蹦跳跳'这个词，蹦蹦——跳跳。"小男孩读"蹦蹦"时声音低沉，读到"跳跳"时声音高而上扬。于是我便问："你为什么要这样读呢？""因为我这只小胖鸟在地上，我要蹦到高处的树枝上！"说完，班里的同学有的笑出了声音，有的则模仿他，也站起来边读边做动作。我看了看这个孩子，是一位可爱的小胖子。我说道："你能读出你脑海里的画面，真了不起！谁再来读读？"这时一位小姑娘走上前来，"我要这样读'蹦-蹦——跳-跳'。"她的声音轻快而活泼。"那你为什么读的这么开心活泼呢？""因为我的好朋友在前面等着我玩呢，我要去找他！"听到她与他的回答，在那一瞬间，我不得不承认，我的眼眶湿润了。

首先，我惊叹于二年级孩子这种富有个性化的表达。词语是有温度的，每个词语不单单是两个或更多的字摆在那里，而是带着一种或多种不一样的情感温度。孩子所读出的、演出的那种情感，恰恰是他们的生活经历、对于事物的感知、对于词语本身理解等的叠加。在阅读中，我们无法给出一个特定的、唯一的标准，因为每个孩子都是独一无二的个体，他们在阅读中所传达出来的情感表达就是他们内心最真实最深刻的体味。其次，我慨叹于孩子们的内心世界是那么的纯真与美好。一个看似最普通的词语"蹦蹦跳跳"，在他们的朗读与表演中，给我感受到的是一种美好的向往。从一只想从低处蹦到高处的小胖鸟，可感受到他一定是一个不服输的孩子，有着一颗不服输的心。虽然自己是个"小胖子"，但依然有着自己的坚持。那一只活泼的小鸟，要去找自己的好朋友玩，这充分体现了她内心渴望交朋友、与朋友一起玩耍的心愿。

仅仅是这一次孩子们的阅读与表演，就让我深刻地认识到：每个孩子在阅读中都是不一样的。他们在处理文章当中的词语时，都会带有自己的生活体验、情感表达，进而读出属于他们自己的词语的"温度"。很多时候，我们在教学时往往会忽略这种个性化的表达，可这恰恰又是课堂上最闪亮的一点。

"水本无华，相荡乃成涟漪；石本无火，相击乃生灵光"，尊重个体的差异表达，让孩子们在相互的表达与碰撞中了解、感悟属于他们的那一份童真。

一节兴趣盎然的拼音课

刘玲玲

《语文课程标准》的"实施建议"指出："汉语拼音教学要尽可能有趣味性，宜以活动和游戏为主，学说普通话、识字教学相结合。"那么在教学中，如何有效地进行监控，让学生在愉悦的环境中，自主地获取知识，培养能力和发展个性呢？于是一节有趣的拼音课就这样开始了。

一、巧设练习，培养学生发现问题的能力

上课伊始在一段美妙的音乐中教师出示课件：

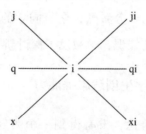

学生争先恐后的运用原有认知进行拼读，教师接着出示课件：

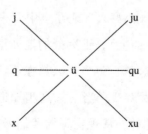

课件一出示，班里却鸦雀无声，几个学生好像发现了问题："老师您的课件出错了！""老师您右边的音节写错了！"我故作吃惊："是吗？"这时，部分学生议论开了。这正是我设计这个练习的目的，此时此刻学生可能有这样几种心理状态：

老师还出错，真可笑。

老师写错了，我看出来了，我很聪明。

老师还能写错吗？一定不会。

……

不论是哪一种心理状态，对吸引学生注意力，启发学生思维，调动学生的积极性都是十分有利的。

二、巧设问题，培养学生讨论问题的能力

此时全班学生的注意力都集中在这个问题上，于是我便抓住这有利时机进一步提出问题："你们说这是错的，错在哪里呢？为什么？"孩子们的讨论更加激烈了，大家你一言，我一语争得面红耳赤：

"j、q、x 与 i 在一起时，i 上的点就没去掉？"

"n、l 与 ü 相拼时就没去掉 ü 上的两点？"

"书上就是 ju qu xu，老师没写错？"

同学们各抒己见争论的十分激烈，全班同学的思维在争论中被激活了，他们不但巩固了前面所学的知识，又激发了探讨新问题的兴趣。

三、巧编故事，培养学生创造思维能力

学生经过一番激烈的争论，没有得到一个明确的结论。这时音乐再一次响起，孩子们的注意力被吸引到课件中：

"三只乌鸦兄弟 j、q、x 高高兴兴地在空中飞来飞去（三个小乌鸦身上贴着 j、q、x 卡片出现在画面上），不远处的池塘里有一条小鱼在吐着泡泡（一条小鱼身体呈 u 形），这条小鱼为什么总在不停地吐泡泡呢？原来是因为它没有其他的朋友与它做游戏。当三只乌鸦知道了这件事后，主动来到小鱼面前对它说："小鱼妹妹，从现在开始我们做你的好朋友吧。"小鱼高

兴地笑了，从此小鱼有了小伙伴再也不寂寞地吐泡泡了。

同学们各个全神贯注地看着课件，若有所思好像明白了什么。当学生还沉浸在有趣的故事情节中时，我趁热打铁，总结 j、q、x 与 ü 相拼省写 ü 上两点的规则。尤其强调读的规则——j、q、x 与 ü 相拼，ü 上两点去掉后仍读 ü，千万不能读成 u。我的话音刚落，只见一个男同学举起手，他说我明白了："小鱼有了好朋友不吐泡泡了还是鱼，而没有变成乌鸦，所以还读 ü 不读 u。"

在学生掌握这个知识点后教师追问："同学们，谁还能给 j、q、x 和 ü 编个故事帮助我们记住 j、q、x 与 ü 相拼 ü 上两点去掉后仍读 ü。"听说要编故事，学生们兴趣大增，大家各个都精神抖擞，3 分钟思考时间到后，十几名同学争先恐后地举手。

"小 ü 弟弟特别有礼貌，每次见到 j、q、x 三位哥哥，赶快脱帽行礼，因此他们成了好朋友。"

至此，我觉得编儿歌是水到渠成的事了，于是说："谁能把刚才的短剧、故事内容编成儿歌呢？"学生的情绪已进入高潮，每个同学都在认真思考，几位学生脱口而出：

"小 ü 见到 j、q、x 不吐泡泡把点去。"

"小 ü 小 ü 有礼貌，见了 j、q、x 就脱帽。"

全班同学情不自禁地大声背诵顺口溜，有的同学还在背诵的同时加上了动作。学生的表现欲望、专注态度、创造精神都得到了充分的体现。

三、案例分析

（一）设疑置难，激发学生的求知欲望，培养学生发现问题的能力

根据学生的思维能力和智力发展水平，教师从巧设问题入手，引起学生的好奇心，吸引孩子的注意力，激发了儿童学习拼音的浓厚兴趣，激发了学生的求知欲，培养了孩子发现问题的能力。

（二）巧设问题，激活学生思维，培养学生讨论问题的能力

在这一环节中教师只有一个问题："你们说这是错的，错在哪里呢？为

什么?"虽然只有一个问题,却将学生的注意力、兴趣点引导到主动探究学习活动中来,大家你一言,我一语争得面红耳赤:

"j、q、x 与 i 在一起时,i 上的点就没去掉?"

"n、l 与 ü 相拼时就没去掉 ü 上的两点?"

"书上就是 ju qu xu,老师没写错?"

全班同学的思维在争论中被激活了,他们不但巩固了前面所学的知识,又激发了探讨新问题的兴趣。

(三)巧编故事,激发学习兴趣,培养学生创造思维能力

学生的创新意识是与生俱来的,老师的任务是把学生沉睡的创新意识激活。如当学生看完短剧《三只乌鸦与小鱼》,我问谁还能给 j、q、x 和 ü 编个故事。只有这样才能使想象飞起来,思维活起来,语言丰富起来。

(四)为学生创造了宽松、和谐的学习氛围。

在学生给"权威"挑毛病时,没有了师道尊严,有的是朋友间的平等、民主,师生关系融洽。整堂课中,学生时时有成功的体验而更加自信,他们的身心始终处在高度的兴奋和激动之中,从而激发了学生的内驱力,教学目标任务内化成了学生的内在动机,达到了意想不到的教学效果。

汉语拼音教学有法而无定法,"善教者,师逸而功倍;不善教者,师勤而功半"。我通过巧设练习、巧设问题、巧编故事等环节有效地改进教与学的活动方式,为学生创造轻松而充满知识性、趣味性、参与性为一体的学习氛围,使学生易于接受而且乐于接受,激发了学生的学习热情,强化了学习效果。

后 记

　　史家教育集团的全体语文教师在基础教育改革的实践中团结协作、努力探索，既感受过遭受挫折的苦恼，又体验过获得成功的喜悦。在学习和实践中，教师们的教育观念得到了提升，教育思想得到了洗礼，同时把先进的教学理念、精妙的教学技巧、灵活的教学方法，渗透到教学中去，在不断地总结和反思中迈向新的目标。为了学生得到更多的收获，为了学生核心素养的提升，为了学生可持续的发展，老师们付出了智慧与汗水，走出了一条有希望的教育改革和发展之路。

　　在迈向课程改革的旅途中，教师们扎实稳健、锐意创新。这二者看似矛盾，但教师们善于在扎实稳健中谋求发展，在锐意创新中有脚踏实地，不断地寻求到矛盾的统一。自始至终关注四个标志行为：第一个标志行为，把儿童放在中央。关注儿童的学习需求与兴奋点。如果课上点燃了孩子们的学习热情，激发了孩子们的求知欲望，这就是好的开始。第二个标志行为，使课程饱含链接。这种链接可能是文章间的链接，也可能是不同体裁文本间的链接。往小了说，把儿童自身的生活、自己的阅读经验作为课程的链接；往大了说，把整个世界作为课程的链接。第三个标志行为，让表达更具创意。引导学生以恰当的表达为起点，以形象的表达、有说服力感染力为进阶。学会凭证据表达；合乎逻辑地说明自己的观点；反省自己的表达，包容异见；对一个话题有深度的认识和理解。第四个标志行为，聚焦师生的成长与发展。众所周知，课程与儿童的关系，教师与学生的关系，是既古老又年轻的话题。说它古老，是因为自从有了学校教育，有关课程与儿童，教师与学生的研究便应运而生；说它年轻，是因为随着时代的发展，这些问题会表现出新的内涵。但是可以肯定的是：在课程变革中史家人一直在思考"我们的课程是否回归儿童了？""是不是在推进基于文化自觉的课程变革？""是不是聚焦到人的完整成长，回归到学校的育人本质了？"如果答案是肯定的，那我们就会自信地、坚定不移地走下去！

当然我们也深知，教育永远是一门遗憾的艺术，改革路上没有最好，只有更适合。"教为学服务"不是口号，而是一种理念，是一种人文关怀，是一种永恒的动力。我们坚信，依托集团"培育具有家国情怀的和谐发展的人"的育人目标，基于"立德树人"的教育根本任务，在基础教育改革探索的道路上，我们会继续砥砺前行！

《语韵群采　人文化成》是集体智慧的结晶。我们试图在此书的撰写过程中，进一步提高对语文课程的研究水平。具体分工是：由陈燕、张聪构建框架，组织安排整个修订工作。陈燕负责第 1 部分，闫欣负责第 2 部分，王秀鲜负责第 3 部分。全书由陈燕统稿。

本书在编辑撰写过程中，得到了王欢校长、洪伟书记的指导与帮助，在此衷心感谢！

编　者